Astrid Seeberger

Nächstes Jahr in Berlin

Astrid Seeberger

Nächstes Jahr in Berlin

Aus dem Schwedischen von Gisela Kosubek

Verlag Urachhaus

Die Originalausgabe erschien 2015 unter dem Titel *Nästa år i Berlin*
bei Svante Weyler Bokförlag AB, Stockholm.

Die Veröffentlichung in deutscher Sprache wurde mit der agentur literatur gudrun hebel, Berlin, vereinbart.

ISBN 978-3-8251-5261-1

Erschienen 2021 im Verlag Urachhaus
www.urachhaus.com

Auch als eBook erhältlich

Umschlaggestaltung: Miroslav Šokčić
Gesamtherstellung: CPI books GmbH, Leck

MIX
Papier aus verantwortungsvollen Quellen
FSC www.fsc.org FSC® C083411

2021 Klimaneutraler Druck firstclimate

Für Lech

Aber ich schrieb eine Musik, die nicht lockerlässt.
Zwischen den zerfetzten Blättern finden sich Phrasen,
die sich von selbst niederkritzeln: unterstützt
von allem, was gesagt werden will. Ich entsinne mich auch
des Lichts, des goldenen Lichts. Das schreibt sich fort,
Note um Note, und trotzt der Nacht.

Kjell Espmark, aus »Das Gotlandquartett«

Auf der Insel, den 22. Dezember 2012

Es schneit. Der See, der mit Eis bedeckt ist, leuchtet weiß. In dem großen Jasminbusch vor meinem Fenster hocken kleine Vögel, dick aufgeplustert, als könnte das bisschen Wärme in ihrem Gefieder gegen die Kälte helfen. Es ist sieben Grad unter null. Nachts soll es noch frostiger werden.

Als Kind hatte mir Mutter von einer Kälte erzählt, die es früher einmal gab, einer Kälte jenseits aller Vorstellung. Die Vögel waren hilflos, sagte sie, sie fielen wie Eiszapfen von den Bäumen. Es klirrte, wenn sie auf dem Boden aufschlugen. Und wenn man sie hochnahm, sah man, dass ihre Augen offen standen und eine dünne Eisschicht sie bedeckte. Vielleicht war es in dem Jahr, als Großvater seinen Wolfspelz kaufte, einen Pelz für einen König, lang, mächtig und schön.

Mutter verabscheute Wölfe. Sie heulen, sagte sie, verstummen nie, nicht einmal, wenn sie zu Pelzen geworden sind. Erst wenn sie auch noch das Letzte vom Menschen verschlungen haben, sein zitterndes Herz. Ich erinnere mich an ihre Augen, als sie das sagte, sie wirkten hart. Wie das Gehäuse, in dem sich die Schnecke versteckt, sagte Lech.

Ich höre ihn. Draußen auf der Verandatreppe stampft er den Schnee von den Stiefeln. Er hat Holz aus dem Schuppen geholt. Hält unsere Kachelöfen am Brennen, sorgt dafür, dass wir es warm haben. Ich möchte vom Schreibtisch aufstehen und zu ihm gehen, mich an ihn lehnen. Nur eine Weile still dastehen und seinen Atem spüren.

Auf dem Bildschirm steht das, was eine Geschichte werden soll, nur wenige Sätze, über die Begegnung im Kühlraum. Es gibt Dinge im Leben, die man in Einklang bringen muss.

Ich kriege es nicht zusammen, sagte ich zu Lech, als er mich vorige Woche von Stockholm-Arlanda abholte. Ich war aus Stuttgart gekommen, wo ich Alois getroffen hatte, einen engen Freund von Vater, obwohl Alois katholischer Priester war und Vater Protestant. Als mein erstes Buch in Deutschland erschienen war, hatte sich Alois bei mir gemeldet. In einem Brief an den Verlag hatte er mitgeteilt, er müsse mich treffen. Es gebe etwas, das ich über meine Mutter erfahren sollte.

Lech saß am Steuer. Ich legte meine Hand auf sein Bein. Zu beiden Seiten der Straße türmten sich Schneewälle auf. Der Winter in diesem Jahr war maßlos, Schnee, unter dem alles begraben wurde. Wie die Winter in Ostpreußen, als Mutter noch ein Kind war. Als Großvater und sie in seinem Wolfspelz Platz fanden.

Es fiel mir schwer, meine Gedanken zu ordnen. Ich sah Mutter vor mir, wie sie tot im Kühlraum lag, die Brustwarzen hart wie Nagelköpfe. Der Tod aber ist nicht endgültig. Die Toten bleiben in unserem Leben zurück.

Lech sagt manchmal, er könne noch immer die große, warme Hand seines Vaters spüren. Ich kann mich an die von Mutter nicht erinnern, nur an die von Vater, seine Hand war leicht und klein. Der ganze Mann war feingliedrig. Nur sein Buckel war groß und klobig. Einmal sah ich, wie Mutter ihn schrubbte. Es muss an einem Freitagabend gewesen sein. Wir haben immer freitags gebadet, in einer großen Zinkwanne in der Küche, damals, als ich klein war und wir in Waldstadt wohnten. Wenn Mutter und Vater badeten, musste ich den Raum verlassen. Einmal aber habe ich ihn durch eine Türritze gesehen: Er saß nackt in der Wanne. Und Mutter schrubbte wie besessen auf seinem

Buckel herum. Als sie geheiratet hatten, war sein Rücken vollkommen gerade gewesen.

Hätte ich doch ihr Hochzeitsbild noch! Ich erinnere mich deutlich daran. Es hing in einem Rahmen an der Schmalseite des Schlafzimmers, gleich neben dem Fenster, während sich über ihrem Bett ein Kruzifix mit dem gekreuzigten Jesus befand. Vater war damals noch größer als Mutter. Er stand neben ihr, klapperdürr, bekleidet mit einem viel zu weiten Anzug, den er von einem Kameraden ausgeliehen hatte. Große Augen mit intensivem Blick. Und sein braunes Haar stand nach allen Seiten ab, als wäre er in einen Sturm geraten. Er wirkte ungemein jung. Wäre da nicht der kleine Schnurrbart gewesen, hätte man ihn für einen Jugendlichen halten können.

Mutter stand neben ihm, mit ihrem Flüchtlingsgesicht. Das schwere schwarze Haar wallte auf ihre Schultern hinunter. Sie war mit mir schwanger, das blaue Seidenkleid spannte überm Bauch, als hätte sie einen Globus darunter versteckt. Sie hielten sich bei der Hand. Vielleicht war das der Grund, warum sie so seltsam hilflos aussahen.

Ich muss es in Einklang bringen. Mutters Brustwarzen, die an meinen Handflächen scheuerten. Und den Wolfspelz, der sie in die Arme genommen hatte, bevor er jemand anderen umarmte. Und Vaters Rückgrat, das einem Fragezeichen glich.

Ich höre Lechs Schritte. Er kommt zu mir, legt die Arme um meine Schultern. Und ich lehne mich zurück, lege den Kopf an seine Brust. »Ich habe mit dem Schreiben angefangen«, sage ich.

Stuttgart, den 24. November 2007

Während wir zum Kühlraum gingen, redete der Diensthabende ununterbrochen. Ich erinnere mich nicht mehr, was er sagte, nur an sein Sächsisch. Dieses Blöken, hätte Mutter gesagt. Mutter aber gab es nicht mehr. Sie war am Tag zuvor gestorben, hatte einen Herzinfarkt erlitten. Ich war nicht rechtzeitig da gewesen. Von Stockholm nach Stuttgart zu fliegen erfordert Zeit.

Als ich im Krankenhaus ankam, lag Mutter nicht mehr auf der Intensivstation. Man hatte sie bereits fortgebracht. Es war obendrein Samstag, nur ein Angestellter hatte Dienst, ein blasser Mann mittleren Alters mit schütteren dunklen Haaren, auch auf den Handrücken. Er habe es nicht geschafft, Mutter für das Verabschiedungszimmer zurechtzumachen, sagte er. Da ich aber Ärztin sei, könne ich sie trotzdem sehen. Als Arzt sei man schließlich an den Tod gewöhnt, nicht wahr? Als würde das helfen, wenn es darum ging, die eigene Mutter tot zu sehen.

Boden und Wände des Raums waren gefliest. Die Leuchtstoffröhren an der Decke warfen ein scharfes Licht. Als müsste alles klar und deutlich zu sehen sein, all die Kühlzellen aus glänzendem Metall, dreifach übereinander gefügt, mit nummerierten, leicht austauschbaren Namensschildern. Mutter lag in einem der oberen Fächer. Der Diensthabende fuhr eine gabelstaplerähnliche Vorrichtung heran, mit der man die Toten aus ihren Fächern zog.

Der Gabelstapler rasselte und quietschte, als sich seine Metallarme in Bewegung setzten. Am Ende schaffte er es, in Mutters

Fach und nach der Bahre zu greifen. Worauf diese sich ebenso rasselnd und quietschend senkte. Seitdem weiß ich, es gibt Geräusche, die schneiden einem ins Herz.

Auf der Bahre lag ein schmächtiger Körper, der Puppe eines Schmetterlings ähnlich, umhüllt von einem Laken. Der Diensthabende zerrte den Fuß der Puppe hervor und kontrollierte, was auf dem Schild stand, das am großen Zeh hing. Dann schlug er das Laken mit Schwung zurück und ging. Er wolle nicht stören, sagte er.

Es war ein Kinderkörper, der dort lag, mit spindeldürren Armen und Beinen. Überhaupt keine Brüste, nur kleine, starre Brustwarzen unter dem Krankenhaushemd, bei einer Berührung wie Nagelköpfe. Und das Gesicht. Es dauerte eine Weile, bis ich es anschauen konnte. Lech hatte einmal gesagt, wer ein Flüchtlingsgesicht bekommen habe, werde es sein Leben lang mit sich herumschleppen müssen. Er sagte nicht, dass es das letzte Gesicht eines Menschen sein kann. Als ich es nun vor mir sah, musste ich mich auf den Boden setzen und die Arme um die Knie schlingen.

*

Ich saß auf dem Rücksitz im Taxi, unterwegs zu einem Hotel. Es war unmöglich, vom Krankenhaus sofort in Mutters Wohnung zu fahren. Man ist vollkommen schutzlos, wenn man auf dem Boden eines Kühlraums gehockt hat.

Der Taxifahrer, ein älterer Ausländer, spielte arabische Musik, bei der eine Frauenstimme von einem hitzigen Saiteninstrument gejagt wurde. Er hielt das Steuer fest umklammert, saß vorgebeugt da und starrte auf die Fahrbahn. Es regnete leise. Der Asphalt glänzte. Das graue Novemberlicht hatte alles mit einer bleiernen Schicht überzogen.

Es war zweieinhalb Monate her, dass ich Mutter zuletzt gesehen hatte. Ich wollte den Zug nach Echterdingen nehmen, zum Stuttgarter Flughafen. Wir standen auf dem Bahnsteig der S-Bahn, und ich ahnte nicht, dass es unsere letzte Begegnung war. Mutter sah aus, als würde sie frieren, obgleich es warm war. Sie hatte die Schultern hochgezogen und die Hände in den Taschen ihrer schwarzen Strickjacke vergraben. Der Stoff ihrer dunkelroten Seidenhose flatterte wie ein Segel am Mast. Wir standen wortlos da, so als wäre bereits alles besprochen. Dann sagte sie plötzlich, vielleicht nicht einmal zu mir: »Könnte mich doch jemand umarmen.«

Und ich legte die Arme um sie, doch bekam ich ihren Körper nicht zu fassen. Oder war mein eigener Körper ausgewichen? Ich erinnere mich nicht daran, nur an Mutters Duft. Sie duftete nach Lavendel, wie immer. Im Kühlraum jedoch nicht. Da roch sie nach Tod, Mutters eigenen Worten zufolge der schlimmste Geruch, den es gibt. Der bleibt immer und ewig haften, lässt sich nie abwaschen, hatte sie gesagt.

Ich fragte den Taxifahrer, woher er komme. Aus der Türkei, sagte er, aus einer Stadt in den Bergen, die Van heiße.

Ich fragte, wie Van aussehe.

Er wisse es nicht, sagte er, das, was er gekannt habe, sei durch ein großes Erdbeben zerstört worden. Alles, außer dem See. Der See sei blau und friere nicht zu, nicht einmal im Winter, obwohl es eisig kalt werden konnte, das Wasser sei so salzig, salziger als menschliche Tränen.

Er schwieg. Ich ebenfalls und auch die singende Frau. Nur das Saiteninstrument spielte triumphierend weiter, als hätte es über etwas gesiegt, was auch immer das sein mochte. Mir fiel auf, dass ich meine Knie erneut umschlungen hielt.

*

Ich bekam ein Hotelzimmer im siebzehnten Stock. Es hätte überall liegen können: dasselbe anonyme Design wie in Chicago oder Shanghai. Man konnte weit blicken, nirgendwo aber gab es einen Fluss. Nur Häuser in Reihen, angetreten wie zur Verteidigung. Und die Autowerke am Rand der Stadt, größer als früher, wie eine hemmungslos wachsende Geschwulst, mit Schornsteinen, die Rauch in den Himmel bliesen. Säße Gott da oben, würden ihm die Augen brennen, hatte Vater einmal gesagt. Vater aber war tot, so wie Mutter. Ich war ein elternloses Kind.

Ich zog mich aus und duschte. Doch schon vorher war mein Gesicht nass.

Dann legte ich mich aufs Bett, nackt, in ein weißes Handtuch gewickelt. Ich sehnte mich nach Lech, ich hätte Ja sagen sollen, als er mich herbegleiten wollte. Hätte ihm die Schornsteine mit ihrem ewigen Rauch zeigen sollen. Und ihm erzählen sollen, dass alle, die hier wohnten, sich ein bisschen schwarz färbten.

*

Mutter ist in Ostpreußen geboren, auf einem Hof nahe Pieniężno, das damals Mehlsack hieß. Ihre Geburt war für diesen Tag noch nicht geplant, doch ein durchgegangenes Pferd hatte ihre Mutter erschreckt. Das erklärt alles, sagte Mutter immer. Ich habe nie gefragt, was sie damit meinte.

Manchmal sagte Mutter, ich sei ihr Ein und Alles. Und dass Waldstadt, wo wir in meiner Kindheit wohnten, eine Strafe für sie sei. Man sei zwischen steilen Bergen eingeklemmt. Das sei nicht wie in Ostpreußen, wo man sich frei und leicht bewegte. Dort gab es eine sanft gewellte Landschaft, die Gott mit streichelnder Hand geformt hatte, darüber einen weiten Himmel an einem schimmernden Meer. Anschließend hatte er alles mit goldenem

Licht übergossen. Vielleicht war das Pferd vom goldenen Licht geblendet worden. Weshalb sonst sollte man in einem gelobten Land durchgehen, das Ostpreußen nach Mutters Worten war.

Ich bin nie in Ostpreußen gewesen. Doch als ich einen Kongress in Warschau besuchte, stieß ich auf ein Foto von Mehlsack. Ich war in ein Antiquariat gegangen. Als ob Bücher erreichen könnten, dass man sich in einer fremden Stadt weniger fremd fühlt, auch wenn man die Sprache nicht versteht.

Der Inhaber, ein hagerer alter Mann, der sich ruckartig bewegte, so als müsste er sich jedes Mal einen Stoß geben, zeigte mir ein Buch mit diesem Bild. Jemand, der Adam Górnik hieß, hatte das Foto 1983 aufgenommen. Man sah die Reste des alten Stadtkerns von Mehlsack: Hausfundamente, die hartnäckig zurückgeblieben waren in der Wüstenei um die katholische Kirche, das einzige Gebäude der alten Stadt, das den Zweiten Weltkrieg überdauert hatte. Man könne auf den Gedanken kommen, sagte der Antiquar, der ein altertümliches Deutsch sprach, dass die Flammen, die die Wohnungen der Menschen zerstört hatten, vor dem Gotteshaus im letzten Augenblick innegehalten hatten.

Ich schaute das Bild mit der Kirche lange an. Mutter musste dort das Vaterunser gebetet haben: »Erlöse uns von dem Übel.« Als Kind ging sie jeden Sonntag in die Kirche. Vielleicht war ihr Gebet zu schwach gewesen. Oder das Übel war zu stark. Das sagte ich auch zu dem Mann. Als ich das Buch dann kaufen wollte, reichte er es mir und weigerte sich hartnäckig, Geld dafür anzunehmen.

Mutter und ich hatten davon gesprochen, nach Ostpreußen zu reisen. Daraus war nichts geworden. Ich hatte es nie ernsthaft in Betracht gezogen. Als hätten wir noch unendlich viel Zeit. Obwohl ich sah, wie Mutter magerer wurde. Und obwohl sie sagte, wenn sie im selben Tempo weiter an Gewicht verlöre, wäre sie in zehn Jahren verschwunden. Ich weiß noch genau, wann sie das sagte. Es war, bevor wir zur S-Bahn gingen, beim letzten Mal. Sie sagte es, als sie ihre schwarze Strickjacke anzog. Ich erinnere mich an jedes einzelne ihrer Worte. Und dass ich nur einen Gedanken hatte, ich wollte weg.

*

Langsam senkte sich die Dämmerung herab. Der Rauch der Autowerke wurde schwärzer. Lampen wurden in der Stadt angeschaltet, schnurgerade Lichterketten entlang der Straßen, als könnten sie die Menschen von Irrwegen abhalten.

Ich erinnerte mich an den Pastor, mit dem ich ins Gespräch gekommen war, als ich am Tag vor Mutters Tod Visite auf der Station machte, für die ich zuständig war. Er litt unter einer schweren Gefäßentzündung, die seine Nieren geschädigt hatte. Er lag in seinem Bett, bleich und abgemagert, um den Kopf einen Kranz weißer, dünner Haare. Als ich ihn fragte, wie es ihm gehe, sagte er, es sei wichtig, die Kategorie des Jubels lebendig zu halten. Er sagte es mit äußerst schwacher Stimme, ich musste ihn bitten, das Gesagte zu wiederholen.

Mutter jubelte selten. Vater indes häufig, besonders, wenn er Waldhorn spielte. Alois sagte, Vater sei einer der großen Lobpreiser gewesen. Als wir in Waldstadt wohnten, pries Vater alles, vor allem Mutter und mich. Und die Blumen. Es gab niemanden in Waldstadt, der die Blumen so liebte wie er. Sie seien ein Wunder, sagte er, jede einzelne von ihnen. Und Vater kniete in den Wiesen und betrachtete sie eingehend. Wenn das Gras hoch stand, sah man nur seinen Buckel. Solange es die Wiesen gab, hinderte er ihn nicht am Jubeln.

In Stuttgart war es um das Jubeln schwieriger bestellt. Vielleicht war der Rauch daran schuld, er überzog alles mit Ruß. Oder die Wiesen fehlten. Es gab nur Rasen, mit Klopfstangen für Teppiche. Für Vater war Waldstadt der Ort des Lobpreisens, Stuttgart wurde das nie. Obwohl er es nach oben geschafft hatte, wie Mutter sagte, Abteilungsleiter geworden war, in der Stuttgarter Filiale des Pfäffle Verpackungswerks. Und wir nun die Mittel hatten, uns Teppiche zu kaufen, große Perser mit verschlungenen Blumenranken. Auf ihnen aber kniete Vater nie. Nicht einmal, wenn Mutter sie ausgeklopft hatte und die Blumen klar und prächtig leuchteten.

Vielleicht lag es daran, dass Vater geschrumpft war. Es hatte bereits in Waldstadt angefangen. Er bekam eine seltsame Krankheit, die Syringomyelie, bei der sich Zysten im Rückenmark bilden, was zur Krümmung des Rückgrats führt. Vater bekam einen Buckel, der von Jahr zu Jahr größer wurde. Doch niemand redete darüber, obgleich sein Buckel schließlich alle Buckel an Größe übertraf.

Erst als ich Medizin studierte, lernte ich den Namen der Krankheit kennen. Und begriff plötzlich: Die Syringomyelie war es, die das Temperaturempfinden von Vaters Händen ruiniert hatte. Vater spürte nicht, ob etwas warm oder kalt war.

Es gibt Erinnerungen, die sitzen wie Nägel im Körper fest: Rauch bleibt im Ofenrohr zwischen Kohlenherd und Schornstein hängen und quillt in die Küche. Und Mutter schimpft, als wäre Vater daran schuld. Und Vater steht auf und macht sich mit bloßen Händen ans Abschrauben des Ofenrohrs, des glühend heißen Ofenrohrs. Ich habe den Geruch nach verbranntem Menschenfleisch wahrgenommen. Ich habe gesehen, wie es aussieht. Habe gehört …

Vater schrie nicht. Er wurde bleich. Und taumelte zum nächsten Stuhl, auf den er sich mit einem Rumsen fallen ließ. Dann starrte er seine Hände an, als würden sie nicht ihm gehören. Mutter stand noch immer am Abwaschtisch und schrie, so als wäre sie es, die sich verbrannt hatte. Sie schrie und schrie. Als müssten all die Schreie der Kriegsjahre, der Gestank all der verbrannten Leichen endlich heraus.

*

Im Hotelzimmer breitete sich Dunkelheit aus. Ich schloss die Augen. Ständig sah ich das Bild vor mir, wie Mutter im Kühlraum lag. Irgendwie wäre es leichter gewesen, wenn sie auch im Tod große Brüste gehabt hätte. In meiner Kindheit waren Mutters Brüste groß und weiß gewesen. Sie schimmerten, wenn sie sich morgens, vor einer Schüssel stehend, am Küchentisch wusch.

Vielleicht begannen Mutters Brüste zu schrumpfen, als Vater gestorben war. Lech hat mir einmal ein Gedicht von Lars Gustafsson gezeigt:

> Ein ungeliebter Körper ist nicht weniger wahr.
> Er ist nur weniger wirklich. Unterwegs
> zwischen Schatten und Licht, im Dämmerdunkel,
> verharrt er gleich einem vergessenen Stein,
> die Schrift dem Schatten zugewandt, ungelesen.

Ich hatte mich nicht darum gekümmert, Mutters Zeichen zu lesen. Hatte wie eine Verrückte gearbeitet. Und mit Lech geschlafen. Lech liest ununterbrochen meine Zeichen. Und er versteht.

Stuttgart, den 25. November 2007

Am nächsten Tag fuhr ich zu Mutters Wohnung. Dorthin war sie mit Vater gezogen, als das Mietshaus, in dem ich aufgewachsen war, abgerissen werden sollte. Das neue Haus glich dem alten, ein Betonblock, der ebenso gut in einem Moskauer Vorort hätte stehen können.

Das Aufschließen der Tür ging nur langsam voran. Daran war nicht der Schlüssel schuld. Es lag an dem Geruch des Treppenhauses: Es roch nach Rauch und Reinigungsmitteln. Ich erkannte ihn wieder. Es gibt Gerüche, die sind vollkommen lähmend.

Das Erste, was ich sah, als ich das Licht im Flur anschaltete, war mein Gesicht im Garderobenspiegel. Ich schaute weg. Das dort war nicht ich. Solche aufgerissenen Augen hatte ich nicht. Im Flur hingen keine Kleidungsstücke, nur leere Bügel. Oben auf der Ablage lag Mutters Hut, er war groß und schwarz und mit einer kleinen gesprenkelten Feder geschmückt. Ich zog den Mantel aus und hängte ihn auf, es war mein weicher brauner, den ich in Berlin gekauft hatte, als ich zusammen mit Lech dort war.

Dann ging ich ins Wohnzimmer. Darin war es kalt. Mutter hatte die Heizung abgestellt, wie immer, wenn sie aus dem Haus ging. Ich drehte sie voll auf. Was ich danach tun sollte, wusste ich nicht recht.

Ich betrachtete die Nappaledercouch. Sie stand da, als wäre nichts geschehen, dunkelblau wie der Abendhimmel, darauf zwei hellblaue Kissen, die Mutter mit Blumenranken bestickt hatte. Solange es den Kreuzstich und das Kreuzworträtsel noch gibt, sagte sie zuweilen. Dann verstummte sie, als wüssten wir anderen, wie das Ende des Satzes zu lauten hatte. Oder sie wusste es selbst nicht. Über der Couch hing das Bild, das Mutter zu ihrem fünfzigsten Geburtstag bekommen hatte. Vaters Cousin Heinz hatte ein Schiff gemalt, das dem stürmischen Meer trotzt. Als Vater das Bild zu Gesicht bekam, runzelte er die Stirn. Ihm könne das Meer gestohlen bleiben, sagte er. Er hatte die Nordsee im Zweiten Weltkrieg erlebt. Sein Meer glich nicht Mutters schimmerndem, gesegnetem Gewässer. Sein Meer verschlang, war abgrundtief und schwarz.

Neben der Couch stand Mutters Gummibaum, kerzengerade wie ein preußischer Soldat. Ich entfernte ein Blatt, das bereits gelb geworden war, und legte es auf den Couchtisch, mitten auf das runde Spitzendeckchen, das an den Heiligenschein der Engel von Fra Angelico erinnerte. Ich hatte es Mutter, die Spitzendeckchen liebte, geschenkt. Als könnten diese Deckchen den schweren Mahagonischrank aufhalten, der die ganze Wand gegenüber der Couch einnahm und sich allem in den Weg stellte.

Ich brachte es nicht fertig, die anderen Zimmer zu betreten, nicht sofort. Es war richtig, dachte ich, dass ich Lech nicht mit hergebracht hatte. Und plötzlich fiel mir etwas ein: Als wir das erste Mal miteinander geschlafen hatten und ich glücklich in seinen Armen lag, hatte er leise gesagt: »I am like a pelican in the wilderness.« Ich wusste nicht, ob er der Pelikan war oder eher ich. Und ich habe nicht nachgefragt. Es spielte keine Rolle, damals nicht.

Ich ging ans Fenster. Hätte man im Haus gegenüber Kanonen auf die Balkone gestellt, hätte man es für eine Festung halten können. Auf dem Hof wuchs Rasen, der Wind blies die Samen der Pappeln, die die Straße säumten, dorthin. Zuweilen sah es aus, als wäre das Gras von grauweißem Schaum bedeckt. Diesen

Pappelschaum hatte einmal jemand in Brand gesteckt. Und Mutter hatte wie besessen geschrien, das Lodern habe sie um den Verstand gebracht, sagte sie mir später am Telefon.

Ich ging zurück zum Mahagonischrank. Auf einem Absatz stand die Stereoanlage, die Mutter ein halbes Jahr nach Vaters Tod gekauft hatte. Eine CD steckte darin, vielleicht die letzte, dic Mutter gehört hatte: Bruckners siebte Symphonie. Die Hülle lag daneben, darauf ein Bild von Karajan, den die Frauen vergöttert hatten, dachte ich, während Bruckner niemals jemanden in die Arme schließen konnte. Auch dass der Kaiser von Bruckners Musik so begeistert war, dass er ihn in seinem Schloss wohnen ließ, hatte nichts daran geändert. Nicht einmal ein Prunkbett hilft, wenn man einen plumpen, unförmigen Körper hat.

*

Bei einem meiner letzten Besuche hatte Mutter diese CD abspielen lassen. Ich lag schon im Bett, als ich Musik hörte. Kurze Zeit später stand ich auf. In ihrem langen weißen Baumwollnachthemd saß Mutter auf der Couch. Sie hatte kein Licht angemacht, nur der schwache Schein der Straßenlaternen fiel ins Zimmer. Ich setzte mich zu ihr und fragte, ob etwas sei. »Alles gut«, sagte sie. Sie saß vollkommen reglos da, nur ihre Lippen zitterten. Wir lauschten der Musik. Nach dem zweiten Satz, dem Adagio, stand sie auf und schaltete die Anlage aus.

»Genug damit«, sagte sie. Und blieb mit hängenden Armen stehen, als wüsste sie nicht, was sie tun sollte. Dann sagte sie, ich könne die CD mitnehmen, sie habe sie jetzt oft genug gehört.

Dann setzte sie sich auf den Hocker neben der Couch, zog die Schultern hoch, so als friere sie. Ich fragte, ob es eine besondere Bewandtnis mit der Musik habe. Sie gab keine Antwort, nicht sofort, erst, als ich wissen wollte, warum sie sich die Bruckner-Symphonie denn zugelegt habe. Mir sei bisher nicht aufgefallen, dass sie seine Musik möge.

Das habe nichts mit mögen zu tun, sagte Mutter. Doch als sie diese Musik das erste Mal gehört habe, sei ihr klar geworden, dass Bruckner etwas über Einsamkeit wusste.

Es war in Alfdorf gewesen, einem Flecken in der Nähe von Schwäbisch Gmünd, wo sie nach der Flucht aus Ostpreußen gelandet war. Ich wusste, dass sie dort Arbeit bei einem Kerzenmacher gefunden hatte. Doch hatte sie nie über diese Zeit sprechen wollen und war auch nie wieder nach Alfdorf gefahren. Obgleich ihre Stimme stets einen warmen Ton bekam, wenn sie den Kerzenmacher zufällig erwähnte. Einmal sagte sie, er sei ein guter Mann gewesen, doch was vorbei sei, sei vorbei. Jetzt erzählte sie. Als sei die Musik eine Art Türöffner.

Es war an einem späten Abend gewesen, sagte sie, als der Chef und sie Kerzen für eine eilige Lieferung gegossen hatten. Im Radio spielte Musik, das Adagio aus Bruckners Symphonie. Und es rührte etwas in ihrem Herzen an, was sie an jenen Abend erinnerte, als sie mit Tausenden anderer Flüchtlinge über schneebedecktes, schimmerndes Eis gezogen war, nur ganz schwach schimmernd, als versuchte es, ein Fünkchen Tageslicht zurückzuhalten. Mit einer großen schmerzenden Leere in der Brust war sie dahingestapft. Sie hatte alles verloren, ihre Familie mit dem Vater, der einem König glich, und ihr Zuhause, wo man in einem Lichtstreifen von Zimmer zu Zimmer gehen konnte. In Bruckners Musik hatte es eine ähnliche Leere gegeben.

Ich schaute sie an. Man konnte meinen, auf ihrem Gesicht läge der Widerschein des Eises, nicht der der Straßenlaternen. Ihre Lippen zitterten heftig, was sie zu einer Pause zwang. Dann schien sie sich wieder zu fassen.

Es gibt Augenblicke, an die man sich genau erinnert, sagte sie, in denen jedes Detail so ungemein stark ist, dass es dem Vergessen widersteht. Der Kerzenmacher und sie hatten soeben den Tauchkorb aus dem Wachsbad gehoben, als das Adagio verklang und eine Stimme im Radio mitteilte, Hitler sei tot. Sie hatten vollkommen reglos dagestanden, während das Wachs von den Kerzen tropfte. Beim Auftreffen der Tropfen ertönte ein schwacher, weicher Laut. Sie konnte ihn noch immer hören, er glich dem Schlag eines kleinen Herzens. Als das Tropfen aufhörte, sagte der Kerzenmacher, nun ginge der Krieg zu Ende. Und es käme die Zeit, in der alle Leerräume auszufüllen wären. Jetzt, wo der schlimmste Verursacher von Leere gestorben war.

Beim Erzählen schaute Mutter die Schrankwand an, nicht mich. Ich wusste, dass sie auch mich zu ihren Leerräumen zählte. Ich war in ein neues Land verschwunden, hinein in eine neue Sprache. Für mich sei das Deutsche wie eine alte Schlangenhaut gewesen, die ich zurückgelassen hatte, stand in einem Brief von ihr, als sie noch Briefe an mich schrieb. Ich sagte Mutter, dass ich die CD mitnehmen würde. Das zu sagen war leicht, das andere zu sagen war zu schwer.

*

Ich setzte mich auf einen Hocker, der mit dem gleichen Nappaleder wie die Couch bezogen war. Er gehörte mir. Alles gehörte jetzt mir. Ich war das einzige Kind, die einzige Erbin all der Dinge, die Mutter hinterlassen hatte. All der Dinge, die Mutter und Vater besessen hatten, auch ihrer Erinnerungen.

Der Autor W. G. Sebald hatte einmal in einem Interview gesagt, dass man, je älter man wird, immer mehr vergisst. Dass aber das, was in Erinnerung bleibt, eine merkwürdige Verdichtung erfahre, ein spezielles, äußerst hohes Gewicht erhalte. Zuweilen könnten die Erinnerungen von solcher Schwere sein, dass sie einen in bodenlose Tiefe rissen.

Ich dachte, dass ich nun auch noch die anderen Räume betreten müsste. War aber nicht dazu imstande, konnte auch die Mappe nicht hervorholen mit der Liste all der Dinge, die nach Mutters Tod zu erledigen waren. Sie hatte sie mir bei meinem letzten Besuch gezeigt. Die Mappe lag in der untersten Schublade des Schreibschranks in einem großen Umschlag, auf dem mein Name stand. Schon damals war es mir schwergefallen, sie auch nur zu sehen.

Vielleicht, weil ich begriffen hatte, dass auch Mutter zur Leere werden wollte. So eine Leere fühlt nichts. Ich spürte, wie Weinen in mir aufstieg. Als könnte man die Leere, die die eigene Mutter hinterlässt, mit Rotz und Wasser füllen.

Vater hatte immer gesagt, man solle das tun, was ansteht. Ein Hinterbliebener habe sich um die Hinterlassenschaft des Toten zu kümmern, selbst wenn es sich nur um einen Haufen Feldsteine handelte. Am besten fängt man mit dem Schwierigsten an, dachte ich, dem Schlafzimmer, wo Mutter in ihrem großen Ehebett gelegen hat, schlaflos angesichts all der Leere, mit Vaters unbenutzter Betthälfte neben sich. Es galt, sich zusammenzureißen und die Tür zu öffnen.

Ein schwacher Lavendelduft hing im Raum. Mutter hatte Lavendelblüten getrocknet und sie jeden Herbst in kleine Stoffbeutel gefüllt. Die sie zwischen Wäsche und Kleidungsstücke stopfte. Dieser Duft hatte Vater und sie umgeben. Auch mich, als ich ein Kind war.

Das Ehebett der Eltern stand noch immer an derselben Stelle, sorgfältig bezogen, obgleich Vater seit fünf Jahren tot war. Jeden Freitag hatte Mutter die Bettwäsche gewechselt, auch Vaters, nachdem sie beider Kopfkissen und Daunendecken gelüftet hatte. Als könnte man die Leere, die Vater hinterlassen hatte, mit Daunen füllen. Nachdem alles andere saubergewischt war, hatte sie das Kruzifix abgestaubt, das über ihren Betten hing.

Es war ein großes, massives Kreuz aus dunklem Holz mit einem imposanten Bronze-Jesus, der ohnmächtig zu sein schien, was verständlich war, wenn einem jemand drei große Nägel durch den Körper gejagt hatte, zwei durch die Hände und einen durch die über Kreuz gelegten Füße. Ich habe nie begriffen, wie sein Vater das tun konnte. Wie kann man sein Kind sterben lassen, verzweifelt und einsam? Wie kann man vor dem Rufen des eigenen Kindes die Ohren verschließen? Als Allmächtiger kann man die Rettung der Menschheit doch wohl auf besserem Wege regeln. Es stimmt nicht, dass die Zeit alle Wunden heilt, ja, nicht einmal die Auferstehung.

Mir fiel ein, dass das Kruzifix jetzt mir gehörte. Wäre es wenigstens ein handliches Kreuz gewesen, wie das goldene, das Alois bei den Prozessionen trug. Alois liebte Prozessionen: das Umherziehen, das Singen und – das Beste von allem – das Segnen. Er segnete alles mit dem gleichen Enthusiasmus – die neu errichteten Häuser, die junge Saat auf den Feldern, die Blüte der Bäume. Und die Gemeinde zog singend mit, auch ich. Ich lief mit den anderen Kindern ganz vorn, die Körbe voller Blumen, die wir auf die Wege streuten. Sodass der goldene Jesus über einen Blütenteppich getragen wurde.

Ich begab mich zu der Kommode neben dem Bett. Auf einem Spitzendeckchen stand eine Vase mit Stoffblumen, daneben Porzellanfigürchen von Hummel. Mutter sammelte sie, fröhliche rotwangige Kinder, die unverdrossen Geige oder Ziehharmonika spielten oder sangen.

Ich zog die oberste Schublade auf. Der Anblick der sorgfältig gestapelten Unterwäsche, der blendend weißen BHs mit den kleinen Körbchen und der ebenso weißen Baumwollschlüpfer, gab mir das Gefühl, ich würde mich an Mutter vergehen. Auch der alles durchdringende Lavendelduft. Ich suchte nach den Beuteln und fand sie, obendrein anderes: Andachtsbildchen mit Gott und seinen Heiligen, Bildchen, die in der Kirche verteilt worden waren.

Auf einigen stand ein Datum. Sie waren aus den Fünfzigern, als ich noch ein Kind war. Eins zeigte die Madonna mit winzig kleinen Menschen, die sich wie erschrockene Küken unter ihrem Rocksaum drängten, und darunter stand eine verblüffende Textzeile: »Muttergottes, rette Deutschland und Russland.« Auf einem anderen Bild sah man einen weißbärtigen Gott mit ausgestreckten Armen auf einer Wolke stehen, fast wie ein Seiltänzer. Unter der Wolke stand: »Aus der Tiefe rufe ich zu Dir.« Ich legte das Bildchen zur Seite. Sah Mutter rufen, als sie auf der Autobahnbrücke stand und sich über das Geländer beugte, das ihr bis zur Taille reichte. Aus ihrem Mund aber kam kein Ruf, sie sagte nur leise: »Wenn ich doch nicht so feige wäre.« Es gibt Worte, die ein Kind nie vernehmen sollte, nicht einmal, wenn es bereits erwachsen geworden ist.

Ich sammelte die Bildchen ein und legte sie neben die Hummel-Figuren: Gott und seinen Sohn und den Heiligen Geist. Und Maria und die Engel. Und die furchtsamen Kükenmenschen. Alles roch nach Lavendel. Auch meine Hände.

Ich ging ins Badezimmer und wusch sie gründlich, wie vor einer Operation. Dann zog ich die Tür hinter mir zu, ließ die Wohnung zurück, wie sie gewesen war. Es gibt Augenblicke, da muss man durch die Straßen rennen.

Wer war es, der gesagt hat: Der Tod verstärkt die Kraft der Fragen, so als drehte man die Lautstärke am Radio auf, wenn die Antworten längst verklungen sind. Vielleicht aber waren die Antworten auch da, so wie die Kükenmenschen, die sich unter Marias Rock versteckten. Irgendwo, während man durch die Straßen rennt. Und die Rauchfahnen der Autowerke sich ausbreiten. Und der Ruß fällt. Wenn wenigstens Vater noch am Leben wäre und Waldhorn spielte. Ich muss mir ein Waldhorn kaufen. Und es an die Wand hängen, statt des verlassenen Sohnes, der am Kreuz ohnmächtig wird, nicht vor Schmerz, sondern vor Verzweiflung.

Auf der Insel, den 29. Dezember 2012

Es herrscht Tauwetter, nicht wie im Vorfrühling, mit Knospen an den Zweigen und Erdgeruch, sondern ein Wintertauwetter mit den nagenden Zähnen des Morastes. Und der Schnee wehrt sich, ballt sich fest zusammen und leistet Widerstand.

Lech und ich sind vor neun Monaten hergezogen. In ein altes Haus, umarmt von großen, alten Bäumen, auf einer Insel, umarmt vom weiten, schimmernden See. Darüber ein Himmel gleich einer gewölbten Hand. Und voller Schweigen. Und voll von großem Gesang. Im Frühjahr singen die Nachtigallen wie besessen. Wie in Augustenruh. Ich bin heimgekehrt.

Ich muss an einen Geistlichen denken, dem ich begegnet bin, als ich mein erstes Buch vorgestellt und etwas über einen Patienten vorgelesen habe, der sterben wollte. Der Geistliche erzählte mir von einem Gespräch, das er mit einem alten Seemann geführt hatte, der unheilbar krank im Krankenhaus lag. Der Seemann hatte gesagt, er habe jeden Halt verloren, alle Fixpunkte seien aus seinem Leben verschwunden. Vor ein paar Jahren hatte seine Frau ihren Todeskampf ausgefochten und sich an Gott festgeklammert. Und Gott hatte sich nicht aus ihrem Griff befreien können und war ebenfalls im Grab gelandet. Der Pfarrer sagte, ihm sei es nicht gelungen, die Frau oder Gott dort herauszuholen. Trotzdem hatte der Seemann nach dem Gespräch gesagt: »Jetzt sind die Falten meiner Seele geglättet.«

Wie hier auf der Insel, dachte ich. Hier ist die Seele wie ein großes schimmerndes Stück Seide ohne die geringste Falte. Ganz besonders, wenn ich mit Lech zusammen bin.

Stuttgart, den 26. November 2007

Als verwaistes Kind muss man sich wappnen, besonders, wenn man vor einem deutschen Klinkerhaus steht, an dem ein großes Schild neben dem Eingang verkündet: »Häberles Bestattungsinstitut – Leben endet, Liebe nie«. Mutter hatte sich an die Firma gewandt, als Vater gestorben war, und mit ihr vereinbart, dass sie auch ihr Begräbnis ausrichten sollte. Sie hatte mir die Übereinkunft gezeigt, bevor sie gestorben war. Sie wollte eingeäschert werden. Sie scherte sich nicht um das, was ich sagte: Denn Erde bist du, und zu Erde sollst du wieder werden. Sie wollte wie Pappelschaum lodern.

Als ich auf den Klingelknopf drückte, wurde die Tür von einem Mann geöffnet, der aussah, als hätte er sich gerade den Bierschaum von den dicken, glänzenden Lippen gewischt. Er ergriff meine Hand und sprach mir devot und routiniert sein Beileid aus. Er erinnere sich an meine Eltern, sagte er, sie seien wirklich nette Menschen gewesen, was auch immer er darüber wissen konnte. Dann führte er mich in einen Raum, der wie ein normales Büro aussah. Wenn die Glasschränke an den Wänden nicht mit Urnen vollgestanden hätten.

Ich musste an einem breiten, stabilen Schreibtisch Platz nehmen, auf einem breiten, stabilen Stuhl. Er würde seine Frau holen, sagte der Mann, die kümmere sich um die Bestellungen. Und er gab mir eine Broschüre, die ich mir in der Zwischenzeit ansehen könne. Auf dem Umschlag sah man einen schwarzen Berg, der aus einem blauen Wald ragte. Über dem Ganzen segelte eine weiße Taube, auch über der Textzeile zuunterst: »Wir sind Tag und Nacht für Sie da.«

Ich legte die Broschüre beiseite. In meiner Kindheit in Waldstadt gab es keine Tauben. Die wurden gefangen, sobald sie sich zeigten. Und nie haben die Leute aus Waldstadt sie gefangen, die Flüchtlinge waren es. Obwohl es bereits Anfang der Fünfziger war, also mehrere Jahre nach Kriegsende, kamen Monat für Monat neue Flüchtlinge an. Sie mussten in einem großen Magazingebäude wohnen, das aus irgendwelchen Gründen die Jalousie hieß. Dort lebten sie auf Matratzen in kleinen Verschlägen mit Wänden aus Kartonplatten, einem Geschenk von Vaters Chef, dem Besitzer von Pfäffles Verpackungswerken.

Auf eine Kartonplatte hatte ein Mann, der nach Mutters Worten durch irgendetwas, das er im Krieg gesehen hatte, stumm geworden war, einen Bauernhof gemalt. Er hatte ihn sorgfältig dargestellt, mit Wasserfarben, auch die Stiefel, die auf der Vortreppe standen, ein kleines Paar und zwei Paar große. Eins der großen Stiefelpaare war voller Lehm, der in Klumpen daran festklebte. Die beiden anderen Paare glänzten, das kleine ganz besonders.

Oft saß der Mann da und starrte das Bild an. Man sah ihn nie auf dem Hof beim Suppenkessel, obgleich die Flüchtlinge ihn abwechselnd bewachten. Es war ein großer, verbeulter Topf, in dem die Flüchtlinge über einem Feuer ihr Essen kochten. Manchmal schwammen Tauben in der Brühe. Ich weiß es noch genau: Sobald es brodelte, begannen die kleinen nackten Leiber zu zucken.

Mutter ging oft zur Jalousie, um jemanden zu finden, der ihre Identität bezeugen konnte. Sie hatte keine persönlichen Dokumente, die waren im Krieg verloren gegangen. Sie konnte nicht nachweisen, dass sie war, wer sie war. Und sie fragte dort alle nach ihrer Familie. Was war aus ihren Geschwistern geworden, was aus ihrer Mutter und ihrem Vater?

*

Eine Hand streckte sich mir entgegen, am wurstigen Finger ein goldener Ring, der für immer festzusitzen schien. Frau Häberle sah mich mit einem Blick an, der schwer von Mitgefühl war, während sie mir ihr Beileid aussprach, mit exakt denselben Worten wie ihr Mann. Dann stellte sie ihr Sortiment vor.

Sie zeigte mir die Urnen. Bei der Auswahl müsse man sorgfältig vorgehen, erklärte sie, die Urne sollte zu dem Verstorbenen passen. Sie habe das Gefühl, meine Mutter – eine nette Frau, sagte sie, jedes Mal, wenn sie sich beim Einkaufen im Fleischerladen begegnet waren, hätten sie ein paar Worte gewechselt – harmoniere besser mit den künstlerischen Urnen als mit einer einfachen schwarzen. Warum also nicht diese nehmen, auf der Picassos Friedenstaube abgebildet war, die sei ein Renner. Ich sagte nicht, dass Mutter Tauben verabscheut hatte, weil sie fand, sie verdreckten die Städte, sogar die Kirchen.

Ich wählte eine dunkelblaue Urne mit goldenen Sternen aus. Als Kind hatte ich geglaubt, die Sterne wären die Laternen der Engel, und dass man seinen Weg findet, wenn man ihnen folgt. Was Frau Häberle über die Sternenurne sagte, habe ich nicht in Erinnerung.

Dann legte sie mir die Kataloge mit den Blumengebinden vor, prächtige Kränze oder Rosenherzen, so groß, wie man sie nur haben wollte. Ein schönes Begräbnis sei schließlich eine Erinnerung fürs Leben, sagte Frau Häberle. Ich entschied mich für einen Kranz aus Rosen, die Mutters Lieblingsblumen waren, vielleicht, weil sie selbst Rose hieß.

Und Frau Häberle führte mich in der Villa herum. Statt Betten und Sofas standen in allen Räumen Särge mit geöffneten Deckeln. Auch wenn man eingeäschert werde, habe der Sarg eine Bedeutung, sagte Frau Häberle. Ich fragte nicht, welche. Vielleicht hatte sie es ja erwähnt, und ich hatte nicht zugehört. Ich dachte darüber nach, dass die Särge so ungemein groß waren. Mutters schmächtiger Körper würde darin ganz verloren aussehen. Plötzlich packte mich Schwindel. Es war, als müsste ich mich wieder auf den Boden setzen und die Arme um die Knie schlingen. Ich hielt mich an einem Sarg fest. Und sagte: »Nehmen Sie den!« Nur um da rauszukommen.

Erneut wurde ich gebeten, am Schreibtisch Platz zu nehmen. Frau Häberle schob mir ein Papier zu, das ich unterschreiben sollte. Den oberen Blattrand schmückte ein Bild: Eine rote aufgehende oder untergehende Sonne leuchtete über einem weißen Gebäude, das auf einer fruchtbaren grünen Ebene stand. Unter dem Bild in verschnörkelten Buchstaben: »Wallhall-Krematorium mit Gütesiegel«. Das sei ein Einäscherungsauftrag, erklärte sie. Es genüge nicht, dass Mutter einen Vertrag abgeschlossen habe. Ein Auftrag sei erforderlich, unterzeichnet vom Erben. Ich sagte, das brächte ich nicht fertig, Feuer wäre das Schlimmste, was ich mir vorstellen könnte.

*

Bevor ich in die Schule kam, besuchte ich einen Kindergarten, der von katholischen Nonnen geführt wurde. Alois, der kleine rundliche Stadtpfarrer, hatte gesagt, das wäre gut für mich, vielleicht, weil er begriffen hatte, wie eigensinnig ich war. Oder es lag daran, dass Mutter, die Katholikin war, jedoch einen Protestanten geheiratet hatte, Hilfe brauchte, um mich im wahren katholischen Glauben zu erziehen.

Ich weiß nicht, ob ich den im Kindergarten gelernt habe. Was man uns dort beizubringen versuchte, war, dass Gott alles sieht, jederzeit, auch mich. Deshalb sah er auch, wenn ich abends im Bett meinen kleinen Schoß berührte, sah es mit einer Art Röntgenaugen, die durch die Decke blicken konnten. Trotzdem aber fasste ich meinen Schoß immer wieder an. Ihn anzufassen und ein wenig zu streicheln tat gut, wenn die Schatten kamen.

Manchmal riss ich aus dem Kindergarten aus. Und rannte in den Wald, zu meinem Bach. Tauchte die Füße hinein. Ich wusste, dass das Wasser des Bachs im Flüssle landete, das durch Waldstadt floss. Und dann im Neckar, der in den Rhein mündete. Und am Ende ins Meer, in Vaters Meer, das alles verschlang. Und Vaters Meer hing mit Mutters schimmernder See zusammen. Wenn ich die Füße in den Bach tauchte, hing auch ich mit allem zusammen.

Es half nichts, dass die Nonnen böse wurden, wenn ich ausriss. Sie wurden so leicht böse, obwohl sie mit Gott lebten. Zur Strafe musste ich in den Keller, eine ganze Stunde im Finstern stehen, zwischen Brennholzstapeln und Kohlevorräten. Ich aber habe nie gestanden, ich habe mich auf den Steinfußboden gesetzt und die Arme um die Knie geschlungen. Und habe ans Meer gedacht mit seinem Schimmern und an die Fische in der Tiefe des Wassers. Sie schwammen ganz friedlich umher, obwohl sie in die ewige Finsternis verbannt waren, während ich nur kurz dort auszuharren hatte.

Einmal, als ich wieder ausriss, kamen Menschen angelaufen. Alle rannten in dieselbe Richtung. Und ich rannte mit. Wir rannten zum Marktplatz, wo ein Haus in hellen Flammen stand, der Himmel war nicht mehr zu sehen, nur dicker, wirbelnder Rauch, und in einem Fenster des obersten Stockwerks stand ein Mann. Ein Mann, der schrie wie ein Tier in äußerster Not, während er versuchte, auf die Fensterbank zu klettern. Seitdem weiß ich, Schreie können auch durch das schlimmste Feuergetöse dringen, direkt hinein in deine Brust. Und noch mehr das Schweigen. Wenn dieser Mensch plötzlich verstummt und nach hinten überkippt, hinein in einen Raum, der nicht länger existiert, nur noch ein Meer ist aus lodernden Flammen. Und das Letzte, was man sieht, ein nackter Fuß im Fenster ist, ein weiß leuchtender, zuckender Fuß.

Ich erinnere mich, dass die Menschen um mich herum weinten. Und dass ich weggerannt bin zu meinem Wald. Doch auch dort gab es Füße, weiße Füße, die zuckten, einfach überall.

*

Ich unterschrieb den Einäscherungsauftrag. Der Namenszug wirkte seltsam, als hätte ich am ganzen Leib gezittert. Dann fragte ich Frau Häberle, ob die Toten bei der Einäscherung Strümpfe trugen. Mutter musste die besten haben, die es gab. So etwas ist eher ungewöhnlich, sagte Frau Häberle mit ihrem Leben-endet-Liebe-nie-Gesicht, das sich durch nichts aus der Fassung bringen ließ. Mutter muss jedenfalls Strümpfe tragen, sagte ich, und dass ich sie kaufen und dort abgeben würde.

Dann ging ich, ausgestattet mit Kopien des Einäscherungsauftrages und meiner Bestellungen. Vor dem Haus gab es einen kleinen Teich, in dem zwei Goldfische schwammen, beharrlich immer im Kreis, als gäbe es einen Ausweg.

Als ich wieder im Hotelzimmer war, rief ich Lech an. Ich sagte, ich wolle mit ihm nach Dresden fahren. Er fragte nicht, warum, nur wann. Nach Mutters Beerdigung, sagte ich. Und fügte hinzu: »Für dich würde ich durchs Feuer gehen.« Ich sagte es ohne jedes Zögern.

Auf der Insel, den 1. Januar 2013

Silvester verlebten wir in aller Stille. Wir waren daheim auf der Insel, nur Lech und ich. Es war dunkel, die Dunkelheit hielt alles umschlungen. Wir standen am Fenster, als das neue Jahr anbrach. Das Eis leuchtete weiß. Trotz des Tauwetters türmte sich der Schnee noch immer hoch. Es sah aus, als würde der Himmel im Süden eine Spur heller werden. Vielleicht lag es an den Raketen über Nyköping.

Ich schaute Lech an. Sein Gesicht war vollkommen nackt, ohne jeden Schutz. Er legte seinen Arm um mich. Eine Zeit lang atmeten wir Mund an Mund.

Dann hörten wir uns Musik an, Isabelle Faust und Alexander Melnikov, die Beethovens Sonaten für Klavier und Violine spielten. Die Geige klang einzigartig, besser noch als das Klavier. Sie hat einen Namen, sagte Lech: Dornröschen.

Dornröschen, eins von Stradivaris Glanzstücken, war fast hundertfünfzig Jahre verschollen gewesen. Als sie wiedergefunden wurde, hatte die Landesbank Baden-Württemberg sie gekauft. Und dort lag sie dann im Tresor, man konnte sie ausleihen, das aber war ungemein teuer.

Als sich Isabelle Faust in Stuttgart aufhielt, konnte sie nicht anders, als Dornröschen auszuprobieren. Das Instrument war verschlossen und stumm, bloß ein Stück Holz ohne Leben. Es weigerte sich zu klingen, nachdem es so viele Jahre unberührt dagelegen hatte. Isabelle Faust aber gab nicht auf. Der Bogen streichelte und strich. Und dann plötzlich … Ein paar Töne lugten hervor, mitten aus all der Verschlossenheit … Wie wenn man vor einem alten Altarbild steht, das die Kerzen der Betenden mit Ruß bedeckt haben, und hier und da und nur bei einem gewissen Licht die ursprünglichen Farben aufleuchten sieht. Die Geigerin hatte eine Stimme vernommen. Eine Stimme, die sie wiedererkannte, als wäre es ihre eigene. Ein halbes Jahr später hatte sie einen Sponsor gefunden. Hatte Dornröschen geholt und ihr Leben mit ihr begonnen.

Es dauert lange, bevor eine Geige, die fast hundertfünfzig Jahre einsam war, bereit ist, sich auf jemanden einzulassen. In Dornröschens Fall sechs Jahre, in denen der Bogen immer aufs Neue über die Saiten strich, bevor Töne erklangen, von Mal zu Mal wärmer und strahlender. Bis sich die Geige gänzlich geöffnet hatte. Und mit einer Leuchtkraft sang, die ohnegleichen war. Wie beim Liebesspiel, sagte Lech.

Stuttgart, den 26. November 2007

Nachdem ich mit Lech über Dresden geredet hatte, saß ich auf der Bettkante. Regen setzte ein, ein heftiger Platzregen. Man konnte den Eindruck bekommen, die Stadt versinke. Tief unten waren nur dunkle Nebel zu erahnen, ein paar glänzende Lichter darin als letzte Zeichen von Leben. Als wäre ein Damm gebrochen und die Stadt vom Wasser geschluckt worden.

Ich schaltete die Nachttischlampe ein. Mutters Handtasche stand auf dem Boden. Ich hatte nur die Schlüssel herausgenommen, als ich in ihre Wohnung fahren wollte. War nicht fähig gewesen, sie durchzugehen, als wäre sie ein Teil von Mutters Körper. Ich nahm sie hoch und fuhr mit der Hand über das braune Leder. Es war weich, Mutter hatte gesagt, sie sei aus Kalbsleder.

In der Tasche lagen ein schwarzes Portemonnaie, ein roter Knirps, eine halb leere Packung Papiertaschentücher und ein dunkelroter Taschenkamm, auf dem in goldenen Buchstaben Hercules Sägemann stand.

Im Portemonnaie steckten siebzig Euro in Scheinen und ein paar kleinere Münzen sowie die Quittung einer chemischen Reinigung. Und Mutters Personalausweis mit einem Foto, auf dem sie tapfer den Mund verzog, als ließe sich ihr Flüchtlingsgesicht durch ein Lächeln verändern. Und ein Foto von Vater in einer Plastikhülle, in der auch sein Schwerbehindertenausweis steckte, sein Gesicht darauf war seltsam verschwommen.

Und daneben ein weiteres Foto, vergilbt mit gezackten weißen Rändern, auf dem Mutter als Halbwüchsige stand, zwischen ihren älteren Brüdern Ewald und Bruno. Doch gab es kein Bild von mir.

Leichte Übelkeit überkam mich. Mir fiel ein, dass ich den ganzen Tag nichts gegessen hatte. Ich schloss die Tasche und stand auf. Es war Zeit, sich umzuziehen. Das schwarze Kleid, das ich im Bestattungsinstitut getragen hatte, konnte mir gestohlen bleiben. Ich entschied mich für das grüne Seidenkleid, das ich in München gekauft hatte, als die wirbelnden Herbstblätter den Ort in eine raschelnde Stadt verwandelt hatten. Als Lech und ich mitten durch das Gewirbel geschlendert waren. Dieses Kleid hatte ich eingepackt, als könnten Kleider Kraft spenden.

Ich ging ins Bad und schminkte mich. Dann verließ ich das Zimmer, die Schatten des Gesichts unterm Make-up verborgen, hoch aufgerichtet, mit leuchtend rotem Mund und trommelnden Stöckelschuhen.

Im Restaurant saßen nur wenige Gäste. Ein Paar mittleren Alters, das schweigend, als wäre zwischen ihnen bereits alles gesagt, seine Mahlzeit einnahm, und hier und da ein Geschäftsreisender. Ich setzte mich an einen Tisch weit weg, neben eine dunkle Wand, an der Wasser hinabrann wie in meiner Kindheit an den Schaufenstern der Fischläden.

Auf dem Tisch stand eine Vase mit einer weißen Rose. Ich hätte eine Nelke oder Tulpe vorgezogen. Ein Kellner tauchte auf, ein junger, schmächtiger Mann, der mich willkommen hieß, als hätte er auf mich gewartet. Er beugte sich über den Tisch und zündete voller Andacht eine Kerze an, die neben der Vase mit der Rose stand. Ich sagte: »Genauso zündet man in der Kirche eine Kerze für die Toten an.«

Er erstarrte, das brennende Streichholz in der Hand. Dann sagte er, nachdem er die Flamme im letzten Moment gelöscht hatte: »Der Regen kann einen ganz melancholisch machen, nicht wahr, Madame? Man kann etwas Trost brauchen. Warum nicht durch ein gutes Essen?« Und er legte mir die Speisekarte wie eine Art Rettungsring hin. Dann verschwand er ebenso geräuschlos, wie er gekommen war.

*

Zu ihrem achtzigsten Geburtstag hatte Mutter ein Geschenk von mir bekommen, eine wunderschöne Ausgabe von Gertrude Steins Buch *Die Welt ist rund* über ein Mädchen, das denselben Namen trug wie Mutter: Rose.

Im Buch steigt Rose auf einen Berg. Und gelangt auf dem Weg zu einem Baum, in dessen Rinde sie ihren Namen ritzt: Rose ist eine Rose ist eine Rose … Denn so gibt es nichts mehr, nirgendwo, das ihr in der Nacht Angst machen kann. Und als Rose mit dem Einritzen fertig ist, singt sie. Denn sie hat etwas auf dem Baum nebenan bemerkt. Jemand hat ihren Namen dort eingeritzt. Und dazu einen weiteren Namen, Willie, der ihr Mann werden wird. Und einen dritten Namen, Billie. Billie war der Löwe im Buch, der Löwe, der verschwand.

Als ich am Morgen nach Mutters Geburtstag aufwachte, hörte ich Scheppern und Klirren. Mutter rumorte in der Küche. Schubladen wurden krachend zugeschoben. Teller klapperten. Etwas fiel polternd zu Boden. Ich unterließ es, darüber nachzudenken, ob sie den Lärm ihret- oder meinetwegen veranstaltete.

Ich nahm das Buch zur Hand, das ich mitgebracht hatte, Kafkas Erzählungen. Und las die letzte Geschichte, die Kafka geschrieben hat: *Josefine, die Sängerin oder Das Volk der Mäuse*. Sie war entstanden, als er das erste Mal mit einer Frau zusammenlebte, mit Dora Diamant, gerade, als der Tod ihn in die Fänge bekommen hatte.

Ich las von Josefines Singen, besser gesagt von ihrem Pfeifen, mit dem sie das Mäusevolk zum Träumen brachte: »Etwas von der armen, kurzen Kindheit ist darin, etwas von verlorenem, nie wieder aufzufindendem Glück, aber auch etwas vom tätigen, heutigen Leben ist darin, von seiner kleinen, unbegreiflichen und dennoch bestehenden und nicht zu ertötenden Munterkeit.« Während Mutter weiter klapperte und rumorte.

Als ich die Erzählung zu Ende gelesen hatte, stand ich auf. Mutter war damit beschäftigt, mit der Brotmaschine ein paar Scheiben zum Frühstück abzuschneiden. Sie hielt mit einer Hand das Brot fest und drehte die Kurbel mit der anderen. Noch immer hatte sie ihr Nachthemd an, ein weißes, knöchellanges Baumwollhemd mit blauen Blümchen. Sie drehte die Kurbel wie wild, und ihre Unterlippe zitterte. Die Haut an ihren Oberarmen hing herunter, wie sie es tut, wenn Leute abmagern, ja flatterte geradezu. Ich fand, dass Mutter noch nie so hilflos ausgesehen hatte.

Ich sagte Guten Morgen, etwas anderes fiel mir nicht ein. Sie habe die ganze Nacht nicht geschlafen, sagte Mutter. Sie habe das Buch gelesen, das ich ihr gegeben habe. Es sei schrecklich gewesen. Und sie drehte die Kurbel immer weiter, als müsste sie irgendetwas wegkurbeln.

Schließlich setzten wir uns an den Frühstückstisch. Mutter goss Kaffee ein. Wir aßen schweigend. Mutter kaute, als müsste sie Steine zermalmen. Ihr kurz geschnittenes Haar war grau und glatt, ähnelte einem Helm aus Metall. Ihre Finger bewegten sich fahrig, ständig fiel ihr etwas aus der Hand. Am Ende sagte ich etwas, das wie von selbst kam: Muttilein. Ich sagte es so, wie ich es als Kind getan hatte. Ich weiß nicht, wie sie reagierte. Ich konnte sie nicht anschauen, nicht in diesem Moment. Es ging nicht anders, meine Augen waren kurz vorm Überlaufen.

*

Der Kellner kam zurück und fragte, ob ich mich entschieden hätte. Ich bestellte eine Schwarzwaldforelle, obgleich ich den Schwarzwald nicht mochte. Auch Mutter mochte ihn nicht, die Wälder dort waren zu dunkel und die Berge zu hoch. Auch als Vater sie zum Titisee schleppte, ließ sie das kalt. Schwarzwalds Perle, das sei ihr schnuppe, sagte sie, der See spiegele schließlich die Berge. Nicht wie in Ostpreußen, wo die Seen den Himmel spiegelten.

Mutter mochte auch keine Perlen. Sie seien wie Fischaugen, sagte sie, wenn man die Fische kochte. Bernstein hingegen liebte sie.

Als wir in Waldstadt wohnten, fuhren wir oft nach Gmünd, der zehn Kilometer entfernten Bezirkshauptstadt. Und immer gingen wir durchs Predigergässle, wo es ein Juweliergeschäft gab, das Bernsteinschmuck im Schaufenster liegen hatte. Obwohl nichts davon so unvergleichlich schön war wie jener Bernstein, den Mutter einmal besessen hatte. Sie hatte ihn am Frischen Haff gefunden, sagte sie, es war ein honiggelber Bernstein, der die Spitze eines Libellenflügels einschloss. Sie hatte ihn den ganzen Krieg über bei sich getragen, bis er wie alles andere verschwunden war.

Als Kind dachte ich manchmal an diese Libelle, wenn ich im Bett lag und Mutter das Licht ausgeschaltet hatte und gegangen war. Ich stellte mir vor, wie ein heftiger Windstoß sie packte und gegen einen Baum, gegen das herausquellende Harz schleuderte.

Wie sie mit einem Flügel kleben blieb und mit dem anderen verzweifelt flatterte, bis sie, als die Dunkelheit hereinbrach, still dasaß, vollkommen still, und nur die dünnen Beine noch ab und zu zitterten.

*

Ein Mann kam und fragte, ob er an meinem Tisch Platz nehmen dürfe. In seinem Blick funkelte etwas. Das erlosch, als ich Nein sagte und dass ich allein bleiben wolle, ich hätte soeben meine Mutter im Kühlraum gesehen, starr und tot. Ich habe ihm meine tote Mutter an den Kopf geworfen. Er sagte Entschuldigung und setzte sich an einen Tisch am anderen Ende des Saals.

Ich wollte aufspringen, wollte nach draußen laufen, weg aus dem Restaurant, in dem Männer Angelhaken in den Augen hatten, weg aus dem Hotelzimmer, dessen Aussicht einem das Herz abschnürte, weg von Mutter, die zusammengeschrumpft in einem Kühlraum lag. Sollten sie die Forelle doch in den Abfalleimer werfen. Dennoch blieb ich sitzen und starrte in die Kerzenflamme, auch sie erzitterte zuweilen.

Mit lautlosen Schritten kam der Kellner zurück und stellte Wein, Wasser und Brot auf den Tisch, wie Köstlichkeiten. Vielleicht sah er das so, oder er hatte diese Gesten bei der Gastronomieausbildung gelernt. Als er sich vorbeugte, fiel ein dunkler Schatten auf seine Wange.

Ich fragte ihn, wo er aufgewachsen sei.

In Frankfurt, sagte er, mitten in der Stadt.

Sehne er sich dahin zurück?

Manchmal, sagte er. Dort war mehr los. Ich sagte nicht, dass es für mich nichts Schlimmeres gab als dieses Mehrlossein. Heftige

Sehnsucht nach Lech packte mich, ich wünschte mir, in seinen Armen zu liegen.

*

Ich musste an den Tischler aus Waldstadt denken, der plötzlich verschwunden war. Vater hatte mir nach seinem ersten Schlaganfall von ihm erzählt. Es war, als hätte dieser Schlaganfall eine Sperre geöffnet, Vater sprach über alles, auch über Dinge, über die man mit seinem Kind nicht spricht.

Eines Morgens, sagte Vater, als die Frau des Tischlers wach wurde, war der Tischler verschwunden. Auf seinem Kopfkissen lag ein Brief, in dem er ihr mitteilte, er sei gezwungen zu gehen. Er müsse nach Jerusalem pilgern. Und neben dem Brief lag ein Penis aus Holz, der genauso war wie sein eigenes Glied, wenn ihn die Lust nach ihrem Körper überkam. Mit allen Blutgefäßen an der Oberfläche und mit einer Eichel, die der Tischler poliert hatte, sodass sie wie seine eigene glänzte. Wenn es zu schwer werde, ihn zu entbehren, schrieb er, eine Pilgerreise nach Jerusalem könne Jahre dauern.

Er kam zu ihr zurück, kurz bevor wir aus Waldstadt fortzogen, nach zehn Jahren Wanderschaft. Falls er das wirklich war. Der Tischler hatte dickes dunkles Haar gehabt, der zurückkam, war glatzköpfig. Und der Glatzköpfige hatte ein anderes Gesicht, zerfurcht und nahezu schwarz. Und eine heisere Stimme, nicht die klare, die der Tischler gehabt hatte. Doch als er sein Glied hervorholte … und die Frau des Tischlers es in die Hand nahm und die Augen schloss, sagte sie, doch ja, sie erkenne alles wieder, besonders das Pochen.

Später, als sie zusammen im Bett waren, erzählte sie, die Leute hätten ihr in den Ohren gelegen, sie solle ihn für tot erklären lassen. Das aber habe sie nicht fertiggebracht. Nicht, wo er doch

Nacht für Nacht in ihren Schoß eingedrungen war. »Ich weiß«, hatte er gesagt, »sogar als ich auf dem Ölberg stand.«

»Ungefähr so haben sie gesprochen«, sagte Vater, was auch immer er darüber wissen konnte. Er saß auf der blauen Nappaledercouch mit einem Kissen im Rücken, es war keins der bestickten, sondern ein flaches, bezogen mit rotem Frotteestoff, einem Kissenschutz, wie Mutter sagte. Denn Vater hatte einen Buckel, der überall Löcher hineinrieb.

*

Der Kellner kam zurück mit einem riesigen weißen Teller, auf dem die Forelle lag. Sie sah verloren aus, obgleich sie auf einem Bett aus Mangold ruhte, daneben ein Häufchen glänzenden Kartoffelpürees. Und obgleich der Koch auf die leere Porzellanfläche aufmunternde Schnörkel mit einer blassroten Soße gemalt hatte. Vielleicht lag es an der Farbe der Fischhaut. Sie hatte einen Glanz, der sich nicht entschließen konnte, ob er blau oder schwarz sein wollte.

Ich begann zu essen. Das Fischfleisch war saftig und zart. Es war leicht, sich einen klaren Bach vorzustellen, in dem die Forelle zuweilen einen Sprung tat, aus Lust am Leben oder aus Neugier, um zu sehen, was es oberhalb der Wasserfläche gab, um einen kurzen Blick auf ein anderes Leben zu werfen.

Wie lange hatte Mutter auf ein anderes Leben gewartet? Vielleicht hatte sie aufgegeben, als Vater starb. Als alle verschwunden waren. Auch ich. Als das Einzige, was es noch gab, Leere war.

*

Ich wuchs mit Mutters Sehnen auf. Vielleicht war dieses Sehnen der Grund, weshalb Vater ein Radio gekauft hatte, einen schwarzen

Apparat von Grundig. Beständig saß ich auf einem Hocker davor und lauschte. Durch die Glasscheibe vorn, auf der Zahlen und merkwürdige Namen standen – Paris, London, Beromünster –, wurde man eine Welt gewahr, getaucht ins gelbrote Licht der glimmenden Röhren. Und Menschen, die unsichtbar blieben, während sie in allen Sprachen der Welt redeten, sangen und Musik machten, einmal sogar Waldhorn spielten.

Und einen gab es dort Tag für Tag, pflichtgetreu, einen Mann, der endlose Namenslisten vorlas, es ging um Menschen, die im Krieg verloren gegangen waren. Wenn man ihn vernahm, konnte man meinen, im Land des Vermissens zu wohnen. Wenn Mutter zuhörte, strickte sie Pullover und Strümpfe, als könnte Stricken gegen das Sehnen helfen. Sie vermisste so viele, ihren Vater, der einem König geglichen hatte, und ihre Mutter, deren Haar den Himmel gespiegelt hatte, und ihre Geschwister, hauptsächlich Bruno und Ewald, und ein bisschen auch Luzie, am allerwenigsten noch die jüngsten Brüder Hubert und Alfred.

Manchmal nannte der Namensvorleser ein besonderes Kennzeichen, das ein Verschwundener gehabt hatte, zum Beispiel eine glänzende runde Narbe außen am linken Handgelenk. Es war ein Mädchen in meinem Alter, das diese Narbe gehabt hatte, eine ebensolche Narbe, wie ich sie hatte. Ich erinnere mich, dass ich Mutter angesehen habe, sie mich aber nicht. Sie strickte nur immer hektisch weiter, auf das Strickzeug starrend, während die Nadeln klapperten. Seitdem klingt das Wort Sehnen für mich nach Klappern.

*

Ich war mit dem Essen fertig. Auf dem Teller lag noch das Fischskelett. Ich musste an ein Buch denken, das Lech in einem Berliner

Antiquariat gefunden hatte, mit Bildern von Tiefseefischen. Er hatte mir einen Blindfisch gezeigt, der mit seinen Flossen unablässig den Meeresboden berührt, um nicht verloren zu gehen. Und einen Laternenfisch, der in der ewigen Finsternis aufzuleuchten vermag und so seinen Weg findet. Sie vermissen das Licht nicht, hatte Lech gesagt, man vermisst nur Dinge, von denen man weiß, dass es sie gibt.

Der Kellner kam und fragte, ob er zu einem Dessert verführen könne, während er den Teller fortzauberte. Ich erwiderte, ich sei satt, und bat um die Rechnung. Er hörte, leicht vorgebeugt, zu, als wollte er kein Wort verpassen, und reagierte mit einer leichten Verbeugung: »Wie Sie wünschen, Madame!«

Ich hatte Lust zu schreien, dass ich alles in dieser Stadt satthätte. Die Stadt, die Vater verschlungen hatte. Die versucht hatte, mich zu verschlingen. Wer Mutter verschlungen hatte, war ich mir nicht sicher, nicht, nachdem ich sie im Kühlraum gesehen hatte.

Als ich wieder im Hotelzimmer war, rief ich Lech an. Ich sagte, es fühle sich an, als läge Stockholm auf einem anderen Planeten. Er erwiderte, er würde seine Arme ausstrecken, und die reichten bis zu mir hinunter. Ja, erwiderte ich. Als wir das Gespräch beendet hatten, blieb ich auf der Bettkante sitzen. Es gibt Augenblicke, in denen weiß man weder aus noch ein.

Auf der Insel, den 13. Januar 2013

Die Kälte ist zurückgekehrt. Und es hat erneut geschneit. Taubengraue Wolken hängen am Himmel. Vor einer Weile ist Jan gegangen. Er wohnt auf dem Festland, in einem großen ockerfarbenen Haus. Vor fünf Jahren hatte man ihm eine Lunge entfernt. Der Krebs hatte seine Klauen in ihn geschlagen. Nachdem so viele Jahre vergangen waren, glaubte er, dem Krebs entronnen zu sein. Der aber hatte wieder zugeschlagen. Vorgestern musste er sich von Neuem einer Chemotherapie unterziehen.

Als er heimgekommen war, so erzählte er, hatte er sich, ohne sein Gewehr, zu einem Hochsitz aufgemacht, der etwa einen Kilometer von seinem Haus entfernt steht. Er war hinaufgestiegen und hatte dort in der Dämmerung gesessen. Die Felder leuchteten weiß in der zunehmenden Dunkelheit. Ein Rudel Damhirsche zog langsam vorbei, ein Tier nach dem anderen wie bei einer Prozession. Er hatte ihre dünnen, abgemagerten Körper ganz aus der Nähe gesehen. Als sie im Wald verschwunden waren, hatte er noch immer nicht gehen können. Erst als es schon Nacht war, stieg er hinunter, vollkommen durchgefroren, doch das spielte keine Rolle.

Als Jan gegangen war, setzte ich mich an den Schreibtisch. Ich kann nicht anders. Hat man erst einmal erlebt, wie es ist, wenn man beim Schreiben etwas zu fassen bekommt, das einem lebenswichtig erscheint, muss man es immer wieder erleben. Es ist wie eine Offenbarung.

Und ich musste an die Gans denken, von der Sebald in seinem Roman *Austerlitz* schrieb. Als Austerlitz zusammen mit der Frau, mit der er hätte glücklich werden können, wäre er nicht verloren gewesen, einen Zirkus besucht und von dem künstlichen Firmament ergriffen ist, das sich in der Dunkelheit über ihm offenbart. Dann sieht er die Zirkusartisten hereinkommen, den »Zauberkünstler und seine sehr schöne Frau und ihre drei schwarzgelockten, nicht weniger schönen Kinder, das letzte von ihnen mit einer Laterne und in Begleitung einer schneeweißen Gans«. Und er fühlt etwas, von dem er nicht weiß, ob es Schmerz oder Glück ist, als die Artisten eine seltsame Musik erklingen lassen, Melodien, die er seit Langem vergessen hat. Es war, sagt Austerlitz später, als ob das Geheimnis aufgehoben gewesen sei in dem Bild der Gans, die, während sie spielten, vollkommen reglos dastand. »Mit etwas vorgerecktem Hals und gesenkten Lidern horchte sie in den von dem gemalten Himmelszelt überspannten Raum hinein, bis die letzten Töne verschwebt waren, als kennte sie ihr eigenes Los und auch das derjenigen, in deren Gesellschaft sie sich befand.«

Einmal war Vater mit einem Sack heimgekommen, in dem eine lebendige Gans steckte. Er hatte sein Waldhorn auf einer Bauernhochzeit ertönen lassen und zur Bezahlung die Gans erhalten. Mutter sagte, er solle sie schlachten. Er ging mit dem Sack und der Axt zum Hackklotz, der sich in einer Ecke des Hofes befand. Als er zurückkam, glänzte die Axt genauso sauber wie zuvor, und der Sack bewegte sich. Also trabte Mutter los, wild entschlossen. Als sie vom Hof hereinkam, baumelte der Gänsekörper von ihrer Hand.

Ich erinnere mich, dass ich dabei war, als sie die Innereien entfernte. Ich hielt das Gänseherz, das noch immer warm war, in der Hand.

Stuttgart, den 26. November 2007

Ich legte mich aufs Hotelbett. Der Regen trommelte immer weiter gegen die Scheibe. Ein Heulen ertönte, wie von einem im Ozeannebel umherirrenden Schiff. Die Nachtschicht in den Autowerken begann. Mutter verabscheute dieses Geräusch. Es ließ sie an das singende Meer denken. Sie sagte, das Meer in Ostpreußen sang, wenn Dunkelheit und Kälte nahten, jedoch nur in der Nacht, bevor es zu Eis gefror, es war ein eintönig summender Laut. Man war wie von Sinnen, wenn man ihn hörte.

Mutter war oft wie von Sinnen. Vielleicht war sie dann am ehesten sie selbst. Oder war sie es dann, wenn sie losrannte? Ich erinnere mich, wie sie gerannt war, eines Abends in Waldstadt, als sie und ich im Garten, den wir außerhalb der Stadt gemietet hatten, Unkraut jäteten. Vater saß auf der Bank und spielte Waldhorn, Melodien, die zu dem goldenen Licht passten, das alles überflutete. Plötzlich hatte sich Mutter aufgerichtet und war mit ihren erdigen Händen und mit Schweißtropfen auf der Stirn losgerannt. War aus dem Garten gerannt, über die Wiese hinweg, weg von uns. Der Bärenklau bog sich zur Seite, sie breitete die Arme aus und flog. Als sie den Fluss erreichte, blieb sie stehen und verharrte dort eine Weile.

Vater hatte aufgehört zu spielen. Er schaute nur noch Mutter an, mit Augen, die ich nie zuvor an ihm gesehen hatte. Warum sah Vater aus wie der Mann in der Jalousie, als dieser die Stiefel auf der Vortreppe betrachtete, die er mit Wasserfarben gemalt hatte?

Als Mutter zurückkam, war sie wie immer. Wir müssten uns ranhalten, sagte sie, es gebe noch jede Menge Unkraut zu rupfen. Vater saß auf der Bank mit dem Waldhorn im Schoß. Erst geraume Zeit später begann er erneut zu spielen, während sein Instrument im goldenen Licht aufleuchtete.

*

Ich sollte mich erheben und all das in Angriff nehmen, was getan werden muss, wenn ein Mensch gestorben ist. Die Verträge und Abonnements kündigen, Mutters Wohnung, in der es immer einen Platz für mich gegeben hatte, leer räumen. Ich bin jetzt frei, dachte ich, frei von Mutter, frei von der Stadt, frei von allem, was versucht hatte, mich dort aufzufressen. Warum war es trotzdem so schwer?

Als Vater starb, war die Leere in Mutter so groß geworden, dass sie fast nicht mehr existierte. Sie konnte sich an nichts von seinem Begräbnis erinnern. Nicht an die Musik, die gespielt worden war, an keins der Worte, die der Pfarrer gesagt hatte. Nicht einmal daran, wie sie mit der Urne zum Friedwald gegangen waren. Nur an das Loch in der Erde, in dem Vater verschwand.

Am Abend nach dem Begräbnis brach sie zusammen. Sie saß am Esstisch, ohne das übliche Kreuzworträtsel. Und starrte die Tischdecke an, auf der zwischen schneebedeckten Tannen braune Kreuzstichhasen mit rosa Nasen saßen, sie blickten zu einem großen gelben Stern mit Kometenschwanz empor, der über allem erstrahlte. Die Decke hatte sie bestickt, als ich noch ein Kind war, und Vater hatte danebengesessen und Weihnachtslieder auf seinem Waldhorn gespielt.

Ich sagte zu Mutter, dass ich Vater hörte, wenn ich die Decke sähe. Sie schüttelte den Kopf, dann brach sie in Tränen aus, in ein endloses Weinen, als gäbe es einfach keinen Trost. Und sie sagte etwas, das ich nur schwer verstand, obwohl sie es ständig wiederholte: dass sie schuld daran sei, dass Vater gestorben war.

Sie war mitten in der Nacht durch ein Rumsen aufgewacht, es klang, als hätte jemand einen schweren Sack fallen lassen. Sie hatte die Nachttischlampe angeschaltet und gesehen, dass Vaters Bett leer war. Sie hatte sofort gewusst: Er war aufgestanden, er, der absolut nicht allein aufstehen durfte, und war wieder hingefallen. Nach seinen Schlaganfällen hatte er ein Problem mit dem Gleichgewicht und sollte sie wecken, wenn er zum Wasserlassen rausmusste, damit sie ihm helfen konnte. Es ließ sich nicht ändern, dass er sie mehrmals in der Nacht brauchte. Und auch nicht, dass sie zuweilen knurrte, weil sie nicht eine Nacht hatte ungestört schlafen dürfen, und das schon seit mehreren Jahren.

Zuweilen hatte er versucht, allein zur Toilette zu gehen. Manchmal war es gutgegangen, dann wieder war er gefallen. Und jedes Mal, wenn er fiel, brachte sie ihn allein nicht wieder auf die Füße, er war zu unbeholfen und schwer. Sie musste den Hilfsdienst vom Roten Kreuz anrufen, der rund um die Uhr bereitstand. Das aber war teuer. Und in dieser Nacht war er schon einmal da gewesen.

Sie war aus dem Bett gesprungen und hatte Vater im Flur auf dem Boden gefunden, er lag mit seinem mächtigen Buckel auf der Seite und fuchtelte mit seinen dünnen Armen und Beinen in der Luft herum, einem riesigen Käfer gleich. Dieses hilflose Gefuchtel hatte sie vollkommen in Rage gebracht, sie hatte sich auf ihn gestürzt und Dinge geschrien, die sie nie hätte sagen dürfen.

Und Vater hatte mit dem Gefuchtel aufgehört und still dagelegen, vollkommen still, als hätte er begriffen, dass es für ihn keine Hilfe mehr gab. Dann hatte er mit einer Stimme, die ganz tonlos geworden war, gesagt, sie würde ihn hassen, als wäre das eine Tatsache, eine unumstößliche Tatsache. Es hatte nichts genützt, dass sie ein Nein hervorbrachte.

Und mit derselben tonlosen Stimme hatte er ihr befohlen, einen Krankenwagen zu rufen. Er, der sich sein Leben lang geweigert hatte, ins Krankenhaus zu gehen, auch als er seine Schlaganfälle erlitt. Sie kniete neben ihm und bat ihn um Verzeihung. Er dürfe sie nicht verlassen, er sei ihr Leben. Er aber hatte nur gesagt: »Ruf an.« Am Ende hatte sie die Nummer des Notrufs gewählt, viermal musste sie es versuchen, weil ihre Hände so zitterten. Dann hatte sie ihre Daunendecke geholt und sie über ihn gebreitet.

Er hatte mit weit offenen Augen auf dem Boden gelegen. Und sie hatte neben ihm gehockt. Keiner von beiden war auf den Gedanken gekommen, das Licht im Flur anzuschalten. Durch die offene Tür des Schlafzimmers war ein Lichtstrahl von der Nachttischlampe auf Vaters nackte Füße gefallen. Sie sah die Fußgewölbe, wo die Haut wie bei einem Kind rosig war. Und Worte versuchten aus ihr herauszukommen, Worte, die seit vielen Jahren nicht gesagt worden waren, die sie vielleicht nie zu Vater gesagt hatte. Hätte er nicht, als sie ihn gerade sanft berühren wollte, mit derselben tonlosen Stimme gesagt: »Lass das!« Es schnürte ihr die Kehle zu, und die Worte blieben stecken. Sie hockte weiter auf dem Boden, stumm, vollkommen stumm, genau wie er. Als gäbe es für sie beide keine Sprache mehr.

Sie hatte ihn ins Krankenhaus begleitet. Sie begriff sofort, was die Ärzte sagten: dass Vaters Herz versagte. Auch ihr Herz hatte das getan, doch auf viel schlimmere Weise. Zwölf Tage nach der Ankunft im Krankenhaus war Vater gestorben. Jede Nacht aber kam er zu ihr: fiel mit einem Rumsen im Flur zu Boden, immer wieder und wieder. Sprang sie dann aus dem Bett, war er nicht da, kein einziges Mal, niemals mehr.

Auf der Insel, den 18. Januar 2013

In der Kardiologie hatte ich heute eine Patientin. Man hätte meinen können, unter der Krankenhausdecke liege ein Kind, wäre ihr Haar nicht so grau gewesen. Es war eine schmächtige kleine Frau mit großen braunen Augen, die ein Nierenversagen erlitten hatte, weil ihr Herz zu schwach war. Sie war Jüdin, stammte aus Lublin im Südosten von Polen und war mit ihrem Mann nach Schweden gekommen.

Es sei wichtig, dass sie rasch wieder gesund werde, sagte sie. Sie müsse nach ihrem Mann sehen, der in einem Heim für Demenzkranke lebe. Sie fuhr täglich zu ihm, obwohl er sie nicht mehr erkannte. Sein Arzt hatte gesagt, die Demenz sei wie eine Glasglocke, die den Menschen einsperre. Sie hatte auf jede erdenkliche Weise versucht, die Glasglocke zu durchdringen, hatte geredet, geschrien, mit den Fäusten dagegengehämmert, doch vergeblich. Er war das Einzige, was sie hatte, Kinder hatten sie nie bekommen.

Eines Tages, als sie neben ihm saß, vollkommen verzweifelt, hatte sie ein Lied gesummt, das die Juden in Lublin gesungen hatten. Und plötzlich hatte er eingestimmt, laut wie eine Posaune, hatte die letzte Zeile Mal um Mal wiederholt: Nächstes Jahr in Jerusalem. Das geschah immer wieder, wenn sie die Melodie summte oder sang. Also sang sie für ihn, Tag für Tag. Und er für sie, durch einen Sprung in der Glasglocke.

Als ich die Kardiologie verließ, blieb ich einen Moment in dem gläsernen Gang auf der achten Etage stehen. Die Birken im Innenhof wirkten verlorener als sonst. Im Frühjahr, wenn sich die zarten Blätter zeigten, schienen sie zu dem Stückchen Himmel über sich emporzuschweben. Jetzt aber nicht, jetzt waren sie zwischen den Betonwänden gefangen, wie in der Tiefe eines Brunnens.

Stuttgart, den 27. November 2007

Als ich mein Frühstück im Hotel eingenommen hatte, am Tisch neben der dunklen Wand, an der Wasser hinabrann, ging ich zu Mutters Wohnung. Es gab einen Weg dorthin, auf dem man dem Verkehr entkam, einen asphaltierten Fußweg neben einem Bach, der durch eine vermeintliche Idylle floss: eine Ansammlung eingezäunter Schrebergärtchen, in denen Gartenzwerge die Pflanzungen bewachten.

Es war Vormittag. Eine junge Frau mit großen, klimpernden Ohrringen sauste mit einem Kinderwagen vorbei, als ginge es um Leben und Tod. Ein alter Mann in einem langen grauen Mantel mit Fischgrätmuster durchwühlte beharrlich einen Papierkorb auf der Suche nach Pfandflaschen. An einem Anschlagbrett brachte eine stark geschminkte Frau mit schwarzer Lederjacke und rabenschwarzen Haaren ein Plakat an, das für einen Intensivkurs in *Mindfulness* warb: »Werde ein neuer Mensch in nur sechs Tagen«. Ein Parkarbeiter, der an einen gealterten Fellini erinnerte, studierte das Plakat eine Weile. Dann fuhr er mit dem Aufsammeln des Mülls fort, packte rasch und elegant mit einem langen, zangenbewehrten Stab zu, auch bei einem benutzten Kondom, das an einem Busch hing. Ich blieb stehen. Wie konnte sich das, was einmal mein Land gewesen war, so fremd anfühlen? Allerdings hatte Stuttgart nie zu meinem Land gehört. In meinem Land gab es ein Waldhorn und eine Terrasse, auf der man sich Abend für Abend Geschichten anhören konnte. Auch wenn die

Terrasse erst später kam. Zuerst kam das Waldhorn. Irgendwie aber gehörten sie zusammen.

Ich musste an das erste Wochenende in Stuttgart denken, nach dem Umzug von Waldstadt. Wir saßen um den alten Küchentisch herum, den Mutter wegschmeißen wollte. Einen ordentlichen Eichentisch sollten wir uns kaufen, mit ordentlichen Eichenstühlen, jetzt, wo Vater Abteilungsleiter geworden war. Alles sollte standesgemäß sein, sagte sie, jetzt, wo wir ein neues Leben begonnen hätten.

Vater saß auf seinem alten Hocker, wie immer, wenn er Waldhorn spielen wollte. Er hatte die ganze Woche nicht gespielt, nicht bevor alles in Ordnung gekommen war. Jetzt aber hatte er das Waldhorn hervorgeholt, seine Augen leuchteten. Er führte es zum Mund wie ein Verliebter, der sich nach den Lippen seiner Liebsten sehnt. Und begann zu spielen, nicht nur mit dem Mund und den Fingern, sondern auch mit dem Herzen, sanft und zärtlich.

Mitten im Ton hielt er inne. Dann begann er von Neuem, noch sanfter, noch zärtlicher. Doch es ging nicht. Der Ton prallte gegen die Betonwände und verschloss sich hart und kantig. Vater aber gab nicht auf, versuchte es von Neuem. Hatte Orpheus mit seinem Spiel nicht sogar Steine zum Leben erweckt? Die Betonwände aber waren schlimmer, sie bestanden darauf, aus Beton zu sein, nicht wie die Waldstädter Fachwerkwände, die zu Resonanzböden wurden. Und die Nachbarn, von denen wir kaum wussten, wer sie waren, hämmerten gegen die Wand, hart und böse. Vater saß mitten im wütenden Gehämmer und drückte das Waldhorn an die Brust, ratlos und konfus.

Noch ein paarmal versuchte er es mit dem Spielen. Dann verkaufte er das Waldhorn. In der *Stuttgarter Zeitung* gab er eine Annonce auf. Neun Antworten trafen ein, sieben Leute wollten vorbeikommen, um Probe zu spielen. Der Sechste bekam das

Waldhorn, ein Student von der Stuttgarter Musikhochschule. Er hatte beim Spielen den richtigen Glanz in den Augen, sagte Vater. Als der Student fragte, ob er das Waldhorn abbezahlen könne – er habe nicht viel Geld, wolle das Instrument aber unbedingt haben –, da senkte Vater die Summe auf einen Spottpreis, auf lediglich zehn Mark. Mutter sollte ruhig toben. Ein Waldhorn ist wie ein Mensch, sagte er, es braucht Liebe.

Und wenn Rechnungen kommen, braucht man Geld, schrie Mutter. Das stimmt, sagte Vater, genauso wie das, was er gesagt habe, stimme, doch gebe es eine Hierarchie der Wahrheiten.

Ich ging weiter den Hügel hinauf, wo ein großer alter Garten noch immer mitten zwischen all den neuen Häusern lag. Ich sah den bejahrten Geräteschuppen, frisch gestrichen in Grün und Blau, das hier und da ineinander überging. Der Schuppen stand auf der mittleren Terrasse, zwischen knorrigen Apfelbäumen, die den Krieg überdauert hatten. Die Bomben waren auf die Häuser gefallen, nicht auf den Garten, auch nicht auf die Autowerke. Als die Bombenangriffe drohten, hatte man eine Nebelanlage gebaut. Der Nebel war nach draußen gequollen und hatte die Fabrik verborgen, vielleicht auch den Garten.

Solange er noch laufen konnte, waren Vater und ich immer hierhergegangen, um die Apfelblüte zu sehen. Das letzte Mal war es ein Blühen ohne jedes Maß gewesen, und die Wanderung auf dem Pfad hatte viele Pausen erfordert. Vaters Rücken war so krumm geworden, dass einer seiner Lungenflügel zusammengequetscht wurde. Jede Bewegung ließ Vater keuchen.

Damals stand er neben mir und betrachtete all das Blühen. Das hier gibt es Jahr für Jahr wieder. Er sagte nicht: trotz allem. Nur, dass es das gibt. Als bestünde die Gefahr, dass wir es vergessen.

Dann erzählte er von einem Apfelbaum, den er im Krieg gesehen hatte. Es war im Vorfrühling gewesen, sagte er. Er hatte einen verwüsteten Park durchquert. Zwischen verkohlten Baumresten lag ein Teich. Der Teich war nicht tief, nicht tief genug, um die Menschen, die sich dort zu retten versucht hatten, zu verbergen. Von den Bomben hatten sie Phosphor abbekommen, Phosphor, der so lange brannte, wie es Sauerstoff in der Luft um sie herum gab. Es war nicht leicht gewesen, den Teich anzusehen. Man musste etwas anderes anschauen. Vielleicht einen Baum, der ein Stück weiter weg neben den Resten einer Mauer stand.

Auch der war verkohlt. Hatte nur noch ein paar seiner untersten Äste. Und am äußersten Ende des einen saßen wenige zarte Blüten. Die Wärme nach dem Feuersturm hatte das bisschen Leben verleitet, das noch in dem Baum steckte. Die Kälte würde die Blüten vernichten, sobald die Stadt abgekühlt war. Es würde niemals Früchte geben. Die Blüten aber waren da, unfassbar weiß mit einer schwachen Rötung am Rand, mitten in all dem Ruß. Er hatte sie gesehen, ohne zu wissen, ob er es aufwühlend oder tröstlich finden sollte. Als er den Menschen, die er später traf, von den Apfelblüten erzählte, waren sie nicht beeindruckt gewesen. Sie hatten genug damit zu tun, sich selbst am Leben zu erhalten.

Ich erreichte die Kuppe des Hügels, wo sich Beton-Wohnblocks in geraden Reihen neben einem Wasserturm aus ebenso grauem Beton erhoben. An der Bushaltestelle vor dem Turm warteten zwei alte Frauen. Hier hatte Mutter gestanden mit ihrem großen Hut, an dem eine kleine Feder wie ein Seismograf gezittert hatte.

Ich überquerte den Platz. Vor der Obst- und Gemüsehandlung fegte ein junger Mann mit schwarz glänzendem Haar den Bürgersteig. Aus der Bäckerei wehte der Duft frisch gebackenen Brotes herüber, und von der Tür des Tabakladens, in dem Mutter ihre Kreuzworträtselhefte gekauft hatte, ertönte ein Bimmeln. Eine Frau mit mohrrübenfarbenem Haar kam herausgerannt und riss sich eine Zigarette aus der soeben gekauften Packung. Es waren hundertneunundsiebzig bis hundertsechsundachtzig Schritte vom Tabakladen zu Mutters Wohnung. Mutter hatte sie gezählt. Ich ertappte mich dabei, es ebenfalls zu tun.

Auf der Insel, den 2. Februar 2013

Ich war zum Einkaufen in Flen gewesen. Lech besuchte seinen Sohn in Paris. Als ich aus dem Auto stieg, blieb ich stehen. Vom See erklangen Töne, Töne, die an das Geräusch von Herzklappen erinnerten, wie man sie bei einer Ultraschalluntersuchung vernimmt. Es war dunkel geworden. Wenige Sterne zeigten sich in den Wolkenlücken. Die strenge Kälte hatte ihren Griff gelockert. Noch immer aber war der See mit dickem Eis bedeckt.

Mir kam ein Gedicht von Lars Gustafsson in den Sinn. An Seen könne man, wenn das Eis aufbricht, »den dunklen, rätselhaften Klang von tief im Wasser versunkenen Kirchenglocken« hören. Obgleich das hier keine Kirchenglocken waren; es war etwas anderes, als ob der See ein Herz hätte, das schlägt.

Die Töne waren die ganze Nacht zu hören. Man wurde leicht dünnhäutig davon. Es nützte nichts zu wissen, dass Eis bei starkem Temperaturwechsel reißen kann, dass Risse, die das Eis durchziehen, winzig kleine Risse, das Eis zum Vibrieren bringen, wodurch Töne entstehen. Mal um Mal wachte ich auf, und es fiel mir schwer, wieder einzuschlafen. Wie gut wäre es gewesen, wenn Lech hier gewesen wäre.

Als es hell wurde, war das Herz des Sees verstummt. Ich stand auf und trat ans Fenster. Das Eis leuchtete weiß.

Auf der Fensterbank lag das Handy mit einer SMS von Lech. Er war in der Nationalbibliothek gewesen, schrieb er, und hatte die hundert Pinienbäume gesehen, die vom Forêt de Bord dort hingebracht worden waren. Sie sollten zwischen den Sälen voller Bücher einen Wald bilden, doch erinnerten sie sich nicht mehr daran, was ein Wald war. Und die vielen Menschen, die über die Bücher gebeugt dagesessen und nach Antworten gesucht hätten. Wie gut wäre es gewesen, wenn ich da gewesen wäre.

Nach dem Frühstück unternahm ich einen Spaziergang zu dem Hügel, auf dem im Mittelalter ein Dorf gelegen hatte, mit weiter Aussicht über den See. Ich stand zwischen den Mauerresten, die aus dem Schnee ragten. Was hatten die Dorfbewohner getan, wenn sie das Herz des Sees hörten? Nichts war mehr übrig von ihren Gedanken, ihren Gefühlen, ihren Träumen, ihren Ängsten. Nur ein paar Mauerreste im Schnee.

Ich ging weiter. Der verharschte Schnee auf den Feldern trug. Als ich zu der eichenbestandenen Landzunge kam, begegnete mir ein Mann mittleren Alters mit einem Gewehr. Wir blieben stehen und wechselten ein paar Worte über die Töne des Sees. Er hatte sich einen Whisky genehmigen müssen und den Fernseher lauter gestellt. Dann sprachen wir über die Jagd. Die Damhirsche brächten nichts, sagte er, sie seien ausgehungert, schafften es kaum zu fliehen. Das sei keine Jagd, nur reines Gemetzel. Dann ging jeder von uns in seine Richtung weiter. Ich weiß nicht mehr, ob ich ihm viel Glück gewünscht habe.

Stuttgart, den 28. November 2007

Das, was erledigt werden musste, hatte ich erledigt. Jetzt wollte ich nach Hause fliegen, saß aber auf dem Flughafen fest. Es war, als wollte Stuttgart mich nicht freigeben. Man hatte einen Fehler an der Maschine entdeckt, den man nicht beheben konnte, und bemühte sich nun, einen Ersatz zu beschaffen, das aber konnte dauern. Als die Mitteilung über den Lautsprecher kam, war ich der Panik nahe.

Stattdessen versuchte ich zu lesen, die erste Seite in Kafkas gesammelten Erzählungen. »Wenn man doch ein Indianer wäre, gleich bereit, und auf dem rennenden Pferde, schief in der Luft, immer wieder kurz erzitterte über dem zitternden Boden, bis man die Sporen ließ, denn es gab keine Sporen, bis man die Zügel wegwarf, denn es gab keine Zügel, und kaum das Land vor sich als glattgemähte Weide sah, schon ohne Pferdehals und Pferdekopf.«

Und eine Erinnerung stellte sich ein. Lech und ich saßen in der Dämmerung am Meer, an Mutters schimmerndem Meer, doch auf unserer Seite. Das Wasser glich flüssigem Gold, und der Himmel hatte einen seltsamen Glanz. Eine Schar Wildgänse flog heiser rufend über uns hinweg. Wir saßen da, ohne ein Wort zu sagen. Mitunter versteht man alles, auch wenn man nicht sagen könnte, was es ist.

Lechs Hand lag auf meinem Knie. Und ich schaute ihn an. Er hatte das schönste Gesicht, das ich je gesehen hatte. Er sah aus wie ein Indianer.

Vielleicht werden wir alle als Indianer geboren, die zur Erde gehören und zum Himmel. Und zu Wasser und zu Wind. Und zu allem, was gelebt hat und was lebt und leben wird. Dann trennt man uns ab, jedenfalls die meisten von uns. Mutter wurde von allem getrennt. Bis sie zum einsamsten Menschen der Welt geworden war.

Ich hatte ihren Hut mit der kleinen Feder mitgenommen. Und das schreckliche Kruzifix. Und die Andachtsbildchen, jedes einzelne. Und ihren Schmuck, bei dem kein einziges Stück aus Bernstein war. Und eine kleine grüne Schnitzelmaschine für Bohnen.

Mutter zog Bohnen in unserem Garten. Sie ließ sie so wachsen, dass sie eine Art Laube bildeten. War es heiß, saß Vater dort und spielte Waldhorn. Man konnte glauben, die Bohnenlaube selbst erzeugte Töne. Und Mutter kam beim Unkrautjäten aus dem Konzept. Sie kniete mit erdigen Händen zwischen den Beeten und lauschte. In ihrem Gesicht erschien so etwas wie ein Schimmern. Vielleicht war es Vaters Spiel gelungen, ihr Meer hervorzulocken. Oder einen Fluss in Ohio – einen Fluss auf der Rückseite eines Hauses –, in dem sich alle Sterne des Himmels spiegelten und von dessen Existenz ich damals nichts wusste.

Die Lautsprecherstimme informierte uns, dass ein Flugzeug von Düsseldorf hierher unterwegs sei. Eine junge Frau mit einer Piercingperle in der Zunge und mit kurz geschnittenen blonden Haaren zerrte ein Handy aus der Tasche und sprach kichernd hinein, während sie sich hingestreckt wie eine Katze im Plastiksessel rekelte. Neben ihr saß eine ältere Frau mit breiten Hüften und fußgerechtem Schuhwerk und klammerte sich an ihrer Handtasche fest, als wäre sie ihr Rettungsring. Und ein Mann mittleren Alters in Schlips und Anzug lief weiter ruhelos hin und her wie ein Panther im Käfig.

Mir gegenüber saßen ein paar Männer und Frauen mit

schmalen, leichten Körpern. Sie sahen aus, als gehörten sie einem Ballettensemble an. Mit leiser Stimme führten sie ein Gespräch in einer slawischen Sprache, als eine von ihnen aufstand, eine junge, schöne Frau mit hochgestecktem blondem Haar. Sie ging mit schwebenden Bewegungen umher, als hätte die Schwerkraft all ihre Macht verloren. Plötzlich löste sich eine Locke aus ihrer Frisur und fiel auf ihr Ohr hinunter, und mit zarter Hand strich sie dieselbe zurück. Und alle um sie herum blickten auf ihr Ohr, als wäre es der Mittelpunkt der Welt, auf ein kleines, nacktes rosafarbenes Ohr mit vollendeten Windungen. Auch ein junger, schwarz gekleideter Mann der Gruppe, der aufgestanden war und ihr folgte, starrte das Ohr wie gebannt an.

Und alles andere hörte auf: das ruhelose Hin- und Herlaufen, das Lesen und das Sprechen. Auch die Schwebende verharrte, mitten im Schritt, mitten in der großen Wartehalle. Und der Gebannte kam mit seiner Hand, langsam, als wäre das Ohr ein Magnet, der die Hand anzog. Während sie vollkommen still dastand, umgeben von einem Schimmern.

Ich fühlte mich plötzlich ruhig, obgleich Stuttgart seinen Griff nicht lockern wollte und obgleich Mutters Beerdigung noch ausstand. Ich war unterwegs nach Hause. Nach Hause zur Insel. Nach Hause zu Lech.

Stuttgart, den 5. Dezember 2007

Ich hatte zu Lech gesagt, er brauche zu Mutters Begräbnis nicht mitzukommen. Er tat es trotzdem. Ging neben mir, als ich die Urne mit Mutters Asche zum Erdloch im Friedwald trug, das nicht weit von der Stelle gegraben worden war, wo man Vaters Asche beerdigt hatte. Ich hielt die Urne mit den goldenen Sternen und drückte sie an meine Brust. Es fiel mir überhaupt nicht schwer, Mutter zu umarmen, jetzt nicht mehr. Es fiel mir auch nicht schwer, sie in das Loch hineinzulegen, in dem die Erde feucht glänzte. Eine halbe Stunde bevor der Begräbnisgottesdienst stattfinden sollte, war die Urne bei der Kirche eingetroffen. Ein Mann im schwarzen Anzug mit rotblondem krausem Backenbart hatte sie einer Tasche entnommen, zusammen mit einer Bescheinigung, in der garantiert wurde, dass Mutters Einäscherung unter der Nummer eintausendsiebenhundertfünfundzwanzig korrekt erfolgt war. Wenn der Pfarrer nicht meine Hand genommen hätte… Ich wusste nicht, dass ich von einer solchen Lust gepackt werden konnte, jemanden zu schlagen.

Danach stellte der Pfarrer Mutter auf den Altar. Wenn Gott den Menschen als sein Ebenbild erschaffen hat, ist es nur recht und billig, dass sie dort steht, hatte er gesagt, direkt neben dem Altarkreuz, einem einfachen, glatten Holzkreuz, ohne Gottes verzweifelten Sohn. Während der Messfeier las ich ein Gedicht von Pia Tafdrup vor, zunächst auf Schwedisch, dann auf Deutsch:

Wir tragen die Urne zum Grab,
ich senke sie hinab in schwindelnde
Tiefe,
ins Totengewimmel.
Ein Berg
sinkt in die Erde,
eine Mauer fällt, ein Schutzschild ist fort.
Die Zunge friert ...

Am Abend, als ich im Hotel in Lechs Armen lag, fragte er mich sanft: Wessen Schutzschild?

Auf der Insel, den 20. April 2013

Als ich wach wurde, flutete das Licht durch die Fenster, Frühlingslicht, Auferstehungslicht, als gäbe es weder Kälte noch Tod. Ich lag nackt in meinem Bett. Lech war bereits aufgestanden. Und vielleicht auch Anselm, ein alter Freund, der übers Wochenende zu Besuch gekommen war.

Am gestrigen Abend hatte Anselm nach dem Essen von einer Reise nach Nordäthiopien erzählt, in eine der ärmsten Regionen der Welt. Zusammen mit einem äthiopischen Kollegen war er durch die Dörfer gefahren, um sich der Kranken anzunehmen. In jedem Dorf hatte es unendlich lange Schlangen gegeben. Auf der Fahrt zum nächsten Ort war ihr Auto liegen geblieben. Sie mussten ins Dorf zurücklaufen, das sie soeben verlassen hatten. Drei Wochen sollte es dauern, bis Hilfe eintraf.

Das Dorf lag in einem Tal, von Bergen umgeben, gigantischen roten Steinfelsen ohne einen einzigen schattenspendenden Baum. Sie waren in der Trockenzeit dorthin gekommen. Er hatte die aufgerissene rote Erde gesehen, das vertrocknete Gras, die mageren Ziegen und die Menschen, Kinder mit ihren Hungerbäuchen und Frauen mit ihren ausgezehrten Brüsten, an denen sich ein kleiner verzweifelter Mund festbiss. Und die Dornenbüsche, die zu Dornenkronen für alle gereicht hätten, die dieses gottverlassene Stück Erde ihre Heimat nannten.

Sie hatten in einem alten Hühnerstall gewohnt, in dem es keine Hühner mehr gab, auch nicht die geringste Spur von ihnen.

Nur einen Lehmboden zwischen vier fensterlosen Steinmauern, ein Blechdach und eine Blechtür, die klapperte, wenn der Wind roten, heißen Sand heranwehte. Es fiel ihnen zuweilen schwer zu schlafen, und nicht nur wegen des Klapperns.

Im Tal gab es einen Fluss, in dem das Wasser zum mächtigen Strom werden konnte. Doch nur in der Regenzeit, drei kurze Monate lang. Später sog die sandige Erde alles auf, was nicht verdunstete, und die Zeit der Dürre brach an. Und das große Wandern. Frauen und Kinder gingen zu einer Quelle in den Bergen, wo es noch gutes Wasser gab. Sie füllten ihre Tonkrüge und sprachen ein Gebet: Das Wasser möge nie versiegen. Dann trugen sie es schweigend zurück, als würde auch das kleinste Wort den Krug zum Überlaufen bringen.

Er konnte die Menschen dort nicht vergessen. Sie gab es, hatte er gesagt, sie gab es auch in diesem Moment, in dem wir hier auf der Insel saßen. Einige waren vielleicht gestorben, genau wie die Hühner, ohne eine Spur zu hinterlassen, nur Erinnerungen bei denen, die noch da waren, solange diese lebten.

Ich hatte an Mutter gedacht, an die Erinnerung an sie und all ihre Erzählungen. Ich musste sie aufschreiben. Nicht nur, um die Dinge in Einklang zu bringen. Mutter musste Spuren hinterlassen. Das ist das Geringste, was ich tun kann. Wo ich schon nichts anderes vermocht hatte.

Ich höre Lechs Stimme. Und Anselm, der ihm antwortet. Und eine Drossel, die singt. Sie ist nicht zu sehen, nur ein paar Schellenten, die vorbeischwimmen, über jenen Teil des Sees, der schon vom Eis befreit ist. Weiter draußen liegt es noch immer, aufgebrochen, allmählich schwarz werdend, einem verwesenden Körper gleich.

Nun geschieht es: Die Fahrwasser öffnen sich, bald.

GESCHICHTEN DES SEHNENS

Von der Gans und Stalingrads Ratten

Manchmal, wenn die Radiostimme, die die Listen der Vermissten vorlas, verstummt war, erzählte Mutter. Oft von dem Haus, in dem sie aufgewachsen war, einem großen weißen, alten Haus. Wenn die Sonne schien, sagte sie, konnte man in einem Lichtstreifen von Zimmer zu Zimmer gehen. Und im Salon stehen und sich mit ausgebreiteten Armen im Kreis drehen zur Musik des einzigen Grammophons der Gegend.

Auch Großvater drehte sich im Kreis, samstagabends, wenn Großmutter und er Gäste einluden. Er drehte sich im Kreis mit Mehlsacks schönsten Frauen im Arm, bis sie seine Ansicht teilten: dass Menschen füreinander geschaffen sind, ganz besonders sie und er. Letzteres aber erzählte mir Mutter nicht, als ich ein Kind war, nicht damals. Nur, dass Großvater einem König glich. Im Sommer war er ein Flaneur, in weißem Leinenanzug, mit einem echten Panamahut auf dem Kopf, den er in Berlin erstanden hatte. Und mit handgemachten Flechtschuhen an den Füßen, aus weichstem Kalbsleder. Im Winter war er überwältigend, im riesigen Wolfspelz, den er mit lässiger Eleganz trug, als wäre er kein bisschen schwer. Er sah aus wie jemand, der sich zwischen Erde und Himmel bewegte – hin und zurück –, vollkommen frei.

In jungen Jahren war er preußischer Offizier gewesen. Da hatte er sich in Großmutter verliebt, obwohl sie Kommunistin war. Weil sich in ihrem schwarzen taillenlangen Haar der Himmel spiegelte. Dem hatte er nicht widerstehen können, sagte er, also hatten sie geheiratet, und er hatte das Militär verlassen. All das war der Himmelsglanz wert gewesen.

Und die Tochter des Königs und der Himmelsspieglerin war Mutter, gehüllt in die schönsten, das ganze Jahr über flatternden Kleider. Sie sagte, die Leute hätten sich verneigt, wenn sie, ihr Vater und die Geschwister den Kiesweg zur Kirche entlangliefen. Sie hielt seine linke Hand gefasst und ihre Schwester Luzie seine rechte. Und hinter ihnen gingen Mutters ältere Brüder, Bruno und Ewald, an der Hand die beiden Kleinen, Hubert und Alfred.

Großmutter begleitete sie selten zur Kirche, vielleicht weil sie in ihrer Jugend Kommunistin gewesen war. Oder weil der Glaube Großvaters Sache war: »Du und dein allmächtiger Gott«, zischte sie ihn zuweilen an. Oder sie brauchte einmal Zeit für sich. Vielleicht war es nicht so einfach, mit einem Mann verheiratet zu sein, der umherging, als spielten ihm überall Fanfaren auf.

Großmutter bewegte sich leise, man hörte kaum, dass sie kam. Nur wenn Großvater verreisen wollte, wenn er seine Hemden, die er in Königsberg nähen ließ, einpackte, auch seine Unterwäsche aus feinster ägyptischer Baumwolle, begann sie mit dem Klappern. Und einmal schrie sie, sagte Mutter, das war, als Großvater mit einem blauen Auge heimgekommen war. Er hatte sich mit dem Ortsgruppenleiter geprügelt, dem Nazi, der in Mehlsack die Macht hatte.

Großvater würde sie noch alle ins Verderben stürzen, hatte sie geschrien und ihn an der Schulter gepackt. Als er sich losriss und, ohne ein Wort zu sagen, ging, schmiss sie eine Vase an die Wand, ein schweres altes Erbstück voller Rosen. Dann stand sie mit hängenden Armen da und starrte auf das Loch in der Tapete, während die Rosen zwischen den Scherben in einer Pfütze am Boden lagen. Nie, sagte Mutter, hatten Rosen so stark geduftet wie da.

Und sie erzählte von Bruno, dem Ältesten der Geschwister. Sie sagte, sie habe ihn über alle Maßen geliebt. Wenn er etwas berührte, hörte es auf zu zittern, egal was, die Menschen, auch sie selbst.

Als Bruno ein junger Bursche war, hatte er eine zahme weiße Gans besessen, die ihm ständig gefolgt war. Wenn er mit dem Rad wegfuhr, stand die Gans auf dem Vorplatz und sah ihm hinterher, reglos und lange Zeit. Die Gans hatte runde schwarze Augen, in denen er sich selbst gesehen hatte, sagte Bruno.

Das war, als Herr Kunz, der Mann der Daunenrupferin, seine Gans festgehalten hatte. Ein Ring war ihr um den Schnabel gelegt worden, und die Daunenrupferin war damit beschäftigt, ihr die Federn auszureißen. Dabei hatte Bruno sie ertappt. Und die Augen der Gans gesehen, wie sie fast aus dem Köpfchen gequollen waren, schreckensstarr und blutgesprenkelt. Genau in dem Moment hatte er sich selbst zu Gesicht bekommen, seine eigenen aufgerissenen Augen im linken Gänseauge. Er war wie gelähmt, sagte er, Großvater, der ihn festgehalten hatte, konnte ihn loslassen. Die Augen der Gans würde er nie vergessen. Und auch das nicht, was Großvater gesagt hatte: »Eine Gans ist eine Gans. Und sieben Kinder brauchen eine Menge Federn.«

Eines Abends kam die Gestapo zu ihnen nach Hause. Sie hatten gerade gegessen, die Teller mit den Gräten der Schollen standen noch auf dem Tisch, als es an der Tür klopfte. Ewald, Mutters zweitältester Bruder, machte auf. Als Großvater die Gestapomänner sah, wischte er sich mit seiner weißen Leinenserviette den Mund ab, äußerst gründlich, und erhob sich, um sie zu empfangen. Zwei der Männer führten Großmutter und die Kinder ins Schlafzimmer der Eltern. Was der dritte mit Großvater machte, hat Mutter nie erfahren.

Im Schlafzimmer mussten sie mit dem Rücken zur Wand stehen,

während die Gestapomänner alles gründlich durchsuchten, auch die Betten. Sie schlitzten die Daunendecken auf und schüttelten sie, sodass die Federn durch die Luft wirbelten. Dann verließen sie den Raum und schlossen die Tür ab.

Großmutter setzte sich auf die Bettkante, als könnten ihre Beine sie nicht länger tragen, in den Armen Klein Reinhold, der erst wenige Wochen alt war. Sie starrte auf den mit Federn bedeckten Boden, als sich Bruno plötzlich vorbeugte, mit beiden Händen in die Daunen griff und sie in die Luft warf, immer wieder und wieder, wie besessen. Bis Großmutter es ihm schließlich mit einer Stimme, die ungewöhnlich scharf klang, untersagte. Bruno stand reglos da, die Lippen zusammengepresst, während die Federn langsam auf ihn herabtrudelten.

Eine Ewigkeit später wurde die Tür aufgeschlossen. Es war Großvater, der vollkommen ruhig sagte, es sei Zeit, den Tisch abzuräumen, jetzt, wo die Schweine gegangen waren.

Mutter besaß zwei Fotos von Bruno, eins, das in ihrem Portemonnaie steckte, auf dem er und Ewald die Arme um sie geschlungen hatten, und ein anderes in einem Fotoalbum, auf dem Bruno wie Chopin aussah. Beide hatten sie welliges Haar, einen empfindsamen, fein gezeichneten Mund und Augen, die an abgrundtiefe Trauer denken ließen. Chopin allerdings trug Dichterkleidung auf seinem Foto, während Bruno als Kampfpilot verkleidet war. Fliegen sei die einzige Weise, mit dem Krieg klarzukommen, hatte er zu Mutter gesagt. Es geschehe etwas mit einem, wenn man in seiner Messerschmitt Bf 109 saß und die Erde weit unter sich erblickte. Etwas löse sich. Man könne sich frei fühlen, jedenfalls für ein paar Stunden. Aus Stalingrad aber war er nie zurückgekommen.

Als ich ein Kind war und in meinem Bett lag, dachte ich oft an

Bruno, wenn Mutter die Nachttischlampe gelöscht hatte. Wie er, vom Himmel geschossen, im kalten russischen Schnee lag. Und wie Stalingrads Ratten kamen und ihn wärmten. Wie sie sich weich gegen seinen zusammengekrümmten Körper drückten, bis er nicht mehr zitterte, einfach still dalag, vollkommen still und tot. Während die Augen der Ratten wie kleine rote Lichter in der Finsternis glommen.

Vom Engelskind

Während Bruno erreichte, dass die Menschen mit dem Zittern aufhörten, erfasste sie bei der Begegnung mit Ewald ein Beben, insbesondere die Frauen, auch den einen oder anderen Mann. Wie gebannt sahen sie, dass ihm eine Locke in die Stirn glitt. Die Frauen durften diese Locke manchmal wegpusten, bevor Ewald die Frauen selbst anpustete, am liebsten den kleinen Haarkranz, der das, was geheim war, zwischen ihren Beinen verbarg.

Ewald hatte früh begriffen, dass er zum Verzaubern geboren war. Es genügte nicht, die Mädchen in Ostpreußen zu verzaubern, er wollte ganz Deutschland in seinen Bann schlagen. Er wollte in Berlin Schauspieler werden, einer der ganz großen. Und Mutter sollte mitkommen und den Applaus hören, sollte auf Premierenfeiern gehen und mit den schönsten Männern tanzen. »Die Männer in Berlin«, sagte Ewald und blies den Zigarettenrauch zu einem Ring, »das ist etwas völlig anderes.« Und Mutter verstand: Das war etwas völlig anderes als ihr Nachbar Herr Porsch, der es nicht unterlassen konnte, seine schwere haarige Hand auf ihre knospenden Brüste zu legen. Die Männer in Berlin waren wie Großvater, mit leichten, warmen Händen, die das Glück herbeistreichelten. Und sie und Ewald sehnten sich nach Berlin, wenn sie eng nebeneinander im Gras lagen und der Wind Ewalds Rauchring packte, sodass er sich auflöste und verschwand.

Ewald aber kam stattdessen an die Westfront. Am Abend bevor er in den Krieg zog, saß er lange an Mutters Bett und sprach von Reinhold.

Reinhold musste mit der Zange aus Großmutters Schoß gezogen werden, er war ein kleiner, dünner Junge, der, wenn er schrie, jedes Mal blau anlief. Aber er schrie nie laut, es glich mehr einem Fiepen. Und in den Blick aller, die es hörten, kam etwas Weiches. Er wirkte so wehrlos mit seiner hellen, zarten Haut, auf der sich die Blutgefäße abzeichneten wie ein dicht unter der Wasserfläche schwimmendes Netz.

Großvater blieb oft dabei stehen, wenn Großmutter ihre vor Milch pralle Brustwarze in Reinholds kleinen Mund schob. Wenn er ein Maler wäre, sagte Großvater, hätte er genau dieses Bild gemalt. Dann begriffe selbst ein Blinder, was Zärtlichkeit ist. Und er beugte sich zu Reinhold hinunter, der die Brustwarze losgelassen hatte, und küsste ihn auf den keuchenden, milchfeuchten Mund.

Vielleicht ahnte Großmutter, was geschehen würde. Vielleicht saß sie deshalb so zusammengesunken da, mit Reinhold in den Armen, sodass er hinter ihrem langen schwarzen Haar wie hinter einem schwarz glänzenden Schutzschleier verborgen war. Bereits die geringste Anstrengung ließ Reinhold nach Luft schnappen, genauso wie der Weihnachtskarpfen, wenn Großvater ihn aus dem Eimer nahm. Das Schlimmste aber waren Reinholds dünne Ärmchen, sie lagen nur da, bleich und schlaff, wenn er nach Luft rang. Und die kleinen Fingernägel glichen in diesen Momenten winzigen blau schimmernden Miesmuschelschalen.

Es sei etwas mit Reinholds Herz, sagte der Arzt in Mehlsack. Und er sagte auch, er selbst sei machtlos, in Königsberg gebe es aber einen Professor, der sei Spezialist für Kinderherzen. Großvater und Großmutter machten sich mit Reinhold dorthin auf.

Drei Tage blieben sie weg. Als sie heimkamen – es ging auf den Abend zu –, schneite es. Mutter stand mit Bruno am Fenster. Sie sahen, wie ein großes schwarzes Auto aus dem Schneegestöber auftauchte. Als es vor dem Eingang hielt, stieg Großvater in seinem Wolfspelz mit Reinhold aus. Großmutter folgte ihm mit schleppenden Schritten, als fiele es ihr schwer, im wirbelnden Schnee den Weg zu finden.

Sie aßen zu Abend. Großmutter saß Großvater gegenüber, mit Reinhold in den Armen. Sie weigerte sich, ihn ins Bett zu legen, obwohl er schlief. Großvater erzählte, weltgewandt wie immer. Sie hatten seinen alten Freund Abraham Ziegler besucht, sagte er. Abraham hatte erklärt, er habe das Problem gelöst, das der Mathematiker Euler als unlösbar dargestellt hatte, nämlich einen Spazierweg durch Königsberg zu finden, bei dem man die sieben Brücken jeweils nur ein einziges Mal überquerte. Als sie den Weg dann einschlagen wollten, war die Lösung nicht mehr greifbar, was Ziegler auf den Cognac nach dem Essen schob, dem sie allzu reichlich zugesprochen hatten. Aber das hatte keine Rolle gespielt, denn Großvater war in einem Antiquariat auf eine frühe Schrift von Immanuel Kant gestoßen: *Geschichte und Naturbeschreibung der merkwürdigsten Vorfälle des Erdbebens, welches an dem Ende des 1755sten Jahres einen großen Theil der Erde erschüttert hat.* Und er redete weiter über alles, was in Königsberg passiert war, nur nicht über das, worauf alle warteten. Großmutter sagte kein einziges Wort.

Nach dem Essen blieben sie sitzen. Großvater war verstummt. Großmutter saß zusammengesunken auf ihrem Stuhl, Reinhold hinter dem Haarschleier haltend. Ewald strich ein paar Brotkrümel von der Tischdecke. Mutter kratzte sich eine fast verheilte

Wunde an der Hand auf. Hubert und Alfred saßen still auf ihren Stühlen, obwohl sie hinausrennen wollten. Dann stellte Bruno die Frage, an die alle dachten: Was hat der Professor zu Reinhold gesagt?

Großvater warf Bruno einen seltsamen Blick zu. Mutter musste an die Quappe denken, die sie und Ewald im Eis eingefroren gefunden hatten. Die Augen des Fisches waren offen, der Blick aber war unter der Oberfläche stecken geblieben. Reinhold, sagte Großvater zögernd, Reinhold hat einen Ductus. Das Wort traf sie wie ein Peitschenschlag, auch wenn sie nicht wussten, was ein Ductus war.

Großvater bat Bruno, Papier und Bleistift zu holen. Er würde es ihnen aufzeichnen, damit sie es verstanden. Und er zeichnete ein Herz mit zwei Vorhöfen und zwei Kammern, beschrieb wie gewohnt mit anschaulichen Worten und eleganten Gesten, wie ausgeklügelt der menschliche Körper geschaffen war. Dass die rechte Herzkammer das Blut über die Lungenschlagader in die Lunge pumpte. Und dass das Blut in der Lunge sich aus der Luft, die wir einatmeten, den Sauerstoff holte, den jede Zelle brauchte, um leben zu können. Dann strömte das sauerstoffreiche Blut über die Lungenvenen zum linken Vorhof und der linken Herzkammer. Und die linke Kammer pumpte das Blut stark und wunderbar in die Aorta, die große Hauptschlagader, die es über ihre Arterien in den Körper verteilte, damit die Zellen den lebensspendenden Sauerstoff aufsaugen konnten. Danach floss das Blut, das nun sauerstoffarm war, zurück zum Herzen, in den rechten Vorhof und die rechte Kammer, und der Kreislauf konnte von vorn beginnen.

Mitten in Großvaters Vortrag stand Großmutter auf und verließ mit Reinhold den Raum. Großvater unterbrach sich und fragte, ob irgendetwas sei. Großmutter sagte Nein, ohne sich umzudrehen.

Als alle, auch die kleinen Brüder, den Kreislauf begriffen hatten, malte Großvater einen Kinderkörper um das Herz, einen kleinen zusammengekrümmten Embryo, der an einer Nabelschnur hing.

Wenn der Embryo in der Gebärmutter in seiner Fruchtblase schwimmt, sagte er, in herrlich warmem Fruchtwasser, bekommt er Blut von der Mutter, die es in ihrer Lunge mit Sauerstoff versorgt. Denn die Lunge des Embryos ist gefüllt mit Fruchtwasser, enthält nicht das geringste Quäntchen Luft. Es wäre vollkommen sinnlos, wenn das Blut des Embryos durch die Lunge flösse. Deshalb hat er einen Ductus, einen genialen Kanal, der die Lungenschlagader direkt mit der Aorta verbindet.

Und er zeichnete den Ductus mit dicken schwarzen Strichen. Alle starrten auf das Bild. Der Ductus glich einem Fallrohr, das quer über das Herz verlief. Und der Embryo schien daran festzusitzen, aufgespießt vom Ductusrohr.

Wenn das Kind dann geboren wird, sagte Großvater, füllt sich seine Lunge mit Luft. Nun kann das Kind sein Blut selbst mit Sauerstoff versorgen. Und da verschließt sich der Ductus, weil er nicht mehr benötigt wird. Und er strich ihn aus. Dann legte er den Stift weg, als hätte er keine Lust mehr, weiterzuzeichnen.

Alle saßen da und schwiegen, alle hatten begriffen, was passiert war: Reinhold hatte seinen Ductus behalten, ein großes, dickes Fallrohr mitten in seiner kleinen Brust. Nur ein Bruchteil seines Blutes durchlief die Lunge. Deshalb schnappte er nach Luft. Ihm fehlte Sauerstoff, er hungerte nach Luft. Sie verstanden es, noch bevor Großvater es sagte, mit einer Stimme, als hätte er einen Frosch im Hals.

Und Bruno stellte die Frage, an die alle anderen kaum zu denken wagten: Was würde mit Reinhold passieren? Konnte man ihn heilen? Großvater antwortete – sein Blick glich dem der

Quappe im Eis –, Ruhe und Frieden seien wichtig. Wenn das Blut in aller Ruhe fließen könne, gebe es eine Chance, dass sich der Ductus verwachse. Dem Professor waren mehrere solcher Fälle bekannt. Nicht einmal Bruno fragte, was geschehen würde, wenn das Fallrohr erhalten bliebe.

Im Haus wurde es still. Kein Rufen, kein Scheppern. An den Wochenenden auch kein Tanzen. Und keine Wochen, in denen Großvater wegfuhr. Stattdessen las er an den Abenden vor, von Odysseus, der nach zehnjähriger Irrfahrt endlich heimgekommen war, die ganze *Odyssee.*

Manchmal stand Großvater hinter Großmutter und nahm ihr langes schwarzes Haar hoch. Dann ließ er es wieder fallen. Während Großmutter still mit Reinhold in den Armen dasaß. Oder er hielt den Jungen selbst, er, der Säuglinge nie zuvor interessant gefunden hatte. Und er betrachtete die winzige Hand, die über seinen Arm fuhr, als wäre dieses Händchen bedeutsamer als alles andere auf der Welt. Oder er streichelte den kleinen Kopf mit einem Ausdruck im Gesicht, als berührte er etwas vollkommen Wunderbares.

Und er betete zu Gott und der Jungfrau Maria, insbesondere zu Maria, die wusste, wie es sich anfühlte, ein Kind zu verlieren. Die Gebete aber brachten das Fallrohr nicht zum Verschwinden, es blieb als großer offener Kanal bestehen, durch den Reinholds Kraft verrann. Er wurde immer durchsichtiger und sein Körper winzig und leicht. Frau Porsch, die Nachbarin, sagte, er ähnle wirklich immer mehr einem Engel. Wenn sie so etwas noch einmal sagte, erwiderte Großvater, würde er sie garantiert hinauswerfen. Er sagte nicht: Obwohl sie die schönsten Brüste von Mehlsack hatte. Etwas, worüber er genau Bescheid wusste.

Der Winter hatte sich festgebissen. Es schneite fast jeden Tag.

Und alles fror zu Eis, auch das Weihwasser. Wenn Gottesdienst war, musste man Eimer mit glühenden Kohlen in den Kirchenraum stellen. Das aber half nur wenig. Wenn der Pfarrer betete oder sang, sah es noch immer aus, als würde der Heilige Geist als Nebelwölkchen aus seinem Mund aufsteigen.

Ostern war gekommen, ohne dass der Winter seinen Griff gelockert hätte. Sie waren zur Mitternachtsmesse gegangen, nur Großvater, Bruno, Ewald, Luzie und Mutter. Sie saßen in der stillen, dunklen Kirche, als auf dem Vorplatz ein großes Feuer entzündet wurde, und sahen den Schein der Flammen durchs offene Kirchentor dringen, als der Pfarrer und die zwölf Ministranten singend hereinkamen, große weiße Kerzen tragend, die sie am Feuer entzündet hatten. Und das Feuer wurde weitergegeben, von Kerze zu Kerze, die ein jeder in der Hand hielt, während sie »Christus ist auferstanden« sangen, wenn ihre Kerze aufflammte, bis mächtiger Gesang den ganzen Kirchenraum füllte mitten in einem Meer von Licht.

Und Großvater war zur Kommunion gegangen in seinem grandiosen Wolfspelz, hoch aufgerichtet wie immer. Als hätte er nicht kurz zuvor gebeugt dagesessen und sein Gesicht mit dem Pelzärmel trocken gewischt, als die Frau des Lehrers »Erbarme dich« aus Bachs *Matthäuspassion* gesungen hatte.

Als sie heimkamen, saß Großmutter im Salon in einem Sessel am Kamin. Sie hielt Reinhold in den Armen und stillte ihn. Sie tat es noch immer, obwohl er bald ein Jahr alt wurde. Denn die Muttermilch gebe Kraft, hatte der Professor gesagt.

Der Feuerschein leuchtete rot auf ihrer nackten linken Brust. Die Brustwarze zeichnete sich ab wie ein weicher rosa Kinderdaumen, der Reinholds Mund berührte. Der Junge hatte die Brust losgelassen und lag still, vollkommen still, ohne nach Luft zu schnappen, vollkommen weiß im Gesicht.

Und alles verschwand, alles in dieser Nacht. Nur das kleine Gesicht blieb zurück, ein Gesicht, das keiner von ihnen wiedererkannte.

Großvater riss Reinhold aus Großmutters Armen. Der Kinderkörper war schlaff. Aus Reinholds offenem Mund lief Milch. Es half nichts, ihm auf den Rücken zu klopfen, seinen Namen zu schreien, seinem kleinen Mund Luft einzublasen. Großvater schrie, als hätte man ihm ein Fallrohr durch die Brust gejagt. Während Großmutter stumm dasaß, vollkommen stumm, und zitterte. Unbändig zitterte, obwohl Bruno die Arme um sie geschlungen hatte.

Einen Tag nach Ostermontag kam der Frühling mit einer Heftigkeit, die niemand je zuvor erlebt hatte, mit einer Wärme jenseits aller Vorstellung, die Eis und Schneeberge zum Schmelzen brachte. Und die Erde öffnete für Reinhold ihren Schoß, wie der Pfarrer auf dem Begräbnis des Jungen sagte.

Diesmal folgte Großmutter ihnen zur Kirche. Sie ging neben Großvater, der wie immer untadelig gekleidet war, in elegantem schwarzem Anzug und schwarzem wehendem Mantel. Sie selbst trug ein schwarzes Seidenkleid, mit dem gleichen matten Glanz wie ihr schwarzes Haar.

Beide waren ungemein bleich.

Als der kleine Sarg hinabgesenkt worden war und Großvater eine Handvoll Erde in die Grube geworfen hatte, schien es, als könnten ihn seine Beine nicht mehr tragen. Vielleicht war es zu viel für ihn gewesen zu hören, wie die Erde den Sargdeckel traf. Plötzlich lag er mitten im Schlamm auf den Knien. Bruno und Ewald mussten ihn hochziehen. Dann stand Großvater da, geschüttelt vom Weinen, mit lehmverschmierter Hose. Mutter schaute weg. Ihr Vater war ein König. Keiner, der dreckige Sachen trug.

Ewald saß auf Mutters Bettkante. Am nächsten Morgen sollte er an die Westfront fahren. Jedes Mal, wenn er sich im Spiegel erblicke, sagte er, müsse er an Reinhold denken. An sein kleines weißes Gesicht. Er habe Angst. Er wolle nicht sterben. Und er fragte Mutter, ob sie sich an das Kinderlied erinnerte, das Großmutter immer gesummt hatte, wenn sie Reinhold in den Armen hielt.

Gussegänskes kommt na Huus
Wi dehre nich
Vor wem denn nich?
Ver'm Wulfe nich.

Der Wolf habe Reinhold verschlungen, sagte er. Sein ganzes kurzes Leben. Ohne eine Spur zu hinterlassen. Nur einen Grabstein auf dem Friedhof in Mehlsack mit Reinholds Namen und einem Zitat: Die Nacht ging dahin, und der Tag brach an. Ewald sagte, er hasse dieses Zitat. Es sei scheinheilig und verlogen. Für Reinhold hatte die Nacht kein Ende gehabt.

Von den Kartoffeln in Gumbinnen und den Schwalben

Mutter hatte sich vor dem Bund Deutscher Mädel nicht drücken können. Ihm hatten alle Mädchen in Nazideutschland beizutreten, auch die Tochter des Königs und der Himmelsspieglerin.

Man hatte sie und die anderen Jungmädel ihrer BDM-Gruppe in ein Dorf bei Gumbinnen gebracht. Dort mussten sie die Landarbeiter ersetzen, die zum Militär einberufen worden waren. Von früh bis spät lag Mutter auf den Knien und rupfte Unkraut, erntete Rüben und Kartoffeln. Sie, die alle Blumen in Großvaters vom Gesinde geführten Garten kannte, musste nun lernen, wie das, was man ausgerupft hatte, hieß: Kratzdistel, Erdrauch und Quecke. Und wie gut kaltes Brunnenwasser schmeckte, wenn man von der Sonne erhitzt und müde war.

Seit mehreren Tagen war sie mit Kartoffellesen beschäftigt. Das Aufsammeln hatte sich bis in ihre Träume fortgesetzt. Sie träumte von den hellen, glatten Kartoffeln im sandigen Boden. Dass die Erde sie verschluckte, sobald sie nach ihnen griff. Es ging auf den Abend zu, als sie in der Baracke unter der Dusche stand, wo sich sechs Mädchen gleichzeitig abbrausen konnten. Das Wasser war eiskalt, wie immer. Sie seifte sich mit der Veilchenseife ein, die sie von daheim mitgenommen hatte, und schrubbte ihre rauen Knie. Neben ihr duschte Annemarie, wie Mutter hatte auch sie knospende Brüste und am Schoß seidigen Flaum. Die anderen Mädchen hatten große, runde Brüste und dichtes Kraushaar auf dem Venusberg, genau wie Mutters ältere Schwester Luzie, die es liebte, sich im Spiegel nackt zu betrachten.

Von Luzie, die von daheim weggezogen war, bekam sie selten Post, doch von Großmutter einmal in der Woche, stets einen fünf, sechs Seiten langen Brief, in dem sie ihr vom Leben auf dem Hof erzählte. Bruno schrieb Briefe von der Ostfront. Manche von ihnen würde sie nie vergessen. Wie den, in dem er von einem nächtlichen Aufklärungsflug berichtet hatte.

Er war über eine Bergkette geflogen und in eine Schar kleiner Vögel geraten. Die Vögel hatten nicht versucht auszuweichen, nicht einmal die Flügel hatten sie bewegt, waren einfach auf seltsame Weise weitergeschwebt, die Schnäbel halb geöffnet. Trotz seines steilen Ausweichmanövers war er mit ein paar von ihnen kollidiert. Er hatte das Geräusch vernommen, einen schwachen, weichen Laut, als sie gegen den Flugzeugrumpf schlugen. Es waren Schwalben, schrieb er, da sei er sich sicher. Als er weiterflog, überlegte er, ob er geträumt hatte. Ein Kamerad aber hatte Ähnliches erlebt.

Auch Ewald schrieb, doch nur Ansichtskarten aus verschiedenen Orten an der Westfront. Auf einer der Karten berichtete er, dass er die ganze Faust-Rolle auswendig gelernt habe. Und sicherheitshalber auch die von Mephisto. Die Karten endeten immer mit den gleichen Worten: Nächstes Jahr in Berlin! Genau wie Mutters Briefe an Ewald.

Sie trocknete sich ab und zog den BDM-Rock mit dazugehöriger Bluse an. Dann band sie sich den BDM-Schlips um. Nicht einmal der Schlips flatterte. Manchmal fand sie es unfassbar, dass sie einmal ein Leben geführt hatte, in dem die Kleider flatterten und die Knie glatt gewesen waren.

In ein Handtuch gewickelt, saß Annemarie neben ihr auf der Bank und rieb sich die Finger. Sie hasste das Kartoffellesen, wodurch die Finger steif wurden. Sie war für andere Dinge geschaffen, wollte Pianistin werden. Und sie hasste den Krieg, der sie gezwungen hatte, hierherzukommen, in dieses gottverlassene Kaff, wo es kein einziges Klavier gab, nicht einmal ein ungestimmtes. Mutter liebte Annemarie und ihren Hass. Abends saßen sie auf einer Mauer hinterm Haus und hassten gemeinsam. Dann sprachen sie über das Leben nach dem Krieg, das richtige Leben, das Leben in Berlin.

An diesem Abend jedoch nicht, obgleich er wie üblich begonnen hatte, mit dem Abendessen nach der Dusche, Kartoffelsuppe oder Rübeneintopf oder Königsberger Klopse. Dann hatte Traude Bosnitz, die Scharführerin der BDM-Mädel, die Tagespost verteilt. Mutter hatte einen Brief von ihrer Mutter erhalten, obgleich der normale Wochenbrief erst zwei Tage vorher gekommen war. Das machte sie unruhig. War etwas passiert? Sie wollte den

Brief nicht lesen, nicht sofort. Eigentlich wollte sie ihn überhaupt nicht lesen.

Sie las ihn im großen Schlafsaal, auf ihrem Bett sitzend, während Annemarie draußen auf der Mauer wartete. Dann ließ sie den Brief in den Schoß sinken. Sie bekam kaum Luft, es war, als drückte ihr jemand die Kehle zu.

Großvater und Großmutter waren geflohen. Großmutter schrieb nicht, wohin. Nur dass sie sofort aufbrechen mussten. Großvaters Leben war bedroht. Sie hatten die kleinen Brüder, Hubert und Alfred, mitgenommen. Mutter sollte zu gegebener Zeit nachkommen. Herr und Frau Porsch würden ihr helfen, ihnen hatten sie den Schlüssel zum Haus übergeben. Am Ende des Briefes bat Großmutter, Mutter möge ihnen verzeihen. Sie würde immer ihrer beider Kind bleiben.

Ein ums andere Mal musste Mutter von diesem Brief erzählen. Vom Heldenkönig und der Himmelsspieglerin, die gezwungen waren zu fliehen. Von sich selbst, die zurückgelassen worden war. Stets endete die Geschichte damit, dass sie mit dem Brief auf dem Schoß dasaß. Wie ein Film, der plötzlich gerissen war. Sie wollte nie von dem Haus in Mehlsack erzählen, ob sie es wiedergesehen hatte. Sie sagte immer: »Futsch ist futsch!« Als wäre der Brief eine Art Schlusspunkt gewesen.

Vom Puppenmacher

So phänomenal, wie Annemarie darin war zu hassen, war sie auch als Freundin. Sie war die beste Freundin, die Mutter je gehabt hatte: anhänglich, lustig und spitz, doch nie zu Mutter, nur zu denen, die sie hinderten, ihr richtiges Leben zu führen. Ohne sie wäre Mutter zusammengebrochen, als ihre Eltern verschwanden. Jetzt nahm Annemarie sie, wenn sie Urlaub bekamen, mit zu sich nach Hause. Sie fuhren nach Allenstein, wo Annemaries Eltern in einem alten Haus nahe der Sankt-Jakobus-Kirche wohnten.

Annemaries Mutter war eine kleine, schmächtige Frau in den Fünfzigern, die aussah, als würde sie das geringste Lüftchen umwehen. Sie war noch immer sehr schön, mit walnussbraunem kurz geschnittenem Haar. Annemaries Vater war groß und kräftig, hatte braune Augen, die stark leuchteten, besonders dann, wenn er seine Tochter oder Frau ansah. Er hatte ein Holzbein, im Ersten Weltkrieg war ihm das linke Bein weggeschossen worden. Irgendwie aber sei es noch da, sagte er, seltsam, dass etwas, das weg ist, zuweilen so verteufelt wehtun kann.

Annemaries Mutter war Klavierlehrerin, ihr Vater Puppenmacher. Seine Werkstatt lag im Erdgeschoss, direkt unter ihrer Wohnung. Er schnitzte die Puppenköpfe aus Holzscheiten. Sie steckten schon drin im Holz, sagte er, man müsse sie nur herausholen. Anschließend befestigte er die Köpfe auf Körpern, die er aus Leinen nähte und mit Daunen fest ausstopfte.

Eines Abends, als sie zusammen beim Essen saßen, war Annemarie niedergeschlagen. Sie spiele immer schlechter, sagte sie, sie würde es nie schaffen, Pianistin zu werden. Ihr Vater sah sie an, und seine Augen leuchteten. Dann erzählte er von einer Zeit, als er selbst so niedergeschlagen gewesen war wie nie zuvor in seinem Leben.

Es war im Sommer, einem der Sommer zu Beginn der Dreißigerjahre, als Annemarie noch klein war. Er hatte vom Kirchenrat der Sankt-Jakobus-Gemeinde den Auftrag erhalten, ein Jesuskind für die Weihnachtskrippe anzufertigen. Ohne nachzudenken, hatte er Ja gesagt. Doch als er mit der Arbeit begann, erwies sie sich als schwierig. Er schnitzte strahlende Augen aus dem Holz und einen selig lächelnden Mund. Die Göttlichkeit aber bekam er nicht hin, nur etwas, das süßlich wirkte und falsch.

Er nahm sich wieder die gewöhnlichen Puppen vor. War frohgemut, wenn er sie aus den Holzstücken herausbekam. Es gelang, jedes Mal aufs Neue. Nur das Jesuskind saß fest. Er war nicht gut genug, wenn es um etwas Wichtiges ging, was auch immer das sein mochte.

Eines Nachts träumte er von dem Holzscheit, in dem das Jesuskind feststeckte. Es lag groß und schwer auf seinem Schoß, während das Kind im Innern wie in großer Not schrie. Er bemühte sich, es rasch aus dem Holz zu schnitzen, dennoch behutsam, um die Haut nicht zu verletzen. Plötzlich aber verstummte das Kind, mitten in einem verzweifelten Schrei. Nur noch ein schwaches Gurgeln war zu hören, dann wurde es still. Er wachte auf, kalter Schweiß klebte ihm am Körper, und seine Hände zitterten. Es half nichts, dass er sich sagte, das Ganze sei doch nur ein Traum gewesen. Ihm zitterten die Hände bei jedem neuen Versuch.

Eines Tages ging er über den Marktplatz, wo die Bauern ihre Waren verkauften. Es war Herbst geworden. Die Bäume verloren ihre letzten Blätter. Aus den Mündern der Menschen stiegen Nebelwölkchen wie flüchtiger Rauch. Sein Blick fiel auf eine junge Bäuerin, die, klein und mager, neben einem Eimer mit glühenden Kohlen saß, hinter Käfigen voller Hühner und Gänse. Sie hatte ihre linke Brust herausgeholt, die viel zu groß erschien für ihren schmächtigen Körper, und stillte ein Kind, ein dickes, rotbackiges Kind mit unersättlichem Mund. Er blieb wie vom Blitz getroffen stehen. Die Art, wie die Frau das Kind ansah: als wäre es das Schönste und Wunderbarste, was sie je zu Gesicht bekommen hatte. Und plötzlich begriff er: Die Göttlichkeit stand in den Augen der Anbetenden zu lesen.

Er rannte nach Hause und wählte ein großes, schweres Holzscheit aus seinem Vorrat. Aus dem schnitzte er Maria, wie sie ihr neugeborenes Kind anschaute. Er tat es ohne jedes Zittern. Falls wirklich er da schnitzte. Es schien, als glitte sie ganz von selbst aus dem Holz. Er nahm nur weg, was sie behinderte, den ganzen Tag und die ganze Nacht. Bis sie vor ihm lag, befreit von allem, was sie verborgen hatte.

Vollkommen reglos saß er da, ihren kleinen Kopf auf dem Schoß. Alles war in dem Gesicht vorhanden: die Liebe und das Erstaunen. Und etwas anderes. Man sah, dass Maria bebte, als Erstaunen und Liebe sie erfassten. Und ihn durchzuckte der Gedanke, dass Liebe und Erbeben zusammengehörten. Dass man schutzlos ist, wenn man liebt, ebenso wenn man geliebt wird, selbst wenn man Gottes Sohn ist. Obgleich der stärkste Schutz die Liebe ist.

Im Morgengrauen ging er zu Bett. Dann schlief er den ganzen Tag tief und fest. Am Abend stand er auf und schnitzte das Jesuskind, ein normales schlafendes kleines Kind.

Der Kirchenrat wollte nur das Jesuskind, und nicht so, wie der Puppenmacher es geschnitzt hatte, sondern süßer und mit einem goldenen Strahlenkranz. Der Puppenmacher stellte eine neue Figur her. Und Maria und ihrem Jesus gab er einen Platz auf dem Bord neben seinem Arbeitstisch, wo sie ihr Kind betrachten durfte.

Am Ende verkaufte er sie und das Kind an einen Puppensammler, einen jüdischen Bankier aus Königsberg, der auf der Durchreise vorbeigekommen war. Er erinnerte sich noch, wie der Puppensammler Marias Gesicht berührt hatte und auf den Zügen des Mannes ein Beben erschienen war.

Annemarie sagte, sie begreife nicht, was das mit ihrer Niedergeschlagenheit zu tun habe. Eigentlich nichts, erwiderte der Puppenmacher. Irgendwie aber hänge alles zusammen. Dann aßen sie weiter, ohne zu reden. Bis Annemaries Mutter fragte, wie es mit dem Kartoffellesen stehe.

Von der Stoffgans und einer gewölbten Hand

Als die Russen näher kamen, flohen die Menschen aus Ostpreußen, auch die BDM-Mädels. Es war kalt, und der Schnee auf den Landstraßen knirschte, als die Menschenmassen westwärts drängten. Man blickte einfach geradeaus, sagte Mutter. Denn wenn man die anschaute, die neben der Straße liegen geblieben waren, fiel es einem schwer weiterzugehen. Dass Leiber, bedeckt von Raureif, derart glitzern können.

Irgendwo bekamen sie Plätze in einem Zug. Annemarie und Mutter saßen aneinandergedrückt in einem vollgestopften Abteil. Das Licht im Zug war ausgeschaltet. Alles war verdunkelt, auch die Städte und Dörfer. Als wäre die ganze Gegend verlassen und tot, und das Einzige, was noch existiere, wäre dieser Zug mit den letzten Resten eines ausgestorbenen Volkes. Sie saßen, die Köpfe zusammengesteckt, und redeten flüsternd über das Leben in Berlin: wenn Annemarie Konzerte gab und Ewald Mephisto oder Faust spielte. Und Mutter hatte einen Garten, den schönsten in ganz Berlin, und den vornehmsten aller vornehmen Männer Berlins. Und alles duftete wie im Paradies, die Blumen und die Frauen mit ihrem französischen Parfüm und die Männer mit ihrem Eau de Cologne.

Dann gelangten sie nach Dresden, wo sie bleiben wollten, der Märchenstadt, die von den großen Bombenangriffen verschont geblieben war. Großvater war einmal da gewesen, als es noch keinen Krieg gab. Er war dort hingefahren in seinem weißen

Leinenanzug und mit dem Panamahut auf dem Kopf und den geflochtenen kalbsledernen Schuhen an den Füßen. Vielleicht hatte Großmutter davor gescheppert und geklappert. Und war wieder still geworden, als Großvater mit leuchtenden Augen heimgekommen war. Eine solche Stadt, voller prächtiger Schlösser, die sein Namensvetter, August der Starke, erbaut hatte: ein Schloss zum Regieren, ein Schloss, um Orden zu verleihen, ein Schloss für die Jagd, ein Schloss, um Wasserspiele zu betrachten, und ein Schloss für prunkvolle Feste. Und voll mit Kunstschätzen, die ihn total in Erstaunen versetzt hätten, wie Raffaels Sixtinische Madonna. Wenn man sie erblickte, verstand man, was große Kunst war. Es sei wirklich genial, sagte Großvater, die Himmelskönigin, die ein großes, kräftiges Jesuskind in den Armen hält, mit zwei kleinen pausbäckigen Engeln zu verknüpfen, die vollkommen gelangweilt wirkten, als hätten sie genug von all dem Heiligen. Das Beste aber sei Giorgiones Gemälde mit der Venus gewesen, die nackt auf einer Wiese schläft.

Es war Vormittag, als der Zug an Dresdens Hauptbahnhof ankam, der gewaltig wie eine Kathedrale war. Sie folgten den Menschenmassen, die sich langsam hierhin und dahin bewegten, als hätten sie die Orientierung verloren. Vielleicht lag es an dem grauen Licht, das von der Glaskuppel herabströmte und alles mit einer bleiernen Schicht überzog.

Oder es war der Geruch, sagte Mutter. Menschen auf der Flucht riechen. Was am furchtbarsten riecht, ist die Angst. Wenn die Angst so groß ist, dass es aus den unteren Öffnungen des Menschen zu rinnen beginnt. Als sie dort in dem Menschenstrom ging und Annemaries Hand hielt, versuchte sie stattdessen an die Venus von Giorgione zu denken: schlafend, nackt auf einer Wiese zu liegen. Und Russen gab es nicht, keinen einzigen Engländer, nicht einmal einen Amerikaner. Wenn sie in Ostpreußen baden war, hatte sie genau so an ihrem See gelegen. Und eine freundliche Sonne hatte ihren Körper gewärmt und der Wind vom Frischen Haff ihr über die Haut gestrichen. Vielleicht konnte es wieder so werden, in Dresden, irgendwo an der Elbe außerhalb der Stadt, wenn der Frühling gekommen war.

Doch durften sie nicht in Dresden bleiben. Dresden war zum Zuzugssperrgebiet geworden: Flüchtlinge bekamen keine Aufenthaltsgenehmigung, konnten sie nicht nachweisen, dass in der Stadt für Wohnung und Arbeit gesorgt war. Zu viele wollten hierher. Die Reise würde weitergehen, das Rattern der Schienen, die Angst vor Bombenangriffen, das Bibbern. Die BDM-Mädels sollten Plätze in einem Zug bekommen, der noch am selben Abend abfuhr.

Sie gingen zur Toilette, um ihre Notdurft zu verrichten und sich zu waschen. Stellten sich bei einer langen Schlange stummer Frauen an. Auch Mutter und Annemarie schwiegen. Vor ihnen stand eine junge Frau, die, als sie zum Wasser vorgedrungen war, ihren Unterleib wie wild wusch, ohne Mantel und Rock abzulegen. Als sie sich umdrehte, sahen sie ihr Gesicht. Es war nass und geschwollen. Breitbeinig und mit schwankenden Schritten ging sie davon, als hätte sie Schmerzen. Mutter musste wegschauen. Der Krieg war ein einziges großes Wegschauen. Wie sollte man es sonst ertragen?

Sie schaute auch weg, als sie sich selbst wusch und ihr Bild zufällig im Spiegel erblickte: das Haar, das ihr schwer und schwarz auf die Schultern fiel, die Augen, die aus dunklen Augenhöhlen starrten, ihre Schlüsselbeine, die die Haut jeden Augenblick zu durchschneiden drohten, der weiße BH, der Schmutzränder aufwies. Als würde sie einen BH brauchen, wo der Krieg von ihrer Brust doch alles Runde gefressen hatte. Sie schaute weg, als sie sich selbst nicht wiedererkannte.

Die BDM-Mädels sammelten sich vor der Toilette. Scharführerin Traude Bosnitz zählte sie durch, wie immer, wenn sie eine Chance dazu bekam. Dann mussten sie in Zweierreihen losgehen, und Bosnitz folgte ihnen als Letzte.

Vor dem Bahnhof lag der große Wiener Platz. Sie sahen Pferdewagen, auf denen Flüchtlinge zwischen all dem Gerümpel saßen, das sie von daheim gerettet hatten. Die Sonne schien, der Tag war lichtdurchflutet, und die Luft schmeckte stark nach Frühling, wie ein Wintertag in früheren Jahren, als man nicht darüber nachzudenken brauchte, ob man wohl noch am Leben sein würde, wenn der Frühling kam. Nun wusste man nicht einmal, ob man das Ende des Tages noch erleben würde.

Sie gingen mit dem Menschenstrom. Hier und da gab es Schlangen. Sie stellten sich bei einer an, wo eine Frau mittleren Alters mit krausen roten Haaren Kartoffelsuppe ausgab. Mutter und Annemarie trugen ihre Suppenschüssel behutsam wie einen Abendmahlskelch zur Seite. Dann verschlangen sie die Suppe und leckten die Schüssel sauber, bis kein einziger Tropfen mehr übrig war. Wie all die anderen um sie herum. Mutter würde es ihr Leben lang nicht vergessen: die blassen, wie besessen leckenden Zungen auf dem Wiener Platz.

Und dieses Gefühl, satt und schwer dazustehen. Eigentlich wollte sie sich nur hinlegen, auch wenn sie erfrieren würde. Sie wusste ja, wenn man den Kältetod stirbt, wird einem kurz zuvor ganz heiß. Sie hatte Menschen gesehen, die erfroren waren und sich alles vom Leib gerissen hatten, jedes einzelne Kleidungsstück, darunter eine nackte Frau, die all ihre Sachen um ihr kleines Kind gewickelt hatte. Es gibt Anblicke, die prägen sich der Netzhaut ein, selbst wenn man wegschaut.

Annemarie zog sie vorwärts über den Platz und durch die Straßen. Ein Clown kam ihnen entgegen mit einem leuchtend roten Mund, die Wangen mit großen blauen Tränen bemalt. Und neben ihm ein Teufel mit Hörnern auf dem Kopf und in der Hand eine Feuergabel. Annemarie sagte, es sei Faschingsdienstag, der letzte Tag des Karnevals, sein Höhepunkt. Mutter erinnerte sich von der Schule her, dass Karneval von carne levare kam, Fleischwegnahme. Der Karneval war die Zeit der Fleischwegnahme. Vielleicht ging es nicht nur darum, kein Fleisch zu essen, sondern auch darum, von der eigenen Fleischlichkeit befreit zu werden, wenn auch nur für einen Tag.

Sie gelangten zur Frauenkirche. Vor dem Eingang stand ein Magier, der eine Taube aus seinem schwarzen Hut hervorzauberte. Und gerade als die Taube flatterte und der Zauberer sie an den Beinen festhielt … Ein Junge, vielleicht sechs oder sieben Jahre alt, der sich einen Weg durch die Volksmenge bahnte. Um die Schultern ein weißes Pelzcape und eine Krone aus Goldpapier auf dem Kopf, kam er, klein und feingliedrig, langsam auf sie zu. Er zog einen Wagen hinter sich her, auf dem eine große weiße Stoffgans mit blanken Knopfaugen saß. Er ging vollkommen allein, ohne zu zögern, als kenne er den Weg.

Mutter war, als würde alles entschwinden. Ihre Füße trugen sie nicht mehr. Um sie herum war nur noch ein gewaltiges weißes Flimmern. Und Annemaries Stimme, weiter und weiter weg.

Als Mutter wieder zu Bewusstsein kam, führte man sie in die Kirche. Sie sollte sich hinsetzen, um etwas auszuruhen. Annemarie würde ihr Gesellschaft leisten, während sich die anderen BDM-Mädels in der Stadt umschauten.

Mutter und Annemarie saßen in einer Bank im Halbdunkeln. Einige der Fenster waren zugemauert, durch die wenigen noch vorhandenen fielen Lichtstrahlen herein. Das Ewige Licht, das in der Kirche daheim über dem Altar gebrannt hatte, ein kleines rotes Licht, das an ein Auge erinnerte, gab es hier nicht. Die Kirche war voller betender Menschen, voller Gebete, die zum eintönigen Gemurmel verschlissen waren.

Annemarie schlief ein, den Kopf an Mutters Schulter. Das Licht, das durch die Kirchenfenster fiel, vibrierte. Vielleicht war es der Atem der Betenden, der die Staubkörnchen in den Lichtstrahlen wirbeln ließ. So wie der Schnee herumgewirbelt war, als sie als Kind mit ihrem Vater auf einem Spaziergang war. Sie hatte gequengelt, sie erinnerte sich nicht mehr an den Grund, nur dass er ihre Hand losgelassen hatte und weitergegangen war. Sie hatte mitten im wirbelnden Schnee dagestanden und gezittert. Auch als ihr Vater zurückgekommen war und sie wieder an die Hand genommen hatte, war das Zittern lange nicht verschwunden.

Wenn sie doch auch schlafen könnte, tief, ohne einen einzigen Traum. Was half es, vom Leben in Berlin zu träumen, wenn es die Schützende Hand nicht mehr gab? Gott war Invalide geworden, ein Krüppel ohne Hände. Plötzlich fühlte sie, dass ihr die Tränen liefen. Sie schmeckten nach Salz. Blut aber schmeckt süß. Und Blut kann stinken, Tränen jedoch nicht, wenn der Mensch gestorben ist.

Als es Abend wurde, gingen sie zurück zum Bahnhof. Die Häuser waren dunkel, nur durch die Fensterritzen sickerte schwaches Verdunkelungslicht. Als sie an einem palastähnlichen Gebäude vorbeikamen, hörten sie Lachen und Musik. Vielleicht ein Karnevalsfest, auf dem der Clown mit dem Teufel tanzte.

Auch der Bahnhof war verdunkelt. Er war gedrängt voll mit wartenden Menschen. Nach dem Durchzählen der Mädels teilte Scharführerin Traude Bosnitz Essen aus, das zu beschaffen ihr gelungen war: ein Stück Brot und eine Scheibe Wurst für jeden. Eins der Mädchen sagte, dass man heute keine Wurst essen dürfe, Wurst sei Fleisch. Ein anderes entgegnete: »Halt die Klappe und iss.« Mutter und Annemarie sagten nichts, sie kauten nur. Brot und Wurst. Fleisch und Blut. Leben und Tod. Was sollten sie sonst tun?

Dann standen sie in einem unfassbaren Gedränge auf dem Bahnsteig. Es sollte nur noch ein Zug fahren, wer nicht mitkam, musste bis zum nächsten Tag warten. Als der Zug hereinrollte und hielt, war es, als wäre ein Damm gebrochen. Wie eine Sturzwelle, die alles auf ihrem Weg mitreißt, flutete die Menschenmasse vorwärts.

Annemarie wurde von Mutters Seite gerissen. Mutter schrie ihren Namen, sie kämpfte sich zwischen stoßenden Ellenbogen und tretenden Füßen hindurch. Jetzt fehlte nicht mehr viel, nur noch ein Schritt, und sie würde die Stufen zum Waggon erreichen. Und dort, in der offenen Zugtür, stand Annemarie und schrie verzweifelt nach Mutter, während Traude Bosnitz versuchte, sie in den Wagen zu ziehen. Und Mutter gelang es mit letzter Kraft, sich auf die Treppe zu hieven, als zwei Wachposten schrien, der Zug sei voll, und sie wieder herunterzerrten.

Sie stand vollkommen still. Man brauchte ihr die Arme nicht festzuhalten. Sie wusste, dass sie verloren hatte, dass es sinnlos war, dagegen anzukämpfen. Die Tränen durften laufen, obwohl auch das keinen Sinn hatte. Da rief ein Mann, der in der Zugtür stand, Mutter könne seinen Platz bekommen.

Sie trafen am Fuß der Treppe zusammen. Der Mann war mittleren Alters. Sein Haar war blond und zerzaust, sein Gesicht schmal mit eng stehenden, scharf blickenden Augen. Er sah Mutter an, als wollte er sich an jeden einzelnen ihrer Züge erinnern, während sich seine Hand um ihre linke Brust wölbte. Die schien genau für seine hohle Hand geschaffen. Dann ging er ohne ein Wort. Und Mutter stieg auf die Treppe. Als sie in der Zugtür stand, drehte sie sich um. Er war nicht mehr zu sehen, war in der Menschenmenge verschwunden.

Vielleicht hatte Annemarie seine Hand auf Mutters Brust gesehen. Sie sprachen nicht darüber. Auch nicht über Berlin oder Ostpreußen, nur über leichte Dinge, etwa, wie schrecklich kalt es im Abteil sei. Und sie drückten sich aneinander unter einer grauen schmutzigen Decke, während die Zugräder wie bis in alle Ewigkeit über die Schienen ratterten. Es war dunkel, als sie wach wurden. Vielleicht hatte die Kälte sie geweckt. Oder die Stille. Der Zug war stehen geblieben. Leute lehnten sich aus den offenen Zugfenstern. Jemand sagte etwas von Dresden. Dass Dresden bombardiert worden war. Als Mutter aufstand, sah sie es: der Horizont! Es gab keinen Horizont mehr, nur eine riesige Feuerwand, ein schonungslos rasendes Flammenmeer, das alles lebendige Fleisch von den Knochen brannte. Auch eine Hand verbrannte, die eine Brust gehalten hatte. Und ein Junge mit seiner Stoffgans in den Armen.

*

Ich saß noch immer an meinem Schreibtisch. Draußen war es dunkel. Ich dachte an den Feuersturm, der mit rasender Geschwindigkeit durch Dresden getobt war, an die Flammen, deren Hitze zweitausend Meter hoch reichte. Häuser und Bäume waren von den verheerenden Luftströmen mitgerissen worden, Menschen wie brennende Fackeln davongewirbelt, jene ausgenommen, die im brodelnd kochenden Asphalt hängen geblieben waren.

Wo befanden sich Großvater und Großmutter in jener Nacht? Und in all den anderen Nächten, als die Bomben fielen? Hatte Großvater, wie stets in Ostpreußen, auch weiter BBC gehört? Folgte er der Direktsendung über die Bombardierung von Berlin? Als die Besatzung des Lancaster-Bombers nach erfülltem Auftrag begeistert ausrief:

»Look at that fire! Oh boy!«
»By God, that looks like a bloody good show!«
»Best I've ever seen.«

Hörte er das?

Von Haselnussblättern

Die Zugreise ging von Stadt zu Stadt weiter. Die meisten Städte waren nicht mehr da, es gab nur noch Trümmer. Während sie auf den nächsten Zug warteten, manchmal Stunden, manchmal Tage, blieben sie auf den Bahnhöfen. Man ist nicht fähig, das, was nach den Feuerstürmen kam, mehr als einmal zu erleben: Ratten und Fliegen, die in die Städte einfielen. Und den Geruch des Todes. Alles kann man ertragen, auch den Angstgeruch Tag für Tag und Nacht für Nacht, aber nicht den Geruch des Todes, vor allem nicht, wenn er von Kindern herrührt.

Es war Nachmittag. Annemarie und Mutter saßen im Zug, eng nebeneinander. Sie hatten aufgehört, von Berlin zu sprechen. Jemand hatte gesagt, Berlin sei verbrannt. Sie kümmerten sich nicht länger darum, wohin sie unterwegs waren. Keiner wusste mehr, wo es Rettung gab. An manchen Tagen wusste man nicht einmal, woher man etwas zu essen bekommen sollte. Man musste also an die Mahlzeiten in Ostpreußen denken, nicht nur an das Essen, auch an die weißen Tischdecken aus Leinen und an das Tafelsilber. Und an die Vasen mit den üppigen Blumensträußen. Falls all die Blumen nicht auch verbrannt waren.

Irgendwo aber gäbe es ein Klavier, sagte Annemarie, davon sei sie überzeugt, irgendwo in einem vergessenen Dorf. Wenn sie dahin kämen, würde sie Mutter etwas vorspielen, sie würde Beethoven spielen, seine letzte Klaviersonate, sagte sie, den zweiten Satz. Den gab es jedenfalls. Solange es Menschen gab, denen der Satz in den Fingern steckte, gab es ihn: Adagio molto semplice e cantabile. Sie hatte das gerade mit weich klingenden Worten gesagt, als läge auch in ihrer Stimme Musik, da bremste der Zug plötzlich und Alarm ertönte. Und alle rannten, gefolgt vom Geruch der Angst. Es roch nach Angst in den Straßengräben, unter den Bäumen, im Gebüsch, überall. Auch um den Haselnussstrauch, wo Mutter und Annemarie sich versteckten.

Und das Geräusch kam näher. War zunächst nur ein leises Brummen in der Ferne. Das anschwoll, zum Tosen wurde, als bräche der ganze Himmel in Gebrüll aus. Und alles andere verstummte. Auch die Vögel, die Flüsse und der Wind. Nur das Herz der Menschen pochte. Als wäre jeder Mensch eine Trommel, die um Hilfe rief.

Dann kam das Heulen der fallenden Bomben. Metall zerplatzte, Glas, Bäume und Erde wurden zersprengt. Und Knochen, feine weiße Menschenknochen. Und Muskeln, noch eben in Bewegung. Und Haut, die noch immer weich und warm war. Und dann, dann gab es kein Heulen mehr, nur Rufen und Schreien. Und mitten in all dem Rufen und Schreien Stille. Diese Stille hört niemals auf. Die Stille, wenn man unterm Haselnussstrauch liegt, das Gesicht ins Gras drückt und die Freundin krampfhaft an der Hand hält.

Es lief. Etwas lief. Etwas kam auf Mutter zugelaufen. Etwas Warmes. Mutter öffnete die Augen. Vielleicht schrie sie. Oder ihr blieb der Schrei im Hals stecken. Als der andere Hals nicht mehr da war. Nur ein Stück zerfetztes Fleisch, aus dem warmes rotes Blut strömte. Und ein Haselnussblatt, zart, frisch ausgeschlagen, an dem etwas klebte, ein Fleischfetzen mit etwas Weißem von gewaltigem Glanz. Niemand sollte sehen müssen, dass das, was vom Kopf eines Menschen übrig ist, ein kleiner weißer Zahn ist.

Mutter erinnerte sich an nichts, was danach kam. Nicht, wie Annemarie begraben wurde, die Toten wurden gewöhnlich in einen Graben geworfen und mit Erde bedeckt. Nicht, wie sie in den Zug zurückgebracht wurde. Nur, dass jemand sie ganz fest gepackt hielt. Jemand mit einer großen, kalten Hand.

Von Alice im Wunderland

Manche Geschichten kommen spät, wie diese hier. Es war am Tag nach Mutters achtzigstem Geburtstag, nach dem Frühstück mit den scharfen Worten. Mutter hatte versprochen, dass sie mir die Orte zeigen würde, an denen sie gewohnt hatte, als ihre Flucht zu Ende ging. Und wo sie später Vater begegnet war und ich geboren wurde. Ich hatte ein Auto gemietet, das vor der Tür stand und auf uns wartete. Das sagte ich Mutter, die mit einem Kreuzworträtsel am Tisch saß. Gleich, entgegnete sie, es fehle ihr ein Wort, ein Fluss mit fünf Buchstaben. Mir fiel nichts dazu ein. Irgendwo musste etwas anderes falsch sein. Wir können nachher weitermachen, sagte ich.

Sie stand ohne größere Begeisterung auf und ging zum Flurspiegel, wo sie sich eine Ewigkeit die Haare kämmte. Als sie fertig war, glichen sie einem glänzenden Silberhelm. Mein Haar war wie das von Vater, mit Locken, die sich ohne Sinn und Verstand ringelten.

Es war warm, als wir losfuhren, obwohl wir schon Herbst hatten. Die Berge waren von goldenem Dunst umgeben, laut Mutter war das Smog. Wir fuhren durch das Tal, in dem Vater und ich geboren waren. Lauter schmucke Städte und Dörfer. Und s'Flüssle, wie wir es nannten, floss ruhig dahin. Es gebe wieder Fische darin, sagte Mutter.

Als ich ein Kind war, starben die Fische eines Tages durch das Abwasser einer Fabrik in Gmünd. Hunderte toter Fische kamen im Fluss angetrieben, die aufgedunsenen Bäuche nach oben, als könnten sie jeden Moment platzen. Vater und ich standen auf der Brücke und sahen sie vorbeischwimmen. Manche der Fische hatten Bäuche, rosa wie Menschenhaut. Man konnte auf die Idee kommen, dass Fische und Menschen zusammengehörten.

Der Verkehr rollte zügig. Mutter gab nur einsilbige Antworten auf das, was ich sagte. Als wir Schorndorf passierten, sah ich, dass sie eingeschlafen war. Sie hing zusammengesunken im Sicherheitsgurt, ein wenig Speichel im Mundwinkel. Es war seltsam, sich vorzustellen, dass ich einmal ein Teil ihres Körpers gewesen war.

Ich kam an Waldstadt vorbei, wo Vater und ich aufgewachsen waren. s'Flüssle war nicht zu sehen, nur die Bäume, die es säumten, Weiden und Schwarzerlen. Und hinter den Bäumen der Klosterberg, wo Vater gesessen und gesehen hatte, wie sein Vater, der Großbauer Hermann Munz, vorbeigefahren war. Vater hatte es ganz kurz erwähnt, auf einem Ausflug hierher nach seinem Schlaganfall. Munz hatte starr geradeaus geschaut, nach einem raschen Blick zur Seite. Und die Sonne hatte gebrannt, und es hatte nach Spörgel gerochen, süßlich und stark. Der Geruch verursacht Übelkeit, hatte Vater gesagt.

Es dauerte eine Viertelstunde von Waldstadt bis Gmünd, dem Ziel unserer Fahrt. Ich fand ein Parkhaus nicht weit vom Dom, dem Heilig-Kreuz-Münster. Mutter wachte auf, als ich den Motor abstellte. Vielleicht war sie auch schon früher wach gewesen, ohne die Augen aufzumachen.

Als wir das Auto verließen, rannte sie fast, obwohl ihr die Beine davon wehtaten. Sie stürmte durch die Gassen, am Heilig-Kreuz-Münster vorbei, wo sich die Dämonenfiguren über den Rand des Daches beugten. Als wir in meiner Kindheit Gmünd besucht hatten, wollte Mutter dort stets hineingehen und ein Weilchen beten. Und ich hielt ihre Hand fest gepackt, damit die Dämonen mich nicht holen konnten.

In einer Gasse blieb sie stehen, sie hatte zu große Schmerzen in den Beinen. Das hier würde sie umbringen, sagte sie. Ich entgegnete, sie solle sich Zeit lassen. Wir hätten keinerlei Eile. Und nahm ihren Arm.

Nach einer Weile gingen wir weiter. Die Pflastersteine in den Gassen glänzten, blank geschliffen von den Schritten vieler Generationen. Hier war Mutter, als sie jung war, umhergelaufen. Die Bäckerei, in der sie gearbeitet hatte, gab es nicht mehr, aus ihr war eine Pizzeria mit dem Namen Paradiso geworden, im Schaufenster eine vergilbte Speisekarte neben einer Plastikpalme. Ich ging als Erste hinein, gefolgt von Mutter.

Der Gastraum war klein, es gab nur Platz für vier Tische. An einem von ihnen saß ein blonder, muskulöser Mann, der eine Pizza in sich hineinstopfte, als hätte er seit Langem nichts gegessen. Hinter dem Tresen stand eine junge Frau mit schulterlangem schwarzem Haar und nickte wie eine trippelnde Taube im Takt mit dem Rap, der aus dem Lautsprecher an der Decke ertönte: Sing for the laughter, sing for the tear.

Hinter der Frau gab es eine Öffnung in der Wand, in der ein leerer Backofen zu sehen war. Es war elf Uhr, Mittagsgäste hatten sich noch nicht eingefunden. Ich erzählte der Frau, dass Mutter nach dem Krieg hier gewohnt und gearbeitet habe und wir uns nur etwas umschauen wollten. Dürften wir vielleicht zum Dachgeschoss hochgehen, wo Mutter ein Zimmer gehabt hatte? Die

Frau sah Mutter an, die stumm und hilflos neben mir stand. Und in den Augen der Frau ließ sich ablesen, dass es wohl nicht das erste Mal war, dass sie ein Flüchtlingsgesicht sah. Das gehe schon in Ordnung, sagte sie, die Tür zum Dachboden sei nicht abgeschlossen. Während der Rapper aufs Neue den Refrain anstimmte.

Eine enge, dunkle Holzstiege führte zum Dachgeschoss hinauf. Ich ging als Erste. Mutter kam mir hinterher. Ab und zu blieb sie einen Moment stehen. Ich nahm an, wegen ihrer Beine.

Der Dachboden war groß, darüber ein hohes, spitzes Dach. Durch zwei kleine Dachfenster flutete Licht herein. Zwischen den Wänden hingen Leinen mit Wäsche zum Trocknen: Stringtangas und Boxershorts, T-Shirts, kurze Röcke und Jeans. Und Babysachen, winzige Strampler und Hemdchen in Rosa und Weiß. Ganz hinten gab es eine Tür. Ich fragte Mutter, ob sie dort gewohnt habe. Mutter gab keine Antwort.

Sie hatte sich auf den Fußboden gesetzt, mitten zwischen die Wäsche, ihre Handtasche in den Armen. Es sah aus, als bibberte sie, obwohl es warm war, fast stickig. Ich fragte, wie es ihr gehe. Sie saß einfach nur da, die Handtasche an die Brust gedrückt. Einzig ein leises Tropfen von der Leine war zu hören, als wäre der Boden ein Klangkörper, der jeden Laut verstärkte. Ich half ihr auf die Füße.

Sie wolle weg von hier, sagte sie. Und nahm meinen Arm, als würde sie ohne Halt umfallen. Und ich sagte noch einmal Muttilein, es entschlüpfte mir einfach. Dann führte ich sie von der Pizzeria weg, hin zum Johannisplatz, in ein Café. Sie wollte drinnen sitzen, nicht unter den Menschen draußen, die um kleine, runde Tische in der Sonne saßen.

Wir waren die Einzigen dort drinnen. Das Licht sickerte durch Spitzengardinen, die aussahen, als stammten sie aus einer anderen

Zeit. Ich fragte Mutter, was sie haben wolle. Ich solle entscheiden, sagte sie. Ich bestellte zwei Kaffee mit einem Stück Apfelkuchen für jeden. Mutter würde den ihren kaum anrühren.

Tastend, wie ein Seiltänzer, der Angst hat, die Balance zu verlieren, begann sie zu erzählen. Von dem Kerzenmacher in Alfdorf, sie nannte zum ersten Mal seinen Namen, den Namen, den alle im Dorf benutzten: Kerzefritz. Er war ein kräftiger Mann, sagte sie, mit großen, breiten Händen, die es verstanden, Holzformen zu gravieren, um seine Kerzen mit Reliefbildern zu versehen, den außergewöhnlichsten Bildern, die sie je gesehen hatte: Weihnachtsengel, die Loblieder sangen, dass man meinte, jeden einzelnen Jubelton vernehmen zu können; Liebespaare, die ihre kleinen Wachskörper aneinanderpressten, dass einen auch selbst der Wunsch überkam, sich an jemanden zu pressen; und Schmetterlinge, bei denen man sicher war, sie würden jeden Augenblick losflattern.

Er hatte sie im Flüchtlingslager von Gmünd gefunden, als er eine Kiste Kerzen hingebracht hatte. Aus irgendeinem Grund hatte er Mutter eine davon in die Hand gedrückt: eine Kerze, auf der ein Junge einen Geburtstagstusch auf einer Trompete blies. Vielleicht tat er das, weil Mutter so dünn und elend aussah. Dann hatte er sie gefragt, ob sie bei ihm arbeiten wolle.

Er war gut zu ihr, doch wortkarg. Vielleicht, weil er als Witwer schon lange niemanden mehr zum Reden hatte. Oder war es, wie die Leute sagten: dass der Kerzenmacher Worten nicht mehr traute? Nicht seit der Lieferung von zweihundert Hakenkreuzkerzen, die Hermann Freudinger, Nazichef von Waldstadt und weltberühmter Briefmarkenhändler (auch nach dem Krieg), bei ihm bestellt hatte. Der Kerzenmacher hatte die Ware pünktlich am 13. April geliefert, genau eine Woche vor Hitlers Geburtstag, prima Kerzen von bester Qualität, mit großen schwarzen Hakenkreuzen, um die sich üppige Blumengirlanden rankten, manchmal war nur noch eine Spitze des Hakenkreuzes sichtbar. Was mit den Kerzen passiert ist, wusste er nicht, an Hitlers Ehrentag waren sie nirgendwo zu sehen. Kerzefritz war ebenfalls nirgendwo zu sehen, auch hinterher für eine ganze Weile nicht. Als er nach zweieinhalb Jahren schließlich zurückkehrte, hatte er keine Fingernägel mehr gehabt.

Mutter musste den Haushalt führen und beim Ziehen der Kerzen mit anfassen, diese dann in Seidenpapier wickeln und in Kartons verpacken. Und manchmal, wenn der Kerzenmacher es nicht verkraftete zu sehen, wie es um die Welt stand, musste sie die Kerzen zu den Auftraggebern bringen. Sie packte sie in einen Kinderwagen, in dem s'Fritzle gelegen hatte, Kerzefritzens Sohn, der im Krieg an einer der Fronten geblieben war.

Es passierte, als sie Kerzen ins Gmünder Münster geliefert hatte. Sie befand sich auf dem Heimweg, schob den leeren Kinderwagen die Landstraße entlang, als ein Gewitter losging. Sie legte einen Schritt zu, rannte dann. Die Blitze, die immer näher kamen, erschreckten sie zu Tode. Am Ende warf sie sich in den Straßengraben, der Kinderwagen blieb, wo er war.

Und sie lag dort im Schlamm, während die Blitze den Himmel zerrissen und heftiger Regen ihren Rücken peitschte. Es war wie im Krieg, als die Bomber kamen. Sie summte vor sich hin, als könnte das gegen die Panik helfen, summte das einzige Lied, das ihr einfiel, »Lili Marleen«: »Vor der Kaserne, vor dem großen Tor«. Bis das Weinen die Oberhand gewann, wie so viele Male zuvor.

Die Gewitterwolken zogen weiter, der Regen ebenfalls. Sie aber blieb im Straßengraben liegen, als hätte das Unwetter ihr alle Kraft geraubt. Der Schlamm war weich, und die Luft war warm. Wie in Ostpreußen, wenn der See, ihr See, sie getragen hatte. Sie hatte auf dem Rücken im Wasser gelegen und war davongetragen worden. Damals, als es die Schützende Hand noch gab. Jetzt war nur noch Morast zurückgeblieben.

Eine Fliege surrte, und in den Bäumen säuselte ein leichter Wind. Müdigkeit überkam sie, und ihre Glieder wurden schwer. Es war, wie es war. Wenn sie im Schlamm versinken sollte, dann versank sie eben. Sie würde keinen Finger mehr rühren, nicht ein Glied. Als plötzlich ein Geräusch zu hören war, ein Brummen, Knattern und Dröhnen. Dann wurde es still, nach einem kurzen Tuckern ganz in ihrer Nähe.

Sie schob sich ein wenig höher, damit sie sehen, aber nicht gesehen werden konnte. Ein junger Mann, bekleidet mit Uniformhose und Uniformhemd, stand neben ihrem Kinderwagen, während sein Motorrad ein Stück weiter weg parkte. Ein Ami, wie die Leute sagten, ein amerikanischer Soldat. Sie sah sein Gesicht im Profil: Seine Haut war hell, als hätte er sich in Milch gewaschen, und voll mit Sommersprossen, wie Sterne am Himmel.

Sie betrachtete ihn, während er sich umschaute. Er wirkte schmächtig, wie ein Junge, der sich als Soldat verkleidet hatte. Sie vergaß, was die Leute redeten: dass nicht nur die Russen Frauen vergewaltigten. Auch Franzosen konnten keinen Tag ohne einen Fick sein. Genau wie die Amis, die Kaugummi kauten, um nicht vor Lüsternheit umzukommen. Der am Kinderwagen gehörte zu einer anderen Sorte, da war sie sich irgendwie sicher. Vielleicht vergaß sie deshalb, sich zu verstecken.

Als sich ihre Blicke trafen, riss er vor Verwunderung den Mund auf. Vielleicht war es das, was sie aus dem Graben kommen ließ, nass und schlammbeschmiert. Und er sagte etwas, das sie nicht verstand, damals nicht: »Jesus, you really look gorgeous!«

Seine Stimme klang verblüffend dunkel, als wäre sie nur irrtümlich in seinen hellen Leib geraten. Und er fragte, in gebrochenem Deutsch, was passiert sei. Sie habe Angst bekommen, sagte sie, als das Gewitter aufzog. Vielleicht verstand er das ja. Jedenfalls lächelte er, und ein Glitzern zeigte sich in seinen Augen. Als wäre eine schlammverdreckte Frau das Herrlichste, was es geben konnte. Und er fragte, wohin sie wolle.

Nach Alfdorf, sagte sie.

Er zeigte auf das Motorrad, er könne sie hinfahren.

»Und was ist mit dem Kinderwagen?«, fragte sie.

No problem, erwiderte er. In der Motorradtasche habe er ein Seil, damit könne er ihn festbinden. Als das erledigt war, zog er sein Uniformhemd aus und legte es Mutter um die Schultern. Seine Brust war schmal, mitten auf dem Brustbein wuchsen ein paar rotblonde Haare. Und die ganze Brust war übersät mit Sommersprossen.

Er heiße Billy, sagte er. Und sie?

Rose, erwiderte sie.

Und er sagte etwas, was sie erst später verstehen sollte, etwas, das von Shakespeare stamme, wie er erklärte, mehr aber noch von ihm selbst: »That which we call a rose by any other name would smell as sweet.«

Die Heimfahrt wurde zum Triumph. Billy fuhr langsam und vorsichtig, mit nacktem Oberkörper und flatterndem rotblondem Haar. Mutter saß hinter ihm, die Arme um seine Taille geschlungen, gehüllt in sein Uniformhemd, das all den nassen Schlamm von ihrem Körper sog. Und hinter ihnen, mit einem Seil festgebunden, der hin und her schaukelnde Kinderwagen. Mutter dachte, wie schade es doch sei, dass es nicht mehr als fünf Kilometer bis Alfdorf waren. Während Billy, sobald sie die Hände auf seinen Bauch gelegt hatte, wusste, dass er sie dort immer wieder spüren wollte.

Mutter saß auf einem Sprossenstuhl beim Kerzenmacher auf der Terrasse. Sie trug jetzt ihr schönstes Kleid mit den blauen gestickten Blümchen am Ausschnitt, das sie aus einem ausrangierten weißen Laken genäht hatte. Und neben ihr saß Billy, mit nacktem Oberkörper und einer Zigarette im Mundwinkel. Während die Sachen zum Trocknen auf der Leine flatterten, Billys Hemd und der Rock und die Bluse, die sie angehabt hatte. Und sie brachten sich gegenseitig Wörter bei: Als er ihren Mund berührte, sagte er »mouth«, und als sie seinen berührte, flüsterte sie »Mund«. Und die Finger blieben ein Weilchen liegen, wie selbstverständlich.

Sie trafen sich auch weiterhin. Sobald Billy freihatte, kam er auf seinem Motorrad angefahren. Immer brachte er etwas für Mutter und den Kerzenmacher mit: Corned Beef in eckigen Dosen, echte Kaffeebohnen, sodass ihnen die Zichorienplörre erspart blieb, Schokolade, die Mutter so gierig verschlang, dass sie sich den ganzen Mund beschmierte.

Als Mutter im Café von dieser Schokolade erzählt hatte, verstummte sie. Vielleicht lag es an dem Licht, das durch die Gardinen sickerte: In ihrem Gesicht erschien etwas Weiches, als leckte ihr Billy noch immer die Schokolade vom Mund. Und anderes mehr. Er musste die wunderbarste Zunge gehabt haben, das war zu sehen, zumindest ließ es sich erahnen: Sie musste Mutters Liebeskörper hervorgelockt haben.

Und Billy erzählte, sagte Mutter, ließ eine Welt erstehen, wenn sie in seinen Armen lag, ihre gemeinsame Welt: Ohio, wo seine Eltern einen großen Hof mit wogenden Kornfeldern und üppigen Wiesen besaßen. Darüber wölbte sich ein gewaltiger Himmel, in der Nacht mit Sternen, groß wie Kinderköpfe. Er würde den Hof erben, er war der einzige Sohn, es würde ihr Hof werden, ihr ganzes Leben lang. Und abends, wenn sie die Arbeit beendet hatten, würden sie im Fluss baden, in dem sich alle Sterne des Himmels spiegelten. Und Mutter würde seine Sommersprossen küssen, jede einzelne von ihnen, überall.

Als sie glaubte, das Gelobte Land für immer verloren zu haben, war es erneut erschienen. War wiederauferstanden, herrlicher als zuvor, in Ohio. Als sie das, strahlend vor Glück, zum Kerzenmacher sagte, tätschelte er ihr die Wange, wie man ein gutgläubiges Kind liebkost.

Beim Anbruch der Dämmerung saßen sie manchmal alle drei auf der Terrasse und rauchten Zigaretten der Marke Camel. Wenn die Abendsonne fast waagerecht durch die Vegetation flutete, leuchteten die Rauchringe wie Goldstaub auf, bevor sie sich langsam auflösten. Und Billy sagte, die USA seien ein goldenes Land für Kerzenmacher. Dort gebe es Millionen von Menschen, die nach Licht dürsteten. Wenn der Kerzenmacher mit ihnen käme, würde er reich werden. Der Kerzenmacher lächelte vor sich hin und blies einen weiteren Rauchring in die Luft.

Es war an einem Abend, als sie Kartoffelsuppe und Brot mit dicken Scheiben Corned Beef gegessen hatten. Dann waren Mutter und Billy in ihr Zimmer gegangen und hatten sich geliebt. Hinterher blieb Billy reglos zwischen ihren Beinen liegen und atmete an ihrer Wange. Im selben Moment, als sein Glied aus ihr geglitten war, fragte er, ob sie seine Frau werden wolle. Ohne zu zögern antwortete sie Ja. Und sie küssten sich lange. Sie würde die Seligkeit nie vergessen, die sie an diesem Abend verspürt hatte. Und den Geschmack nach Corned Beef in seinem Mund.

Sie verlobten sich zum Ende des Sommers, als das Grün üppig und schwer war. Mutter bekam einen glatten Goldring von Billy, mit seinem Namen, auf der Innenseite eingeprägt. Während Billy von ihr eine dünne Silberkette erhielt, an der der Bernstein mit dem Libellenflügel hing. Der sollte auf seiner Brust ruhen, in einem Nest rotblonder Haare.

Im Herbst kam die Übelkeit. Und etwas passierte mit ihren Brüsten, sie wurden groß und rund und die Brustwarzen braun, wie sonnenbraune Kinderdaumen. Sie verstand, acht Wochen waren vergangen, seit sie ihrem Schrank hatte Stoffbinden entnehmen müssen.

Mutter unterbrach sich. Und blickte mich an, als hätte sie vergessen, wer ich war. Ich war jemand anderes, nicht das Kind der Liebe, von dem sie erzählt hatte, ein Kind, das sie mir gegenüber nie erwähnt hatte, vielleicht nicht einmal gegenüber Vater. Ich schaute weg. Die Bedienung eilte mit einem Tablett an uns vorbei, auf dem ein Glas mit Saft rot leuchtete.

Billy freute sich, sagte Mutter. Er hatte gesagt, niemand könnte glücklicher sein als er. Sie würden nächstes Jahr heiraten, wenn Billy das Militär verließ. Billy and Rose forever, when the roses bloom. Eine Hochzeit in Ohio mit einem Kindchen. Ein Kind mit milchweißer Haut, rotgoldenem Haar und Sommersprossen wie Sternen, hatte Mutter gesagt. Während Billy von einem Kind sprach, das Mutter ähnelte, mit ebenholzfarbenem Haar und einer Haut, die immer den Sonnenschein bewahrte, auch in der Nacht. Über den Namen waren sie sich einig: Sollte es ein Mädchen werden, würde es Alice heißen, Alice Rose, sollte es ein Junge sein, dann Bruno Bill.

Es war an einem Samstagvormittag im Januar. Mutter stand im Wohnzimmer am Fenster. Billy sollte kommen, er hatte einen freien Tag. Der Kerzenmacher war nach Stuttgart gefahren, er würde erst am Abend zurück sein. Sie hatten das Haus für sich.

Konnten sich überall lieben. Billy mochte es, sie auch jetzt, wo sie schwanger war, zu lieben, es sei, als besuche man sein Kindchen.

Es regnete. Der Regen trommelte gegen die Fensterscheiben. Es war ein seltsamer Winter. Keine richtige Kälte, kein richtiger Schnee. Nur dieser ewige Regen. Wenn Billy kam, war er jedes Mal klatschnass. Ein neuer Geruch kam in ihr Leben, der Geruch nasser Ledersachen. Falls es nun tatsächlich ein neuer Geruch war. Mutter war er vom Krieg her bekannt.

Sie warf einen Blick auf die Wanduhr. Billy hätte längst hier sein sollen. Er beeilte sich stets, war unfähig zu warten, sagte er, würde vergehen vor Sehnsucht nach ihr. Sie setzte sich und strickte an dem Ärmel eines Jäckchens weiter, das Alice oder Bruno tragen sollte, einem kleinen Ärmel, blendend weiß. Erneut packte sie Unruhe. Die Wanduhr tickte. Die Nadeln klirrten. Und ihr Herz hämmerte, während der Regen nicht aufhören wollte zu trommeln. Sie legte das Strickzeug beiseite und ging erneut ans Fenster.

Alles war im Regendunst verschwunden. Die Bäume ließen sich kaum erkennen, waren nur Schatten. Sie spürte ein Zucken im Leib. Konnte das Kind ihre Unruhe spüren? Wieder sah sie auf die Uhr. Jemand hatte Gewichte an die Zeit gehängt, und sie kam nur schleppend voran. Sie ging auf den Flur und sah sich im Spiegel. Ihre Augen waren groß und dunkel, der Mund glänzte rot. Sie hatte sich mit dem Lippenstift geschminkt, den Billy ihr in Gmünd gekauft hatte. Ihm gefiel es, ihr die Farbe von den Lippen zu küssen, bis auch sein Mund rot leuchtete.

Als die Uhr zwölf schlug, war sie außer sich vor Unruhe. Sie machte sich zum Wirtshaus auf, wo es ein Telefon gab. Auf halbem Weg dorthin tauchte ein Auto aus dem Nebel auf, kein Motorrad, ein amerikanischer Jeep. Hinter dem Steuer saß ein Mann. Sie sah sein Gesicht, als er aus dem Wagen stieg und begriff, wer sie war. Es verschwamm vor ihren Augen. Als sie sein Mitleid sah, verschwamm sein Gesicht. Alles verschwamm, alles.

Sie wollte Billy sehen, obwohl man ihr davon abgeraten hatte. Er war mit seinem Motorrad ins Schleudern geraten und gegen einen Baum gerast. Sie hatte darauf bestanden. Er war ihr Verlobter, der Vater ihres Kindes.

Man führte sie in einen Raum. Es war kalt darin. Eine amerikanische Fahne hing an der Wand, mit achtundvierzig Sternen. Sie erinnerte sich nicht, welcher von ihnen der von Ohio war. Jemand versuchte, ihre Hand zu nehmen. Sie wollte es nicht. Es gab nur eine Hand, die nicht wehtat.

Man führte sie zu einem Tisch, der mitten im Raum stand. Auf dem Tisch stand ein Sarg. Darin lag jemand, ein blendend weißes Laken über dem Körper, über dem Gesicht ein blendend weißes Tuch. Sie sah die entblößten Schultern. An der linken befand sich ein Kratzer. Es schüttelte sie plötzlich, als wäre sie in eine Welt aus Eis geraten.

Das war nicht Billy. Das konnte er nicht sein. Er würde sie immer aufs Neue umarmen. Und sie würde seine Schulter zerkratzen, wenn er sie vor Lust fast um den Verstand gebracht hatte. Das war nicht er, nicht dieser preisgegebene Körper. Dann sah sie etwas: Der Mann im Sarg trug eine Silberkette um den Hals. Und etwas hing an der Kette, das zur Seite geglitten war, das Stück eines Bernsteins, nur ein winziges scharfkantiges Stück. Sie wollte schreien, doch es kam kein Schrei, wie bei einem Ertrunkenen, den die Tiefe des Wassers für immer geschluckt hatte.

Billy wurde in Ohio begraben. Mutter hatte kein Geld, um hinzufahren. Und niemand schenkte ihr ein Ticket. Sie bekam aber einen Brief von Billys Vater. Jemand, der Englisch konnte, übersetzte ihn ihr.

Es sei ein sonniger Tag gewesen, als sie Billy zur letzten Ruhe trugen, schrieb der Vater. Der in der Nacht gefallene Schnee war geschmolzen. Billys Patentante, Mrs Tanner, hatte den Psalm 23 gesungen, bevor der Sarg in die Erde gesenkt worden war. Als hätte das Trost spenden können, als die Erde auf den Sargdeckel traf. Wie ein Pfropfen sitze ihm das Geräusch in den Ohren. Das Einzige, was diesen Pfropfen entfernen konnte, sei der Schrei eines kleinen Kindes, schrieb er. Auf ihrem Hof gebe es ein Zimmer für sie und das Kind. Und er schloss mit »with love from Richard and Anne«. Und einem P.S.: Mrs Tanner habe versprochen, auf der Taufe des Kindes zu singen.

Mutter verstummte. Die Kuchengabel zitterte in ihrer Hand. Schlug leicht gegen den Teller, auf dem der Apfelkuchen lag, den sie nicht angerührt hatte. Ich meinte, ein leises Klappern zu vernehmen. Sie fragte, ob ich wüsste, welcher Psalm die Nummer 23 sei. Ich verneinte. Es sei der mit dem Hirten, sagte sie, der sich darum kümmert, dass einem nichts mangelt, »und muss ich auch wandern in finsterer Schlucht«.

Ich wollte nach dem Kind fragen. Doch da war etwas mit diesem Klappern. Oder mit Mutters Blick, sie starrte auf das Tischtuch, das fleckenlos weiß war.

Ich musste an einen Freund denken, der Archäologe ist. Er erzählte einmal von einer Ausgrabung in der Nähe von Ulm, er hatte eine kleine Tonfigur gefunden, eine Frau. Hatte dort auf dem Boden gekniet und behutsam die Erde von ihr geschabt und gebürstet. Am Ende lag sie vor ihm in der Grube, befreit vom Schmutz, mit rundem klobigem Körper. Das Gesicht aber … Ein Lächeln lag darin, das es hell erstrahlen ließ und auch ihn erfasste.

Er nahm sie hoch, so behutsam und zart, wie er in seinem ganzen Leben noch nie etwas berührt hatte. Im selben Augenblick aber verschwand das Gesicht, der Kopf zerfiel in Tonkrümel und roten Staub. Darüber sei er irgendwie nie hinweggekommen, hatte er gesagt.

Mutter erklärte, sie wolle heimfahren. Was habe es für einen Sinn, über etwas zu reden, das niemand ändern könne? Der Schmerz, der gewesen war, genüge. Warum wollte ich den wieder ans Licht zerren? Und warum hatte ich ihr dieses elende Buch von Gertrude Stein geschenkt? Hatte ich etwa herumgeschnüffelt und irgendwas herausgefunden?

Ich habe nichts gewusst, sagte ich, nichts von Billy, nichts von dem Kind, kaum etwas vom Kerzenmacher.

»Ich will gehen«, sagte sie. »Schaff mich hier weg.«

Als wir zum Parkhaus zurückliefen, nahm sie meinen Arm. Als müsste sie durch die Gassen geführt werden, vorbei am Heilig-Kreuz-Münster, von dem sich die Dämonen hartnäckig herabbeugten.

Sobald wir im Auto saßen, nahm Mutter ihre Zigaretten aus der Tasche. Nach Vaters Tod hatte sie wieder mit dem Rauchen angefangen, Camel, dieselbe Sorte, die sie in meiner Kindheit geraucht hatte.

Ich drehte das Fenster runter und fuhr aus der Stadt hinaus. Mutter sagte, es ziehe. Ich wollte sagen, dass mir der Rauch in den Augen brannte, falls es nun davon war, hielt mich jedoch zurück und drehte das Fenster wieder hoch. Es war, wie es war. Ich fuhr. Mutter rauchte. Der Motor schnurrte.

Ich nahm die alte Landstraße, die in meiner Kindheit nach Gmünd geführt hatte. Mutter protestierte nicht, auch dann nicht, als ich von ihr abbog und die Straße zum Klosterberg hoch nahm.

Ich sagte, ich wolle auf die Stadt, in der ich aufgewachsen war, hinunterschauen.

Der Sandweg hinauf zum Kloster, wo große Haselnusssträucher ein Gewölbe gebildet hatten, war verbreitert und asphaltiert worden. Die Sträucher waren verschwunden. Auf dem Parkplatz vor dem Kloster hatte man ein Schild aufgestellt, das in vier Sprachen über alle Sehenswürdigkeiten informierte. Auch über den römischen Wachturm neben dem Kloster, der wiederaufgebaut worden war. Man konnte hinaufsteigen, stand an der Grenze des ehemaligen Römischen Reiches und konnte sich sehnen, so wie sich die römischen Soldaten gesehnt hatten, heim oder weiter in die Ferne.

Das Kloster war von einer hohen Mauer umgeben, als hätten die Mönche eingesehen, dass es mit Gottes Schutz mal so, mal so bestellt war. Wir öffneten ein quietschendes Eisentor hinein in einen Garten, in dem stark duftende Rosen blühten, und gingen zu einer hohen, alten Mauer vor, wo der Berg steil zur Stadt abfiel.

Im Tal sah man die Häuser der Stadt, die sich an den Fluss schmiegten. Während der Fluss sich wie eine Silberschlange loswand, die niemand halten konnte. Ich schaute Mutter an, als sie all das betrachtete. Die Haut ihres Gesichts glich altem Pergament. Ich musste an etwas denken, das ich gelesen hatte: dass Pergament praktisch war, weil man das, was man geschrieben hatte, wegkratzen und von vorn beginnen konnte.

Ich fragte Mutter, warum sie nie etwas von dem Kind erzählt hatte. Ich sagte, ich hätte ein Recht darauf, es zu erfahren, bereute es indes im selben Augenblick. Mutter griff wieder nach einer Zigarette und steckte sie an. Dann blies sie den Rauch aus, der sich in einem Windhauch auflöste. »Was heißt ein Recht darauf?«, sagte sie. »Wer hat ein Recht auf was?«

Ich fragte, wo das Kind sei. Mutter sog den Rauch tief ein.

Dann blies sie ihn durch die Nasenlöcher aus, als würde sie im Innern brennen.

»Das Kind«, sagte sie. Es klang wie eine Frage. Vielleicht benötigte sie auch Zeit. Ich berührte ihren Arm, es geschah ganz von selbst. Vielleicht brachte sie das zum Reden. Etwas erschien in ihrem Gesicht, es war, als gäbe es keinen Schutz mehr. Und sie sagte etwas von Wendepunkten, korrigierte sich jedoch sofort. Es gebe Schlusspunkte, sagte sie. Die Nacht in Gmünd sei so ein Schlusspunkt gewesen.

Sie erinnerte sich nicht, wer gefahren war. Auch nicht an das Quietschen der Reifen. Nur an den Arm des Kerzenmachers, der sie auf dem Rücksitz festhielt, während das Auto hin und her geschlingert war. Sie hatte in seinen Wollmantel gebissen. Als hätte das den Schrei verhindern können. Der Schmerz, den sie verspürt hatte, war messerscharf gewesen. Und die feuchte Wolle hatte streng geschmeckt. Und dann das Gefühl der Angst, vielleicht hatte sie jemanden angefleht, sie erinnerte sich nicht. Nur dass sie dachte, das Kind dürfe nicht kommen, noch nicht. Es durfte nicht sein, dass sie das Kind aus ihrem Körper getrieben hatte. Ein Körper, der wie tot gewesen war, seit Billy nicht mehr lebte. Er hatte dem Kind kein Nest sein können, kein warmes, schönes Nest.

Mutter wurde plötzlich still. Vielleicht, weil ein Motorrad auf der alten Landstraße unterhalb des Klosters vorbeifuhr. Es hätte woanders entlangfahren sollen, jetzt jedenfalls. Sie stand einfach nur da, ohne sich darum zu kümmern, dass ihr die Zigarettenasche auf die Bluse fiel.

Ich schaute weg. Wo das Tal sich verbreiterte, kreiste ein Mäusebussard mit starren Flügeln immer wieder über einem Feld. Ich fragte Mutter, wie es weitergegangen sei. Sie drückte die Zigarette aus, obgleich sie sie nur halb aufgeraucht hatte, zerquetschte sie auf der Mauer und fegte die Krümel, jeden einzelnen von ihnen, in den Abgrund hinunter. Dann sagte sie, dasselbe hätte sie mit sich machen sollen nach dieser Nacht in Gmünd. Als sie ins Krankenhaus gekommen waren, hatte man sie festgehalten und ihr eine Spritze gegeben, und das Kind hatten sie weggetragen. Man bestritt, dass es sich um ein Kind handelte. Nannte es einen späten Abort.

Sie drehte sich von mir weg. Mir fiel auf, wie dünn und knochig ihre Schultern waren. Als ich meine Hand auf ihre rechte legte, sagte sie mit merkwürdiger Stimme: »Bitte nicht!« Ich aber konnte nicht umhin zu fragen, ob es ein Junge oder ein Mädchen gewesen sei.

Ein Mädchen, sagte sie. An die Züge des Kindes konnte sie sich kaum erinnern. Warum verschwamm alles, wie alte Fotos, die einfach verblichen? Allein Worte waren zurückgeblieben: klein … hellblond … zart, so unfassbar zart. Und wie es sich angefühlt hatte, als der Kerzenmacher ihr das winzige Mädchen in die Arme legte und sagte: »Sie hat Billys Mund.« Das hatte sie selbst gesehen.

Ich glaube, ich hielt Mutter umarmt. Ich hätte es jedenfalls tun sollen. Oder dachte ich in dem Moment zu sehr an Alice, an Alice im Wunderland? War sie in meiner Kindheit noch da gewesen, wie ein Schatten, der mir folgte? War Mutter deshalb manchmal so durcheinander? Saß einfach nur hilflos da mit ihren Kükenschultern?

In der Nacht nach dem Ausflug wachte ich auf. Es war still, dennoch bildete ich mir ein, dass Mutter nicht schlief. Ich stand auf und fand sie, nur mit dem Nachthemd bekleidet, am Küchentisch. Sie saß da und starrte auf ein Kreuzworträtsel. »Aus welcher Stadt kommt der Balsam, der alles heilt?«, fragte sie. »Sechs Buchstaben.«

Ich sagte: »Gilead.« Sie erwiderte »Genau«, und trug das Wort ein.

Es war fast zwei Uhr nachts. Ich sagte, sie müsse schlafen. Sie sagte, sie habe ein Stündchen geschlafen, aber ein schrecklicher Traum habe sie geweckt.

Ganz Gmünd hatte in Brand gestanden, auch der Dom. Der Kirchenraum war ein einziges Feuermeer. Mutter hatte sich auf das Dach gerettet und sich an einen Dämon geklammert, der über die Traufe ragte, während sie mit ihrem freien Arm ein winziges Kind festhielt. Am Fuß des Kindes züngelte ein Flämmchen. Würde sie versuchen, das Feuer zu löschen, müsste sie den Griff um den Dämon lösen und würde hinabstürzen. Das Kind wimmerte, leise Töne drangen aus seinem Mund. Sie erkannte den Mund wieder, auch ihre Finger, die einst Billys Mund gestreichelt hatten, erkannten ihn wieder. Und lösten sich von dem Dämon.

DIE GESCHICHTE
VON DER KLEINEN DÜNNEN PERSON

Es war das Beste, was ihm passieren konnte, sagte Vater, nachdem Lisl Hopfgarten mit Augen, die kalt wie Eis waren, erklärt hatte, er solle eine andere ficken. Sie habe einen Besseren verdient. Er ahnte, wer dieser »Bessere« war. Ein Arzt der Tuberkuloseklinik, in der sie als Hilfsschwester arbeitete, oder ein vermögender Patient. Kein armer Kartonmacher, der obendrein noch ein Bastard war. Lisl hatte Vorzüge, die sie nicht zu verschwenden gedachte: große, runde Brüste, die auf eine Weise beben konnten, dass man alles dafür gab, sie berühren zu dürfen. Und wohlgeformte Beine, die einen so umschlingen konnten, dass man nur noch eins wollte: in ihren warmen, feuchten Schoß eindringen und mit seinem Glied ihr Herz streicheln. Zweimal hatte er es gedurft. Doch kein drittes Mal. Beim dritten Mal verlor Lisl weder den Kopf, noch ließ sie ihr Höschen fallen. Und wenn er noch so lange dasaß und von ewiger Liebe redete. Sie ließ sich nicht erweichen. Sein Geschenk konnte er wieder einpacken und sich zum Teufel scheren.

Er stand auf und ging, hoch aufgerichtet. Damals war Vater noch gerade, gerader als jeder andere, auch wenn sein Herz gebrochen war. Er wollte nur weg. Erst als er im Zug von Gmünd nach Waldstadt saß, fiel ihm ein, dass er vergessen hatte, das Geschenk mitzunehmen.

Er war extra nach Stuttgart gefahren, um es zu besorgen, ein Bild, das Rembrandt von seiner Geliebten gemalt hatte, als sie gerade ins Bad steigt und ihr Hemd anhebt, sodass man den Schoß erahnen kann. Für Vater war es das Bild der Liebe. Er hatte es gekauft, einen kleinen Kunstdruck für fünfzehn Pfennig, und dazu einen Goldrahmen, den schönsten im ganzen Laden. Als er im Zug nach Hause saß, wusste er nicht, was eigentlich schlimmer war: Lisls kalter Blick, der ihm gegolten hatte, oder der auf Rembrandts Bild.

Nein, Lisl Hopfgarten konnte ihm gestohlen bleiben. Vater war keiner, der um Liebe bettelte. Doch in den Nächten kamen die Träume, die sich nicht darum scherten, dass Schluss war, in den Träumen besaß er sie Nacht für Nacht.

Zwei, drei Wochen nachdem Lisl Schluss gemacht hatte, saß Vater in seinem Büro. Er war dabei, einen Karton zu entwerfen, der sich leicht zusammenfalten ließ, zugleich aber tragfähig und haltbar war, als Karle, das Faktotum der Kartonfabrik, zu ihm hereinkam. Mit einem Auge zwinkernd, sagte Karle, Vater habe Besuch, es sei niemand aus Waldstadt, sondern eine fremde Dame. War es Lisl? Hatte sie gemerkt, dass er ihr fehlte? Kam sie, um wieder neu anzufangen? Vater sagte, so ruhig er nur vermochte, während sein Herz wie wild schlug, Karle solle sie hereinführen.

Und herein trat die kleine dünne Person, die sich mit Lisl das Zimmer teilte. Die immer gegangen war, wenn er kam, still wie eine Kirchenmaus und genauso grau. Erst wenn Lisl die Lampe im Fenster angeschaltet hatte, war sie zurückgekehrt. Er hatte nie darüber nachgedacht, wo sie sich in der Zwischenzeit aufgehalten hatte.

Nun stand sie da in einem abgetragenen Vorkriegsmantel, der einmal schick und teuer gewesen sein musste, mit ihrem blassen Gesichtchen und dem schwarzen dicken Haar. Sie sagte, sie wolle nicht stören, ihm nur etwas bringen, das ihm gehörte. Und sie legte ein Päckchen auf seinen Schreibtisch, dann ging sie, er konnte kaum Danke sagen. Eilig riss er das Päckchen auf: Es war Rembrandts Bild von seiner Liebsten.

Hatte Lisl die kleine dünne Person geschickt? Er musste mit ihr reden. Rasch rannte er los. Er wusste kaum noch, wie sie hieß. Doch, Rose, jetzt erinnerte er sich, und immer wieder rief er beim Laufen ihren Namen.

Er fand sie auf dem Kiesplatz vor dem Fabrikgelände, am Denkmal zur Erinnerung an die Bewohner Waldstadts, die im Deutsch-Französischen Krieg umgekommen waren: einem großen grauen Obelisken, der sich über einem Sockel aus grauem Stein erhob. Auf diesem Sockel saß die kleine Person. Gelbes Herbstlaub flatterte herab von den umstehenden Bäumen, hin und wieder landete eins der Blätter auf ihr. Sie saß so reglos da, als ginge sie all das Geflatter nichts an. Er meinte, etwas wiederzuerkennen, konnte jedoch nicht sagen, was es war.

Er ging zu ihr hin und sagte, sie solle nicht weglaufen. Er wolle ihr etwas zu trinken anbieten, habe einen Kasten Sprudel in seinem Büro. Es würde ihn freuen, wenn sie ein Glas trinken wollte. Sie sah ihn an, wie sie das Blatt angesehen hatte, das ihr gerade in den Schoß gefallen war: Es war da, es war schön, doch gehörte es in eine andere Welt. Dann begleitete sie ihn hinein.

Sie saßen auf den Sprossenstühlen in seinem Büro. Er goss ihr vom Himbeersprudel ein, der seiner Meinung nach das Beste war, was es gab. Sie schaute ihr Glas an, in dem die Bläschen an die Oberfläche perlten. Wenn man zu gierig trinke, sagte er, kitzelten sie einen in der Nase. Und dann begann er zu erzählen, er begriff nicht, warum – wie er als Kind das erste Mal Himbeersprudel getrunken hatte, zusammen mit seiner Großmutter.

Er habe damals in der Kirche singen dürfen, sagte Vater, ganz allein, obwohl er ein Bastard war. Der Pfarrer hatte gesagt, wenn man eine solche Stimme habe, verzeihe Gott alles. Und etwas war geschehen, als er »Mariä Wiegenlied« vortrug. Alle in den Kirchenbänken hatten ihn angeschaut, als wäre er eine Offenbarung, nicht s'Munzle, das Kind der Sünde des Großbauern Hermann Munz. Nie würde er das vergessen und besonders seine Großmutter nicht, die ihn seine ganze Kindheit über umsorgt hatte, jetzt saß sie da, ganz vorn in der Kirche, und ihre Augen glänzten.

Nach dem Gottesdienst war sie mit ihm in ein Café gegangen. Er hatte ihr versprechen müssen, daheim nichts zu erzählen. Großvater wäre wütend geworden. Leute wie sie gingen in kein Café.

Sie hatten zusammen Himbeersprudel getrunken, aus den schönsten Gläsern, die er je gesehen hatte. Als sein Glas leer war, bekam er noch ein zweites. Und die ganze Zeit über hatte ihn Großmutter mit glänzenden Augen angeschaut. Er könne ihre Augen auch jetzt sehen, jedes Mal, wenn er Sprudel trank.

Die kleine Person sah ihn mit einem Blick an, als schaute sie aus einem abgrundtiefen Brunnen herauf. Er fragte sie, warum sie ihm das Rembrandt-Bild gebracht habe. Es ist zu schön, um es wegzuschmeißen, erwiderte sie leise. Und er musste sich abwenden. Verdammt, warum tat es nur so weh? Lisl hatte es wegschmeißen wollen, das schönste Bild der Liebe, das er kannte. Er fragte die kleine dünne Person, ob sie Rembrandt mochte. Ja, sagte sie, und Giorgione.

Giorgiones Namen hatte er noch nie gehört. Bevor er fragen konnte, wer das sei, sagte sie, jetzt müsse sie gehen, müsse zusehen, dass sie nach Hause komme. Nach Hause in das Zimmer, das sie sich mit Lisl teilte, dachte er, dort, wo Lisl nackt in seinen Armen gelegen hatte. Die kleine dünne Person war die einzige Verbindung, die er noch zu Lisl hatte. Er musste sie wiedertreffen.

Ob sie vielleicht Lust habe, mit ihm ins Café zu gehen, jetzt am Sonntag, wenn er freihabe?

Sie arbeite am Sonntag, sagte sie. Sei Hilfsschwester in der Tuberkuloseklinik, genau wie Lisl. Und am Abend vorher, fragte Vater, der plötzlich so etwas wie Panik verspürte. Vielleicht sagte die kleine Person deshalb Ja. Sie beschlossen, sich Samstagabend um sieben Uhr beim Marienbrunnen am Marktplatz zu treffen.

Als er am Brunnen stand und wartete, lag leichter Dunst über der Stadt. Um jede Straßenlaterne gab es eine Aura aus Licht, die beim kleinsten Windhauch erzitterte. Er fröstelte, die Herbstabende wurden langsam kälter. Oder war die verdammte Sehnsucht daran schuld? Er wurde verrückt vor Sehnsucht nach Lisl. Manchmal hatte er das Gefühl, sie wäre von dem gemeinsamen Körper, der ihr und ihm gehörte, abgetrennt worden. Und zurückgeblieben wäre er mit einer großen, schmerzenden Wunde, während sie sich bereits an einen anderen heftete, wer immer das auch sein mochte. Er würde die kleine Person, die Lisls Vertraute war, fragen. Eigentlich aber war er ein Idiot, all das konnte ihm gestohlen bleiben.

Schließlich tauchte sie aus dem Dunst auf, in ihrem Vorkriegsmantel. Sie reichte ihm ihre kleine Hand und lächelte, ihr Mund jedenfalls tat es, während er so enthusiastisch wie möglich sagte, es sei schön, sie wiederzusehen. Dann gingen sie in ein Café am Markt. Als er ihr beim Ausziehen des Mantels half, streifte er ihr Schulterblatt und spürte dessen vorstehende Kante, es glich einem mit Haut bedeckten Flügel.

Sie setzten sich an einen Tisch in der Ecke, weit weg von den Fenstern, wo all die anderen saßen, meist junge, verliebte Paare. Vater fragte höflich, wie es ihr gehe.

Sie antwortete: »Gut.«

»Und Lisl?«

»Auch gut«, sagte sie.

Vater konnte nicht umhin zu fragen, ob Lisl wisse, dass sie sich trafen.

Die kleine Person schüttelte den Kopf. Lisl war verreist.

Vielleicht mit jemandem, dem sie erlaubte, zwischen ihren Beinen zu liegen, dachte Vater. Er hätte dieses Rendezvous sausen lassen sollen. Es riss die Wunde nur wieder auf.

Eine Kellnerin kam und fragte, was sie wünschten. Beide nahmen einen Apfelstrudel und dazu Himbeersprudel. Vater sagte: »Jetzt sitzen wir hier.« – »Ja«, erwiderte die kleine Person.

Er hatte das Gefühl, dass es für sie keine Rolle spielte. Er sagte etwas übers Wetter, dass es langsam kalt werde. Mit Lisl hatte er nie übers Wetter geredet. Wenn sie überhaupt redeten, sein Begehren war zu stark gewesen. Ihn überschwemmte eine Welle der Mutlosigkeit. Er fragte, wie es denn in der Tuberkuloseklinik so sei.

Die kleine Person antwortete: Gut. Dann fügte sie hinzu: Gut für sie selbst, nicht für die Kranken. Doch, irgendwie auch für die Kranken. Sie errötete, als hätte sie etwas Dummes gesagt.

Er fragte, wie lange sie dort schon arbeite.

Ein paar Jahre, sagte sie. Davor war sie in einer Bäckerei angestellt gewesen. Früh am Morgen hatte sie Brot in die Tuberkuloseklinik gebracht. Dort hatte sie auf der Terrasse die Liegestühle gesehen, wo die Kranken ihre Tage verbrachten, und gespürt, dass sie eher dahin gehörte als in eine Bäckerei. Als das Krankenhaus später eine Hilfsschwester suchte, hatte sie sich um die Stelle beworben.

Vater fragte, ob denn nicht viele Kranke stürben.

Doch, sagte sie.

Er sah vor seinem inneren Auge, wie die Kranken auf der Terrasse lagen und nach Luft schnappten. So wie es seine Großmutter getan hatte. Zunächst sammelte sich Wasser in ihren Beinen. Sie hatten wie Pfähle ausgesehen. Wenn er sie anfasste, blieben seine Fingerabdrücke als Dellen in der Schwellung zurück. Dann war das Wasser gestiegen und hatte sich auch in der Lunge gestaut. Am Ende hatte es das Herz überschwemmt. Eines Abends, als sie nach Luft rang, hatte sie zu ihm gesagt: Wenn das Wasser das Herz erreicht, gibt es keine Rettung mehr.

Vielleicht konnte die kleine dünne Person seine Gedanken lesen. Sie sagte, nirgends liebe man das Leben so sehr wie im Krankenhaus. Obwohl es einem nicht so vorkam, als würde sie es lieben. In allem, was sie sagte, lag Traurigkeit.

Er fragte, woher sie ursprünglich komme. Man hörte, dass sie nicht aus Schwaben war. Und man sah es, sie hatte ein Flüchtlingsgesicht.

Aus Ostpreußen, antwortete sie. Und er schaffte es, sie zum Erzählen zu bringen: dass sie ein wunderbares Leben in einem wunderbaren Land geführt hatte, zusammen mit einer Mutter, in deren Haar sich der Himmel spiegelte, und mit einem Vater, der einem König glich. Er hörte ihr zu, wie er nie jemandem zugehört hatte. Eine neue Welt tat sich auf, voller Licht und Glanz. Und auch die kleine dünne Person begann zu glänzen, ein wenig matt, ein wenig dunkel, aber dennoch. Er fühlte etwas, das an Zärtlichkeit erinnerte. Sie war so klein und mager. Und so traurig, wie jemand, der alles verloren hatte. Und er erzählte von seinem Leben, die Geschichten fluteten nur so heraus.

Seine Mutter Karolin habe ihn mit fünfzehn geboren, sagte er, kaum dass sie selbst den Kinderschuhen entwachsen war. Auf einem Foto, das Vater noch aus dieser Zeit besaß, sah sie aus wie ein Barockengel, mit heller, rosiger Haut und rotgoldenem unbändig lockigem Haar. Vielleicht war das der Grund, warum ihr Dienstherr, der Großbauer Hermann Munz, etwas mit ihr getan hatte, das man mit seiner Magd nicht tut, jedenfalls nicht, wenn man ein respektabler Mann ist.

Als Karolin Vater geboren hatte, entgegen dem Vorschlag, den Munz gemacht hatte, war sie für immer in die Schweiz verschwunden, ausgestattet mit einer Summe Geldes von Munz. Später sollte sie einen friedfertigen Bahnhofsvorsteher der Schweizerischen Bundesbahnen heiraten. Vater wuchs bei seinen Großeltern auf, die arme Kleinbauern waren. Auch sie hatten Geld bekommen, einen größeren Betrag, und zwar ein für alle Mal, mit dem sie für ihn sorgen sollten. Und damit sie Munz nicht mehr in die Quere kamen. Es reichte schon, dass sie ihm diese Magd geschickt hatten.

Vater sagte, man könnte vielleicht annehmen, dass seine Kindheit rabenschwarz gewesen sei. Und sicher musste er schuften wie ein Sklave, sobald er von der Schule heimgekommen war. Und von seinem Großvater, der die härtesten Hände und die stechendsten Augen hatte, die ein Mensch nur haben kann, musste er sich anhören, er sei ein Schandfleck für die Familie. Doch gab es da ja noch seine Großmutter, die ihm beibrachte, dass Musik eine erstaunliche Kraft besaß. Sobald sein Großvater außer Hörweite war, begannen sie gemeinsam zu singen: Choräle, Arien und Evergreens. Sangen die Schande weg, auch die nadelspitzen Blicke und eisenharten Hände, einfach alles, was wehtat.

Als Vater auf der Heimfahrt im Zug saß, fiel ihm auf, dass er seit mehreren Stunden nicht an Lisl gedacht hatte. Es war ein Abend ohne größeren Schmerz gewesen. Vielleicht hatten sie sich deshalb erneut verabredet, für nächsten Samstag, im selben Café. Und die Treffen gingen weiter. Sie schenkten ihm Ruhe, und das Begehren löste sich von Lisl, langsam, aber sicher, und richtete sich auf Frauen, die es nur in seinen Träumen gab, lachende Frauen mit großen, bebenden Brüsten und lustfeuchten Schößen, nicht auf dünne Geschöpfe, die wie Geister aus einer längst vergangenen Zeit wirkten.

Es war an einem Abend zu Beginn des neuen Jahres, als dichter Schnee vom Himmel fiel. Die kleine Person hatte Flocken im Haar, als sie ins Café gestürzt kam, mit einem warmen roten Schal um den Hals, einem Weihnachtsgeschenk von Vater. Sie begannen über die Winter in Ostpreußen zu reden. Als die kleine Person im Pferdeschlitten gesessen hatte, eingehüllt in den Wolfspelz ihres Vaters, und die Wölfe geheult hatten. Dieses Geheul könne sie noch immer hören, sagte sie.

Einen Moment lang sah er das Gesicht, das sie früher gehabt haben musste. An dem Abend tauchte es mehrmals kurz auf, als sie von Ostpreußen berichtete, dieses Gesicht, von dem er glaubte, dass sie es dort im Schlitten gehabt hatte. Vielleicht erzählte er es ihr deshalb, das, was er bisher noch nie jemandem hatte erzählen können.

Er hatte seine Meisterprüfung als Kartonmacher abgelegt. Er war der Beste von allen, genau wie in der Schule. Man hatte ihm einen Lorbeerkranz aufgesetzt und eine Medaille umgehängt. Und gesagt, dass bisher noch nie jemand so gut gewesen sei wie er und er es weit bringen würde. Gleich als sie das sagten, wusste er, wo er am nächsten Sonntag hingehen würde. Zum Klotzenhof, dem Hof von Hermann Munz.

Es war ein Tag im Juni. Das Licht flutete, süße Düfte strömten, und der Boden federte bei jedem seiner Schritte. Der Kiesweg zu dem großen Bauernhaus, in dem Munz wohnte, war frisch geharkt, feuerrote Pelargonien blühten in den Blumenkästen an den Fenstern. Wie zur Heimkehr des verlorenen Sohnes, dachte Vater. Wenn nur der Wachhund nicht an seiner Kette gezerrt und wie verrückt gebellt hätte.

Eine Frau schaute hinter der Gardine in einem Fenster vor. Als Vater den Türklopfer betätigte, war sie es, die öffnete. Sie fragte barsch, was er wolle. Er sagte, er wolle Munz sprechen.

Sie schaute ihn mit gerunzelten Augenbrauen an. Hinter ihr lag eine dunkle Diele mit einem Steinfußboden und Hirschgeweihen an den Wänden. Im selben barschen Ton fragte sie, wer er sei.

Vater sagte seinen Namen: Gotthilf Kranz.

»Aha«, sagte sie, als wäre das ein x-beliebiger Name. Sie schien nicht zu wissen, wer er war.

Sie führte Vater in ein Zimmer, wo Munz am Fenster stand, mit dem Rücken zu ihm, eine dunkle Silhouette gegen das helle Licht. Sie sagte zu Munz, er habe Besuch. Der erwiderte scharf, er wisse Bescheid, sie könne gehen.

Als die unfreundliche Frau gegangen war, wurde es still. Munz drehte sich nicht um. Vater verharrte mitten in einem Schritt. Eine Standuhr tickte, wie ein Herz, das schlägt, egal, was geschieht. Mit lautem Brummen prallte eine Hummel gegen die Scheibe. Vater raffte sich auf. Er musste etwas sagen, etwas, das Munz dazu brachte, sich umzudrehen.

Er sagte, er habe einfach kommen müssen, dass man nicht sein Leben lang ein Schandfleck sein könne. Nicht, wenn man der Beste in der Schule war und auch der Beste bei der Meisterprüfung, ja sogar besser als alle zuvor. Man habe ihm sogar eine Medaille verliehen. Er könne sie vorweisen, habe sie mitgebracht.

Mit jedem Wort wurde ihm der Hals enger. Er fing an zu stottern, blieb mitten im Satz stecken. Am Ende sagte er mit einer Stimme, die das Wort Vater kaum zu tragen vermochte: sein Vater könne stolz auf ihn sein. Und stand mit der Hand in der Hosentasche da, die Medaille fest umklammernd, und sein Herz hämmerte, als wollte es den Brustkorb sprengen. Es war, als wäre keine Luft mehr im Raum.

Munz drehte sich um. Er war untersetzt, das Gesicht scharf geschnitten, der schmallippige Mund glich einem Strich. Er schaute Vater an, in seinen Augen lag so etwas wie Ekel. Dann sagte er mit vollkommen ruhiger Stimme: »Verschwinde! Und lass dich hier nie wieder blicken!«

Vater nahm einen großen Schluck von seinem Himbeersprudel. Die kleine Person starrte ihn mit feucht glänzenden Augen an. Vater sagte, es ist, wie es ist. Munz sei ein Arschloch, sagte er. Und ein Arschloch wolle er nicht zum Vater haben. Es schien, als würden ihre Augen jeden Moment überlaufen. Vater sagte, er komme dennoch gut klar. Es bleibt einem nichts anderes übrig, sagte die kleine dünne Person. Dann erzählte sie von einem Brief, den sie in Gumbinnen erhalten hatte. Dass ihr Vater seitdem verschwunden war, ebenso ihre Mutter und ihre kleinen Geschwister.

Es gibt Geschichten, die lassen einen die Zeit vergessen. Wie spät es war, wurde ihnen erst klar, als die Bedienung sagte, das Café schließe. Der letzte Zug nach Waldstadt war weg. Die kleine Person erklärte, daran sei sie schuld. Vater sagte: Ganz und gar nicht. Und außerdem, was spiele es für eine Rolle, wenn man im Wirtshaus übernachten könne.

Im Ochsenhof gab es ein freies Zimmer. Sie folgte ihm hinauf. Sie schien es zu brauchen. Den ganzen Abend hatten ihre Augen feucht geglänzt. Und sie hatte geweint, als er sagte, sie könne stolz sein, weil sie einen rechtschaffenen Vater habe, der vor den Nazis fliehen musste. Als sie ins Zimmer kamen, gab es nur eins zu tun: sie in die Arme zu nehmen.

Das Resultat dieser Nacht bin ich. Ich war ein Kind des Trostes. Oder der Treulosigkeit, das aber begriff ich damals nicht. Erst als ich Alois traf. Vater sagte immer, ich sei ein Kind der Liebe.

Als er erfuhr, dass er Mutter in jener Nacht ein Kind gemacht hatte, gab es nur noch sie und ihn. Die Frauen mit den großen, bebenden Brüsten konnten ihm gestohlen bleiben. Er war ein anständiger Mann. Er würde sie heiraten und sein Leben lang lieben, in Freud und Leid. Und Vater werden, ein richtiger Vater, der immer für sein Kind da war. So geschah es auch. Wie stets, wenn Vater sich zu etwas entschloss.

Es dauerte ein paar Monate, bevor sie heirateten. Vielleicht zögerte Mutter. Vater sagte, sie sei die schönste Braut gewesen, die man sich vorstellen könne, habe einen wunderbaren Bauch gehabt, rund wie eine Kugel, als es schließlich zur Hochzeit kam.

Und er hatte für Mutter ein Hochzeitsgeschenk: Rembrandts Bild der Judenbraut, auf der ihr der Bräutigam die Hand aufs Herz legt, als müsste man das Herz beschützen. Das hing über der Küchenbank, als wir in Waldstadt wohnten, in Stuttgart jedoch nicht. In Stuttgart hatten wir ordentliche Ölgemälde an den Wänden, keine Kunstdrucke.

GESCHICHTEN VOM PARADIES

Vom Hut des Zauberers und der Flamme in Berlin

Eines Tages, als ich auf der Küchenbank lag und ein Indianerbuch las, änderte sich unser Leben. Mutter schrie auf und ließ das Strickzeug fallen. Dann sprang sie vom Stuhl hoch und warf sich auf mich. Umarmte mich krampfhaft, während ihr die Tränen übers Gesicht liefen. Der Radiosprecher, der mit der Namensliste der Personen fortfuhr, die im Krieg verschwunden waren, und derjenigen, die ihre Angehörigen finden wollten, hatte Luzies Namen genannt.

Mutters ältere Schwester war nach dem Krieg in Reutlingen gelandet, ohne zu ahnen, dass ihre kleine Schwester kaum neunzig Kilometer von ihr entfernt wohnte. Mit ihren kindlichen Buchstaben schrieb Mutter noch am selben Tag einen langen Brief an sie. Und die Antwort von Luzie kam rasch, in energischer, eleganter Schrift verfasst. Komm, schrieb sie, oder ich komme. Mutter fand, es sei das Beste, wenn wir hinfuhren, sie und ich, ohne Vater.

Der Zug hatte die letzten Häuser Waldstadts hinter sich gelassen, als Mutter die Augen schloss. Sie sei müde, sagte sie, habe die Nacht zuvor kaum schlafen können. Vielleicht ist das so, wenn zwei Leben aufeinandertreffen, das, das sie jetzt führte, und das, das sie früher geführt hatte. Wenn sie von Ostpreußen erzählte, begriff man, das Leben dort hatte so viel Glanz und Kraft besessen, dass es alles in Waldstadt übertraf. Mich ausgenommen, die ich, wie Mutter sagte, ihr Ein und Alles war.

Luzie wohnte nicht weit vom Bahnhof entfernt, in einem alten Haus, dessen Tor zwei Seejungfrauen bewachten. Die eine hatte ein Einschussloch am Hals und bloß noch eine Brust, die linke hatte eine Bombe oder Granate weggerissen. Der anderen Seejungfrau fehlte ein Stück ihrer Schwanzflosse. Das Haus nebenan war eine ausgebrannte Ruine.

Wir stiegen eine breite steinerne Treppe hinauf bis zu Luzies Wohnung in der dritten Etage. Unsere Schritte hallten, während sie auf unserer Holztreppe in Waldstadt knarrten. Als wir vor Luzies Tür standen, sagte Mutter, ich solle noch etwas warten, bevor ich auf den Klingelknopf drückte. Sie sagte nicht, warum. Ich sah jedoch, wie ihr das Herz in der Halsgrube klopfte.

Als ich schließlich auf die Klingel drücken durfte, ertönte ein Läuten. Dann wurde es still, als hielte das Haus den Atem an, während Mutter mich ein bisschen zu fest an der Hand hielt. Nach einer Weile waren Schritte zu vernehmen, ein Trommeln, das näher und näher kam. Und die Tür ging auf wie ein Vorhang im Theater.

Und da stand sie, Tante Luzie, unanfechtbar in jeder Hinsicht, mit einem Gesicht, in dem jeder Zug vollendet war, und mit einem schmalen Hals, der an einen Schwan erinnerte. Und obgleich sie kleiner und graziler war als Mutter, war sie in gewisser Weise groß, viel größer als wir. Und sie sagte »Rose« mit einer dunklen, leicht verhangenen Stimme, als wäre sie einem Märchen aus *Tausendundeiner Nacht* entstiegen. Auch ihr Haar passte dazu, es war lang und glänzte schwarz.

Die Schwestern umarmten sich. Dann nahm Luzie mich in die Arme. Ich geriet mit dem Kopf zwischen ihre Brüste, die herrlich nach Parfüm dufteten.

Die Wohnung, die Luzie mit ihrem Mann bewohnte, war groß. Es gab viel Platz in allen Zimmern, obwohl überall Bücher lagen.

Und alles glänzte irgendwie, auch die Tür zum Bad, die verschlossen war. Luzie nahm einen Schlüssel und schloss auf, mit einer Miene, als sollten wir Zutritt zur Schatzkammer oder zu einem Heiligtum erhalten.

Als sie die Tür mit Schwung öffnete, griff Mutter nach meiner Hand. Zwei Bretter waren quer über die Türöffnung genagelt, und dahinter lag ein gähnender Abgrund anstelle eines Zimmers. Das war eine Bombe, sagte Luzie mit triumphierendem Lächeln auf unsere Reaktion. Der Bombenkrater war noch unanfechtbarer als sie selbst.

Sobald wir an dem großen, runden, blendend weiß gedeckten Tisch saßen und Luzie ein paar Stücke Schwarzwälder Kirschtorte sowie Saft und Kaffee aufgetragen hatte – echten Bohnenkaffee, nicht den üblichen Muckefuck –, berichtete sie von der großen Neuigkeit, damit könne sie nicht warten, sagte sie, alles über ihrer beider Leben könnten sie sich hinterher erzählen. Sie hatte erfahren, dass Ewald den Krieg überlebt habe. Hatte zu einem seiner Kameraden Kontakt aufgenommen. Und Mutter weinte von Neuem, als würde all ihr Sehnen zu einem einzigen großen Strom.

Der Kamerad und Ewald hatten sich als Kriegsgefangene in einem Lager in Yorkshire kennengelernt. Ewald war nach ihrer Freilassung in England geblieben, wegen einer Frau, schrieb der Kamerad, während er selbst heimgefahren war. Erst hätten sie im Briefwechsel miteinander gestanden, mit der Zeit aber immer weniger. Im letzten Brief hatte Ewald mitgeteilt, er versuche, in London beim Theater Fuß zu fassen, aber das sei schwierig. Er bekomme nur kleine Rollen, müsse sich mit Übersetzungen durchschlagen. Allerdings hatte er sich mit einer Mabel verlobt, die Sozialistin war, obgleich ihr Vater mehrere Brauereien besaß.

Weitere Briefe blieben aus. Und die Briefe des Kameraden kamen mit dem Stempel zurück: Adressat unbekannt.

Luzie spießte einen Happen Schwarzwälder Kirschtorte auf und ließ ihn in ihrem perfekt geschminkten Mund verschwinden. Während Mutter darauf hinwies, dass ihr Vater stets der Meinung gewesen sei, die Engländer hätten Stil, im Gegensatz zu den Nazis. Und Ewald habe ihm immer in allem zugestimmt. Sie könne ihn sich gut als englischen Gentleman vorstellen. Als mir ein Stückchen Torte auf die Tischdecke fiel, zeigte sich Mutter weder peinlich berührt, noch wurde sie böse, denn plötzlich tönte über allem, sogar über dem Bombenkrater: Nächstes Jahr in London!

Gegen Abend kam Eugen. Luzie nannte ihn ihren Mann, obwohl sie nicht miteinander verheiratet waren. Seine Frau war während des Krieges verschwunden. Sollte sie auftauchen, würde er sich scheiden lassen. Andernfalls würde man sie nach einer gewissen Anzahl von Jahren für tot erklären. Und dann standen dem Witwer Tür und Tor offen. Man hatte das Gefühl, Eugens Frau hätte ihm nicht die ganze Welt bedeutet, Luzie aber schon.

Eugen war Journalist beim *Reutlinger General-Anzeiger*, er war ein kleiner, graziler Mann in brauner Cordhose, einem weißen Hemd und einem braunen, handgestrickten Westover. Unter seinem Kinn, das klein und rosig war, leuchtete, anstelle eines Schlipses, eine große rote Fliege. Und über dem weichen, fast weiblich wirkenden Mund glänzte ein blonder, perfekt gestutzter Schnurrbart. Er hatte zwei Flaschen Sekt mitgebracht. Denn jetzt müsse gefeiert werden, rief er. Und er küsste Mutter die Hand und nannte sie »liebste Schwägerin«. Dann zerzauste er mir die Haare und nannte mich sein süßes kleines Mädchen. Danach nahm er Luzie in die Arme, als hätten sie sich mindestens ein Jahr nicht gesehen. Und Luzies Blick verschwamm, als wäre sie plötzlich uneingeschränkt willig.

Nach dem Essen knallten die Korken. Eugen hielt eine Rede auf die Schönheiten, die ihn umgaben. Luzie lächelte ihm mit leicht geöffneten, sektfeuchten Lippen zu. Und Mutter kicherte, als Eugen ihr leeres Glas immer vom Neuem füllte. Und sie sagte nicht Nein, als Eugen ihr sein Etui hinhielt mit Zigaretten der Marke Gauloises. Sie, die sonst nie rauchte, sog den Rauch mit halb geschlossenen Lidern ein, als genösse sie es in vollen Zügen. Ich lag auf dem Sofa, hatte mich geweigert, allein in dem Zimmer zu schlafen, wo Luzie für Mutter und mich Betten bezogen hatte. Nicht, weil ich Angst hatte, sondern weil alles so mysteriös war.

Am Nachmittag des nächsten Tages fuhren wir heim. Mutter schwieg, sie habe Kopfschmerzen, sagte sie. Ich dachte an das, was Luzie mir am Morgen erklärt hatte: Alle seien sie beschwipst gewesen. So ist es, wenn man Sekt trinkt, sagte sie zu mir, als sie einen Kaffee brühte, der Tote erwecken konnte, man wird betrunken auf eine ganz bestimmte Weise. Oder verzaubert, dachte ich. Für mich war der Schaumwein so etwas wie der Hut des Zauberers. Aus dem Hut kam eine andere Mutter hervor, eine Mutter, der bekleckerte Tischdecken egal waren und die wie verrückt kicherte.

Es vergingen mehrere Monate, bis die nächste Neuigkeit eintraf. Wir waren wiederholt nach Reutlingen gefahren. Luzie und Eugen hatten uns nur ein einziges Mal besucht. Da hatte Mutter nicht gekichert, sondern sich dafür entschuldigt, dass unser Zuhause so eng und schäbig war. Als Luzie und Eugen heimgefahren waren, ging Vater auf den Hof hinunter und spielte, bis es dunkel wurde, Waldhorn. Als er zurückkam, ging er, ohne ein Wort zu sagen, ins Bett. Am nächsten Tag erklärte er, es sei das Beste, wenn wir Luzie in Zukunft in Reutlingen träfen.

Luzie hatte Mabel aufgespürt, die einen langen Brief geschickt hatte. Sie wusste nicht, wo Ewald war, und schuld daran sei sie. Angefangen hatte es damit, dass Ewald immer mehr in Panik geriet. Er fand, dass er in London sein Leben verschwendete mit dem Übersetzen von Gebrauchsanweisungen und den winzigen Rollen, die er in kleinen, unbedeutenden Theatern spielte, während das Theater in Deutschland bei dem großen Projekt, eine neue sozialistische Gesellschaft zu errichten, eine führende Position einnahm, auf jeden Fall das Theater in Ostberlin. Immer wieder hatte er gesagt, sie müssten dorthin ziehen. Eines Abends hatte sie gefragt, ob er auch nach Berlin gehen würde, wenn sie nicht mitkäme. Er hatte sie angesehen, als befände er sich bereits dort, und hatte Ja gesagt. Das hatte so wehgetan, dass sie mit ihm Schluss gemacht hatte. Als sie es am nächsten Tag bereute, war er weg, war einfach spurlos verschwunden.

Nach ein paar Wochen ohne das geringste Lebenszeichen von ihm war sie nach Ostberlin gefahren. Hatte in jedem Theater nach ihm gefragt, ihn jedoch nirgends gefunden. Einmal, als sie herumgeirrt war, meinte sie, ihn in einer Volksmenge vor einem Kino zu erblicken, er stand da, auf eine Weise, wie nur er stehen konnte, ein Prinz mit flatternden Haaren. Als sie sich zu der Stelle vorgedrängt hatte, war er nicht mehr da. Sie würde ein Königreich für seine Adresse geben. Als Luzie das vor Eugen erwähnte, sagte der: Warum denn keine Brauerei?

Wir fuhren erneut nach Reutlingen, um Pläne zu schmieden. Am Abend tauchte Eugen auf, wie immer mit zwei Flaschen Sekt. Und einer Flasche Danziger Goldwasser, in der im klaren Alkohol Goldflöckchen schwammen. Diesmal, sagten sie, wollten sie Ewalds Heimkehr groß begießen. Mutter rauchte schon wieder, und ein Goldflöckchen glänzte auf ihrer Lippe. Bei jedem Anstoßen rief sie: Nächstes Jahr in Berlin!

Eugen hatte eine Cousine in Ostberlin, die Nachforschungen anstellen sollte. Mutter war bester Stimmung. In den Nächten schrie sie weniger, es schien, als hätten die Albträume vom Krieg ihren Griff gelockert. Sie träume oft von Ostpreußen, sagte sie, vielleicht träumte sie auch von Berlin. Ich dachte, wir könnten doch alle dorthin ziehen. Ewald würde Theater spielen und Vater auf seinem goldenen Waldhorn, an der Spitze derer, die die neue Gesellschaft aufbauten. Und Mutter, Luzie und Eugen würden beschwipst sein.

Dann kam der Tag, als Mutter sich mit einem neuen Brief von Luzie auf die Küchenbank setzte. Beim Lesen begann sie zu zittern. Und als sie aufschaute, war ihr Blick verschwommen, als wäre sie unter Wasser gelandet.

Eugens Cousine hatte eine von Ewalds alten Flammen aufgetrieben. Die erzählte, Ewald sei an verschiedenen Ostberliner Bühnen aufgetreten, doch nie bei Brecht, der für ihn der Größte war. Bei Brecht gab es das Neue Theater, bei dem alles gedankenlose Psychologisieren, alle Gefühlsduselei weggefegt worden waren, ein Theater, das das Publikum zum Denken anregte. Ewald aber konnte nicht begreifen, warum man nicht vollkommen beliebig denken durfte, wenn man eine neue Gesellschaft errichtete, warum es keine Zeit für Zweifel gab, wenn etwas Großes aufgebaut werden sollte. Man nannte ihn Revisionist, und er bekam immer weniger Rollen.

Der Aufruhr vom 17. Juni 1953 beendete ihre Beziehung. Ewald weigerte sich einzusehen, dass dieser das Werk von Provokateuren und faschistischen Agenten war. Er war verblendet, sagte die Flamme, behauptete, es sei ein Aufstand des Volkes gegen die Unterdrückung der diktatorischen Partei. Nicht einmal als er erfuhr, dass Brecht am selben Tag einen Brief geschrieben hatte, in dem er seine Verbundenheit mit der Partei erklärte, änderte Ewald seine Meinung in Bezug auf das Volk, nur was sie und Brecht anbetraf. Er schrie, er habe alles satt, sie, das Theater und ganz Berlin. Und er ging, mitten in der Antwort, die sie ihm an den Kopf geworfen hatte, und knallte die Tür hinter sich zu. Später schrieb er einen Brief aus Augustenruh, einem gottverlassenen Nest, in dem seine Eltern und Brüder auf einem Hof lebten. Einen ruhigen, wohlformulierten Brief, in dem er ihr für all das Schöne dankte, was sie trotz allem gemeinsam erlebt hatten.

Mutter las Luzies Brief laut vor. Als sie sich dem Schluss näherte, musste sie sich immer wieder unterbrechen. Als schnürte ihr etwas die Kehle zu. Doch sie weinte nicht. Als sie am Ende angekommen war, saß sie nur wie gelähmt da, den Brief im Schoß. Ich fragte, ob wir nach Augustenruh fahren würden. Sie gab keine Antwort, vielleicht hatte sie meine Frage nicht gehört. Als ich noch einmal fragte, sagte sie Ja, ganz leise, als spräche sie nur zu sich selbst.

Vom König in Augustenruh

Es war in den Sommerferien, als Mutter und ich nach Augustenruh fuhren, nur wir beide, ohne Vater. Wir wollten die ganzen Ferien über dortbleiben. Vater hatte das Patent für eine seiner Erfindungen verkauft, damit wir uns die Reise leisten konnten. Ständig erfand er neue Dinge, ihm flogen die Ideen zu wie die Bienen den Blumen. Und Mutter und ich machten uns auf den Weg, mit zwei neu gekauften Koffern, die wir mit neu gekaufter Kleidung und mit Lebensmitteln vollstopften, die in der DDR schwer zu haben waren: echtem Bohnenkaffee, Schweizer Schokolade, englischem

Pfeifentabak und Bananen, die in Augustenruh noch keiner gesehen hatte.

Mutter war während der ganzen Fahrt schweigsam, obwohl sie am Abend zuvor nicht beschwipst gewesen war. Sie saß zurückgelehnt da, blass, mit ernstem Gesicht, und blickte auf die vorbeifliegende Landschaft. Ich las ein Buch mit griechischen Sagen. Erst als wir uns dem Ziel näherten, wurde sie munterer. Bürstete sich die Haare und schminkte sich die Lippen, obgleich sie das sonst nie tat, nicht einmal, wenn wir nach Reutlingen fuhren.

In Mistorf, einem Ort nicht weit von Güstrow, wo es einen Bahnhof gab, holte man uns ab. Es war Ewald, der auf dem Bahnsteig stand, die Hände in den Taschen, in weißem Hemd und heller Hose, die wie seine dunkelblonden Haare im Wind flatterten.

Er strahlte etwas Leichtes und Freies aus. Und Kraft. Vielleicht lag das an seinem Gesicht, den ausgeprägten Wangenknochen, dem männlichen Kinn, oder an seiner Haltung, er sah aus wie ein Mann, der für seine Sache einsteht. Er lächelte übers ganze Gesicht, mit einem Mund, der weich und sinnlich war. Und seine Augen glitzerten, als säßen kleine Sonnen darin. Als Mutter ihn erblickte, ließ sie die Koffer fallen und warf sich ihm in die Arme. Und er hob sie in die Höhe, hoch in den Himmel, als wäre das ein Kinderspiel.

Wir fuhren mit einem Leiterwagen, den ein großes, breites Pferd zog, das Phaeton hieß. Ewald sagte, im Moment spiele er den Bauern und glaube, in seiner Rolle recht überzeugend zu sein. Und Mutter kicherte, die ganze Strecke bis Augustenruh kicherte sie über alles, was er sagte. Und sie lehnte sich an ihn, während sie unentwegt redeten, als setzten sie ein Gespräch vom Vortag fort.

Es ging durch eine sanft hügelige Landschaft, durch üppige Wiesen und wogende Felder. Hier und da tauchte ein See auf.

Mutter sagte, hier sehe es aus wie in Ostpreußen. Und Ewald antwortete, dann könnten sie ja wieder träumen. Ja, sagte Mutter und verstummte. Sie saß jetzt kerzengerade da, und irgendetwas huschte über ihr Gesicht. Ewald hatte es vielleicht gesehen, denn er legte seinen Arm um sie und hielt die Zügel nur mit einer Hand.

Wir bogen in eine Allee ein, in der mächtige Linden ein grünschattiges Gewölbe bildeten. Am Ende der Allee lag ein großes, altes Gutshaus aus roten Ziegelsteinen, die jedoch kaum zu sehen waren, Kletterrosen bestimmten das Bild. Eine breite Steintreppe führte zu einer Art Terrasse empor, mit einer großen schwarzen Eingangstür, einem richtigen Portal mit einem Bronzelöwen, der einen Klopfring im Maul trug. Ein Stück vom Haus entfernt, hinter hohen, alten Bäumen, war ein Stall zu sehen. Auf seinem Dach befand sich ein Storchennest mit einem echten lebendigen Storch. Ein Hahn rannte über den Vorplatz, der mit frisch geharktem Kies bedeckt war. Da kommt Shakespeare, sagte Ewald und zeigte auf seinen Hahn, der frei herumlaufen durfte.

Wir hatten kaum die erste Stufe erklommen, als Großmutter aus dem Haus geeilt kam. Sie war eine kleine Frau und trug ein schlichtes dunkelblaues Kleid. Ihr Haar, einst ein schwarz glänzender Himmelsspiegel, war grau geworden. Ihr Gesicht glich dem auf dem Foto, es sah aus, als hätte sie ihr Leben lang dagestanden und auf eine endlose sibirische Steppe geschaut. Und sie lächelte so, als währte die Freude nur wenige Augenblicke.

Mutter fasste mich bei der Hand und stieg die Treppe hinauf, langsam, als bereitete ihr jeder Schritt Mühe. Großmutter sah uns mit immer feuchterem Blick an. Als wir die Terrasse erreicht hatten, stürzte sie auf uns zu und nahm Mutter in die Arme. Es sah aus, als würden sie sich aneinander festklammern, beide weinten. Und Großmutter sagte immer wieder: »Mein Kind, mein

Kind«, als wüsste Mutter das nicht mehr selbst. Dann schnäuzte sich Großmutter, bevor sie mich umarmte.

Großvater sei nicht zu Hause, sagte Großmutter, er sei zum See gegangen, um die Netze einzuholen. Onkel Hubert und seine Frau würden heimkommen, wenn sie ihren Arbeitstag in Lüssow beendet hatten. Während Onkel Alfred, der in Güstrow wohnte, erst am Wochenende herauskomme.

Sie führte uns zur Terrasse auf der Rückseite des Hauses, wo wir eine Weile saßen und kalten Kirschsaft aus schweren Kristallgläsern tranken. Dann durften wir das Haus besichtigen. Mutter sah aus, als tanzte sie. Hier gab es diesen Lichtstreif, den gleichen Lichtstreif wie in Ostpreußen, in dem man von Zimmer zu Zimmer gehen konnte. Es spielte keine Rolle, dass die Tapeten Löcher hatten und an der Decke hier und da der Putz abblätterte. Mutter tanzte durch die Räume, wie sie es in jungen Jahren getan haben musste.

Und Großmutter zeigte uns unser Zimmer, das so groß war wie die gesamte Mansardenwohnung in Waldstadt. In einer Ecke stand ein Kachelofen mit Messingtüren, die für mich aus Gold zu sein schienen. Die Fenster hatten Sprossen und waren höher als Mutter. Und was für Gardinen! Sie waren aus dünner weißer Spitze und strichen im leichten Windzug flatternd über den Boden. Plötzlich verstand ich, dass Mutter früher die Tochter des Königs gewesen war.

Nach dem Rundgang setzten wir uns wieder auf die Terrasse. Großmutter sah Mutter an, als könnte sie ihren Augen nicht trauen, während Ewald und Mutter herumflachsten. Einmal zog er sie an den Haaren, und sie streckte ihm die Zunge raus, obgleich sie mir ständig erklärt hatte, das sei hässlich und man tue so etwas nicht. Dann sagte sie, ich könne ruhig nach draußen laufen, wenn ich mich nur nicht zu weit entfernte.

Ich rannte in den Blumengarten hinunter, weg von ihnen, auf eine Straße hinaus, auf deren einer Seite niedrige Backsteinhäuser standen. Ihnen gegenüber lag eine Weide mit Kühen und Kälbern. Und Felder, durch die sich ein Pfad schlängelte: Flachsfelder, die blau schimmerten, als hätte der frühe Abendhimmel seinen Glanz darauf zurückgelassen, aber auch rot flammende Klatschmohnfelder und Getreidefelder voller leise zitterndem Hafer und wogendem Roggen und Weizen. Nirgendwo gab es Berge, nur eine sanft hügelige Landschaft, die aussah, als hätte sie jemand mit streichelnder Hand geformt.

Der Himmel war eine große, offene Weite, glich nicht wie in Schwaben einem Gewölbe. Ich sah die Schwalben, die zwitschernd umherschwirrten. Sie finden ihren Platz, dachte ich, auch wenn er Tausende Kilometer entfernt ist. Ihren Platz in Afrika und ihren Platz hier. Welcher aber ist ihr Zuhause? Ist es der, an dem man geboren ist? Oder der, nach dem man sich sehnt?

Als ich einen kleinen Hügel passiert hatte, tauchte eine sumpfige Wiese auf, wo ein Storch umherstakte. Mutter hatte von den Sumpfwiesen in Ostpreußen erzählt, die Menschen und Tiere schlucken konnten. Vielleicht lag auch hier tief unten eine Kuh, die man erst in fünfhundert Jahren finden würde. Oder ein Kind, das auf alle Verbote gepfiffen hatte, ein Kind, das um Hilfe gerufen hatte, bevor ihm der Schlamm in den Mund quoll.

Von der anderen Seite der Sumpfwiese kam mir ein Mann entgegen. Die Hosenbeine hatte er bis zu den Knien hochgekrempelt. Die Hose war beige und wurde von breiten roten Hosenträgern gehalten, und das Hemd war blau wie der Himmel. Auf dem Kopf trug er einen alten Strohhut, doch nichts an den Füßen. Ich hatte Schuhe an, neue weiße Sandalen, und ein weißes Kleid, mit gestickten blauen Blümchen am Saum. Daheim in Waldstadt rannte ich im Sommer barfuß herum, genau wie dieser Hutmann.

Und ich hatte kurze Hosen an, damit ich auf Bäume klettern konnte, so hoch, wie es nur ging.

Der Hutmann lief mit federnden Schritten, in den Händen zwei große Eimer. Vielleicht hatte die Schwerkraft keine richtige Macht über ihn. Ich zögerte, ob ich weitergehen oder umkehren sollte. Bevor ich mich zu etwas entschließen konnte, rief er: Hallo!

Ich blieb stehen, während er sich zu beeilen schien, als wäre ich sein Ziel. Als er vor mir stand, sah ich, dass er die gleichen blaugrünen Augen hatte wie ich. Und sie glitzerten wie ein ganzes Feuerwerk mit Kaskaden von Sternen, die auf mich herabregneten, während er meinen Namen sagte und fragte, ob ich das sei. Ja, sagte ich. »Gut«, sagte er. »Dann bin ich dein Großvater.«

Ich war verwirrt. Mutter hatte gesagt, ihr Vater sehe aus wie ein König. Der Hutmann glich einem Landstreicher, höchstens noch einem Dichter. Er zeigte mir seine Eimer, als enthielten sie einen Schatz. In dem einen lagen kleine glänzende Fische mit roten Bauchflossen, in dem anderen schwarze Krebse, die beim Übereinanderklettern klickten und klackten.

Dann sagte er: »Komm, wir gehen nach Hause.« Ich nickte bloß, mir fiel kein einziges Wort ein. Auch als ich auf dem Heimweg neben ihm herging, schwieg ich. Vielleicht fing Großvater deshalb an zu pfeifen, etwas Unbeschwertes, Jazziges, das zu seinen Schritten passte.

Als wir die große Diele betraten, rief er erneut: Hallo. Großmutter kam angelaufen und nahm ihm die Eimer ab. Sie sagte leise, als wäre das ein Geheimnis, Mutter sitze mit Ewald auf der Terrasse. Aha, sagte Großvater leichthin und ging mit federndem Schritt nach draußen, mich im Schlepptau.

Mutter saß im Korbsessel am Rand, die Schultern hochgezogen, als fröre sie, obwohl es doch warm war. Ewald, neben ihr, hatte eine Hand auf ihr Knie gelegt. Sie saß einfach nur da, obwohl

Großvater ihren Namen nannte. Er musste zu ihr hingehen und sie an sich ziehen. Sie glich einer Stoffpuppe mit baumelnden Armen. Erst als Großvaters Mund ihre Stirn berührte, erwachte sie zum Leben. Und begann zu weinen, wie ich es noch nie zuvor bei ihr gehört hatte, wie ein kleines Kind. Und Großvater hielt sie weiter in den Armen. Einen Moment konnte ich sein Gesicht erblicken. Er sah sehr konzentriert aus.

Mitten in Mutters Schluchzen stand Ewald auf und sagte, ich solle ihm helfen, den Krimsekt zu holen. Nun müsse gefeiert werden, dass die verlorene Tochter heimgekehrt war. Ich folgte ihm, ohne zu zögern. Eine Mutter sollte nicht auf diese Weise weinen. Und ein König sollte ein König sein. Alles war so komisch in Augustenruh.

Und all die komischen Wörter, die Großmutter sagte, während der Krimsekt in Strömen floss, zum Beispiel El-Pe-Ge. Damals wusste ich nicht, dass es die Abkürzung für Landwirtschaftliche Produktionsgenossenschaft war, eine Art Kolchos, zu dem Augustenruh geworden war. Großmutter sagte El-Pe-Ge, so wie Großvater Gott sagte. Und sie nannte die El-Pe-Ge-Leute Genossen. Ich war nicht sicher, ob Mutter und ich dazugehörten. Wir wohnten schließlich in der Be-Err-De, der Bastion des Kapitalismus, was immer das auch sein sollte. Während die De-De-Err die neue Gesellschaft aufgebaut hatte, wo alle gleich waren, dank der Ess-E-De, der Staatspartei, der einzigen, die es in der De-De-Err gab.

Großvater zündete sich eine Pfeife an, während Großmutter ihre komischen Wörter sagte. Und dann rauchte er mit halb geschlossenen Augen, genussvoll, als wären Le-Pe-Ge und Ess-E-De und Be-Err-De eine Art Do-Re-Mi für ihn, eine sozialistische Tonleiter, die immer in Dur stand, auch wenn die Welt in Moll erklang. Es sei ein Tag der Freude, sagte er und prostete Mutter zu. Seiner

Meinung nach gebe es niemanden, der so gut zu seinem eigenen Namen passte wie sie, sie gleiche wahrhaftig einer blühenden Rose. Großmutter und Ewald stimmten ihm zu und stießen auf Mutter an. Auch sie erhob ihr Glas und lächelte mit rot geweinten Augen, trotzdem aber übers ganze Gesicht.

Ich begriff überhaupt nichts. Augustenruh war eine andere Welt. Ich ahnte nicht, dass sie meine werden würde.

Es gab ein Zimmer im Haus, das wirkte wie ein Magnet: Großvaters Zimmer, wo überall Bücher lagen. In den Regalen, die die Wände bedeckten, auf einem langen Bibliothekstisch in der Mitte des Raumes und auf seinem Schreibtisch. Ich selbst hatte sechsunddreißig Bücher, kein anderes Kind in Waldstadt besaß so viele wie ich. Und aus der Bibliothek trug ich ganze Stapel von Büchern nach Hause, die ich nach Mutters Worten verschlang. Doch sie hatte unrecht: Es waren die Bücher, die mich verschlangen.

Ich lebte in ihnen, sie waren meine Wirklichkeit. Ich war das kleine Mädchen mit den Schwefelhölzern, das am Silvesterabend an einer Straßenecke im Schnee saß und vor Kälte zitterte, weshalb ich ein Schwefelhölzchen nach dem anderen anstrich und mir vorstellte, sie wären ein Ofen mit wunderbar wärmendem Feuer. Und kurz bevor ich erfror, kam jemand und legte mir seinen Pelz um die Schultern, einen großen, schönen Wolfspelz, genauso einen, wie Großvater Mutter umgelegt hatte.

Oder ich war der kleine Junge in Ägypten, wo der Pharao alle männlichen Neugeborenen umbringen wollte. Ich sah die tränennassen Wangen meiner Mutter, als sie mich auf eine dicke, weiche Decke in ein Körbchen aus Schilfrohr legte, das sie mit Erdharz und Pech bestrichen hatte. Und ich hörte ihr Schluchzen, als ich in meinem Körbchen auf dem großen Nil davontrieb, immer weiter fort, bis nur noch der Fluss, die Vögel und das Rauschen der

Bäume zu hören waren. Und meine eigenen Schreie, schwächer und schwächer, als triebe ich auch von mir selbst fort. Kurz bevor ich sterben sollte, öffnete jemand den Deckel des Körbchens und nahm mich heraus, jemand mit warmen, weichen Armen, der gut duftete, jemand, der mir einen Namen gab, Moses, denn meinen eigenen Namen hatte ich zurückgelassen.

Es war herrlich, gerettet zu werden. Und herrlich, zu retten, als ich dann Moses und groß geworden war und nur meinen Stab zu heben brauchte, um das Meer zu teilen, sodass alle, die mir folgten, trockenen Fußes ins Gelobte Land gelangten. Auf seltsame Weise gehörten das Retten und das Gerettetwerden zusammen.

Die Bücher waren Tore zu neuen Welten, die sich in mir auftaten, Welten, die von da an stark und sichtbar existierten. Und hier gab es nun ein Zimmer, voll mit Tausenden von Toren, mitten in der De-De-Err. Es war ein nach Pfeifenrauch duftendes Königreich, in das ich gekommen war.

Ich ging an den Regalen entlang und las Autorennamen und Titel. Berührte die Bücher, als könnten meine Finger fühlen, was sich in ihnen befand. Am Fenster stand ein großer Lesesessel aus braunem Leder, daneben ein Tisch, auf dem ein großes, schweres Buch aufgeschlagen lag. Die eine Seite zeigte ein Bild. Darauf sah man einen Vogelmenschen mit einem großen Messingkessel auf seinem Vogelkopf und zwei Tonkrügen an seinen Menschenfüßen, der gerade einen anderen Menschen verschlang, einen nackten armen Kerl, der sich nicht wehrte, der vielleicht schon tot war. Vielleicht kamen ja deshalb aus seinem Gesäß schwarze Vögel geflogen, in einer dunklen Rauchexplosion. Vielleicht war das ja so, wenn man starb. Ich hatte noch nie so etwas Merkwürdiges gesehen.

Plötzlich spürte ich einen Blick. Großvater stand in der Tür und sah mich an, und seine Augen begannen erneut zu glitzern.

Ob ich wisse, wer das Bild gemalt hat, fragte er. Als ich den Kopf schüttelte, erklärte er, es sei ein Maler namens Hieronymus Bosch gewesen. Er konnte etwas, das nur wenige konnten: Er war imstande, die innersten Ängste und Träume der Menschen darzustellen. Dann ging Großvater quer durch den Raum in ein angrenzendes kleineres Zimmer, wo er zwischen Bildern, die die Wände bedeckten, schlief.

Ich blätterte weiter. Auf der nächsten Seite sah man ein nacktes Paar in einer Kugel sitzen. Der Mann hatte seine Hand auf den Bauch der Frau gelegt, während die Frau seinen Schenkel berührte. Er sah aus, als wollte er sie küssen. Und sie sah aus, als brauchte sie das, sie wirkte so ungemein traurig.

Ich hörte kaum, dass Großvater zurückkehrte. Er hatte sich umgezogen, trug jetzt eine erdbraune Hose, ein weißes Leinenhemd und eine beige Weste, mit Leichtigkeit hätte er auf einem der riesigen Vögel reiten können, die das nebenstehende Bild zeigte.

Wir aßen in einer geräumigen Küche mit Herd und Kachelofen. Hubert und seine Frau waren ebenfalls erschienen. Auch ein junger Mann war dabei, der Paulchen hieß und Großvater im Garten half. Schwer zu sagen, was in breiteren Strömen floss, die Freude oder der Krimsekt. Großvater sagte, das hier sei ein Glückstag in seinem Leben. Alle waren fröhlich. Auch Mutter, obwohl manchmal mit feuchtem Blick, als wäre sie erneut den Tränen nahe.

Sie aß nur spärlich, obwohl das Essen wundervoll war. Auf einer Platte lagen knusprig gebratene Barsche, die Großvater frisch aus dem See gezogen hatte, auf einer anderen gefüllte Brathühner und auf einer dritten gebratene Würstchen, die, wie Großmutter erklärte, Grützwürste hießen und die Mutter als Kind geliebt hatte. Und es gab Schüsseln mit dampfenden Kartoffeln und mit Salat, Radieschen und Zuckererbsen. Und mittendrin stand eine große Vase voller Rosen, die einen lieblichen Duft verbreiteten, wie vor langer Zeit auf dem Esstisch in Ostpreußen.

Großmutter achtete darauf, dass alle ordentlich zulangten, auch Mutter. Sie müsse essen, sagte sie, sie habe eine sehr, sehr lange Reise hinter sich. Und Mutter nickte mit Augen, die von Neuem fast überliefen.

Nach der Mahlzeit setzten wir uns auf die Terrasse. Mutter sollte neben Großvater sitzen. Er nahm ihre Hand und geleitete sie äußerst entschieden zum richtigen Stuhl. Und wieder huschte etwas über ihr Gesicht.

Großvater wollte alles über Mutters Leben erfahren. Ewald, der auf ihrer anderen Seite saß, steckte sich eine Zigarette an. Mutter blickte auf die fortziehenden Rauchkringel. Dann erzählte sie von Waldstadt. Es sei ein kleiner Ort, sagte sie, mehr ein größeres Dorf, und es war vom Krieg verschont geblieben. Als die Amerikaner auf Waldstadt zukamen, hatte der Bürgermeister eine Rede gehalten: Es wäre Wahnsinn, die Stadt verteidigen zu wollen. Die Häuser hier würden seit Jahrhunderten stehen, und ihre Bewohner hätten sie gehegt und gepflegt. Nun liege die Verantwortung bei ihnen, sie weiter zu schützen, sowohl mit Rücksicht auf diejenigen, die früher hier gelebt hatten, als auch auf die, die in Zukunft hier leben wollten. Er hatte eine lange Rute hochgehoben, an der ein weißes Laken festgeknüpft war, und hatte gesagt, er werde jetzt auf den Klosterberg gehen, um von dort aus mit diesem zu winken zum Zeichen, dass die Stadt bereit war aufzugeben. Wer ihm folgen wolle, könne das tun. Und die meisten Bewohner der Stadt waren mit ihm gegangen, in den Händen eigene Ruten, an denen Laken hingen. Die Amerikaner waren überwältigt, als sie mit ihren schweren Panzern angefahren kamen und den Berg erblickten, auf dem sich die Menschen drängten, über ihnen weiße, flatternde Laken, die an schwellende Wolken erinnerten.

Es wurde still. Langsam senkte sich die Dämmerung herab. Der Himmel war fast durchsichtig. Mutters Gesicht war vollkommen ruhig. Ich hatte die Geschichte nie zuvor gehört. Mutter wohnte nicht in Waldstadt, als das geschah, und Vater befand sich in Bremerhaven, als der Krieg zu Ende ging. Wer hatte ihr davon erzählt? Und warum erzählte sie es gerade jetzt?

Großvater fragte nach Vater. Mutter antwortete erst nach einer Weile, als müsste sie sich von etwas anderem losreißen, das ihre Gedanken gefangen hielt. Er entwerfe Verpackungen, sagte sie, und beschäftige sich mit Erfindungen. Und sie erwähnte seine Musik und dass er in der Laientheatergruppe der Stadt mitspiele. Nichts aber über seinen Buckel.

Großmutter sagte, es sei schade, dass Vater nicht habe mitkommen können. Mutter murmelte etwas von seiner Arbeit, dass es für ihn schwierig sei, sich länger freizunehmen. Großvater konnte sich einen Kommentar nicht verkneifen: Arbeit macht frei. Dann räkelte er sich genießerisch auf seinem Stuhl. Vielleicht wegen der süßen Düfte, die aus dem Garten herüberwehten. Oder wegen der warmen Abendluft, die alles innig umschloss. Und die Gespräche gingen weiter.

Mitten in der Nacht wachte ich auf. Ein großer, runder Mond leuchtete ins Zimmer. Ich sah Mutter, die ein Stück entfernt in ihrem Bett schlief. Da war etwas in der Dunkelheit, etwas, das mit dem Rosenduft zusammenhing, der durchs offene Fenster strömte, und mit dem Windhauch, der die Gardinen bewegte, mit der Nachtschwalbe, die irgendwo sang, und mit mir. Man konnte nicht liegen bleiben, nicht, wenn man so sehr dazugehörte. Ich stand auf und stahl mich nach draußen.

Die Tür zum Salon war nur angelehnt. Ich schlich mich hinein.

Zur Terrasse stand alles weit offen, im flutenden Mondlicht. Ich ging in die warme Nacht hinaus. Der Himmel war mit Sternen übersät. Sie waren groß, größer als in Waldstadt, fast kinderkopfgroß.

Ich entdeckte Großvater, der in einem Korbstuhl auf der Terrasse saß. Ich sagte, ich könne nicht schlafen. Er erwiderte, das sei manchmal so. Seine Gesichtszüge wirkten scharf, die Augen glänzten im Dunkeln.

Nach einer Weile fragte er, ob ich den Großen Wagen sehen könne.

Ja, sagte ich.

Es ist nicht sicher, dass es diese Sterne noch gibt, fuhr er fort. Das Licht braucht hundert Jahre, um vom Großen Wagen hierher zu gelangen. Das Licht, das wir jetzt sehen, wurde schon lange vorher abgeschickt, noch bevor es dich und mich gab. Und das Licht, das die Sterne jetzt aussenden, werden wir niemals zu Gesicht bekommen. Es kann einem schwindlig werden, wenn man sich das vorstellt, sagte er.

Mir kam ein Gedanke: Wenn dort in hundert Jahren jemand auf dem Großen Wagen stünde, könnte er Großvater und mich mit einem Fernglas sehen. Wir wären noch da, genauso wie jetzt. Das sagte ich zu Großvater.

Er lächelte, doch nicht wie am Tag. Es war ein anderes Lächeln, nicht so unbekümmert, nicht so glitzernd. Und er erwiderte, dass er und ich noch viel zu bereden hätten.

Von da an folgte ich Großvater, wohin er auch ging. Nur wenn er die Frau des El-Pe-Ge-Vorsitzenden besuchte, musste ich für mich bleiben. Und wenn er wieder einen Tag wegfuhr. Ich sei sein Schatten, sagte Mutter. Bei diesen Worten erschien eine Falte zwischen ihren Augenbrauen. Dann aber rannte sie kichernd mit Ewald los, den Mund frisch geschminkt, groß und rot.

Es war ein regnerischer Tag. Ich stand in Großvaters Schlafzimmer und betrachtete die Bilder an den Wänden. Auf einem schaute eine Madonna ihr Jesuskind an, das mit glucksendem Lachen auf ihrem Schoß stand. Sie wirkte so froh und war zugleich ungeheuer blass. Wenn man die Füße des Jesuskindes genau betrachtete, sah man, dass an einer seiner Fersen Schmutz klebte. Ich sagte es zu Großvater, der gerade seine Weste anzog.

Und er erzählte von Matthias Grünewald, der selbst ein Kind gehabt hatte. Vielleicht hatte sein Junge wie das Jesuskind gelacht, und seine Frau war ebenso froh gewesen wie die Madonna. Sie waren sich in Frankfurt begegnet, als er fast vierzig Jahre alt war, und sie war achtzehn, eine schöne Jüdin, vielleicht mit langem, lockigem Haar wie die Madonna. Sie war seinetwegen Christin geworden und hatte einen neuen Namen erhalten: Anna Grünewald.

Vier Jahre hatten sie zusammengelebt und ein kleines Kind bekommen, und Grünewald hatte dieses Bild gemalt, das *Stuppacher Madonna* hieß, mit der Stadt und ihrer gewaltigen Kathedrale im Hintergrund und hohen, schneebedeckten Bergen jenseits der Stadt. Und dunklen Wolken über allem, als würde ein Sturm aufziehen. Es half nichts, dass sich der Himmel öffnete und Engel im goldenen Glanz mit ausgebreiteten Flügeln herabschwebten. Die dunklen Wolken blieben. Und das Gesicht der Madonna, so blass, als würde es sich jeden Moment in Dunst auflösen. Nur die Augen und der Mund waren noch deutlich und klar zu erkennen.

Elf Jahre nachdem Grünewald die Madonna gemalt hatte, verließ er Frankfurt zusammen mit seinem Kind. Seine Frau hatte man in das Heilig-Geist-Spital, eine Irrenanstalt, gesperrt. Sie wusste nicht mehr, wer sie oder wer er oder ihr Kind waren, alles hatte sich aufgelöst. Und Grünewald hatte Schulden und alles verkaufen müssen. Er machte sich auf den Weg, fort von dem, was einst sein Leben gewesen war, an einem frühen Aprilmorgen des Jahres 1527, mit dem Kind an der Hand. Vielleicht hatte er bereits geahnt, was geschehen sollte, als er die Madonna malte.

Und dann?, fragte ich.

Als sie dort auf der Landstraße gingen, gab es kein Dann mehr, sagte Großvater, nur Wagenspuren, in denen der Regen der Nacht zurückgeblieben war.

Und Schlamm, der an den Fersen klebte, sagte ich.

Stimmt, antwortete Großvater und legte den Arm um mich, während wir gemeinsam das Bild betrachteten. Dann sah er mich an, genauso wie die Madonna ihr Kind ansah. Auch Mutter sah er so an, fast auf die gleiche Weise, doch bestimmter, mit entschiedener Freude.

Es war der zweite Abend nach unserer Ankunft, als Großvater mit dem Vorlesen auf der Terrasse begann. Er las aus Goethes *Wilhelm Meister*, Abend für Abend. Wer zuhören wollte, saß im Kreis um ihn: Mutter und Ewald, Paulchen und ein paar Leute aus den niedrigen Backsteinhäusern in der Nähe. Direkt neben Großvater saßen ich und die Frau des El-Pe-Ge-Vorsitzenden, die, wie Großvater sagte, der Madonna auf Leonardo da Vincis Verkündigungsbild glich, obwohl es in der De-De-Err keine Madonnen gab, nur Genossinnen. Manchmal hörten auch Hubert und seine Frau zu. Und Alfred, wenn er am Wochenende daheim war. Großmutter aber niemals, sie sagte, sie habe Besseres zu tun, als sich die amourösen Eskapaden von jemandem anzuhören, der den Fürsten in den Arsch kroch.

Nur Großvater las vor, Ewald nie, obwohl er der Schauspieler war. Ewald saß im Dunklen und rauchte. Man sah die Zigarettenglut aufleuchten und erlöschen, immer wieder, wie ein sacht pulsierendes Licht, während Nachtfalter um die Petroleumlampe flatterten, die auf einem Tisch vor Großvater stand. Beim Flattern hatten sie dieselbe Körpertemperatur wie Menschen, hatte Großvater erzählt. Manchmal flogen sie direkt in die Flamme hinein. Passte man genau auf, konnte man ein Zischen hören.

Ich weiß nicht, was Großmutter machte, wenn Großvater vorlas. Vielleicht tat sie etwas Nützliches, das war nach ihren Worten der Sinn des Lebens. Vorlesen, jedenfalls Großvaters Vorlesen, gehörte zu dem Unnützen, besonders wenn die Frau des El-Pe-Ge-Vorsitzenden zuhörte, mit feucht glänzenden Lippen, als wäre jedes Wort, das Großvater aussprach, ein Kuss von seinem Mund.

Großmutter sagte oft ganz rigoros, Großvater habe Allüren, was zu dem Schlimmsten zählte, das man in der De-De-Err haben konnte. Wenn er nicht aufpasste, sagte sie, würde er in Bützow im Zuchthaus landen. Auch Ewald wurde gewarnt. Er solle nicht so viel zweifeln, es sei nicht einfach, eine neue Gesellschaft zu errichten, und manchmal erfordere es eben Härte. Wenn sie mit Ewald sprach, hatte sie eine andere Stimme, wärmer und weicher, wie bei einem Instrument mit großem Resonanzboden. Redete sie mit Großvater, war der Resonanzboden verschwunden. Großvater aber begegnete ihr in einer Weise, die die Engländer, für die er eine Schwäche hatte, mit »utmost courtesy« beschreiben.

Eines Abends sah ich Großmutter auf ihrer Bettkante sitzen. Ich stand im dunklen Korridor und erblickte sie durch den Türspalt. Sie trug nur einen Unterrock, ihr Oberkörper war nackt. Die Brüste hingen schlaff, wie leere Ledersäckchen, auf die Taille hinunter. Ihr gelöstes Haar fiel ihr grau und schwer auf die Schultern. Und sie bürstete es mit einem Ausdruck im Gesicht, als wäre sie der letzte Mensch, der in einer endlosen Steppe zurückgeblieben war. Ich bekam plötzlich Angst, wusste aber nicht, warum.

Großvaters Haar flatterte leicht. Früher war es dunkelblond gewesen, jetzt silbrig, aber immer noch dick. Es waren Haare, die den Wind einfingen, wenn wir mit dem Fahrrad unterwegs waren und seine Landschaft auch zu meiner wurde. Es seien unsere Seen, sagte er, unsere Wiesen, unsere Wälder, unsere Felder. Und unsere Störche und unsere Schwalben. Wir waren die reichsten Menschen der Welt. Alles machte sich uns zum Geschenk.

Eines späten Nachmittags, als wir bis Mistorf gefahren waren, schlug das Wetter um. Nebel zog auf und verdichtete sich rasch. Als wir den kleinen Hügel mit der alten Eiche hinaufgeradelt waren, machten wir halt. Die ganze Welt schien im Dunst verschwunden zu sein, es war, als gäbe es nur noch dieses Stückchen Erde mit einem einzigen Baum.

Großvater lauschte. Man hörte etwas, es klang wie ein Zug in weiter Ferne. Dann erzählte er von einem Nebel, der wie eine dunkle Wolkenwand übers Wasser herangezogen war. Er hatte in einem Fischerboot draußen auf dem Meer gesessen, mit Menschen, die sich dicht aneinanderdrückten. Alle Gespräche waren verstummt. Nur der Bootsmotor hatte geklopft, wie ein großes Herz aus Metall. Als die Wolkenwand bei ihnen angekommen war, war alles verschwunden, der Himmel, das Meer, auch seine Hand, als er sie im Nebel vors Gesicht hielt. Allein ein Schatten war zu sehen.

Großvater verstummte. Irgendwo bellte ein Hund. Ich fragte, was danach passiert sei. Nichts, sagte er, sie seien weitergefahren. Er erklärte nicht, wen er mit sie meinte. Ich wollte fragen, doch etwas hielt mich zurück, etwas, das in Großvaters Gesicht aufgetaucht war, oder etwas in mir. Vielleicht lag es ja auch am Nebel. »Wir müssen weiter«, sagte Großvater. Und wir radelten weiter, äußerst vorsichtig, während Großvater laut pfiff, etwas, das wie Jazz klang.

Als ich das erste Mal das Meer sah, strahlte es voller Licht. Vom Meer hatte Mutter in Waldstadt erzählt, wo es kein Meer gab, nur ein Flüsschen, das im Sommer zuweilen austrocknete. Es war Sonntag, als wir uns auf den Weg machten, allen voran Großvater und ich. Er im weißen Leinenanzug, den Panamahut auf dem Kopf, an den Füßen handgenähte Kalbslederschuhe aus Königsberg, die er durch den Krieg gerettet hatte, genau wie den Wolfspelz, der im Sommer in einer kühlen Kleiderkammer hing. Und ich in einem weißen Kleid mit himmelblauem Samtband. Ich war das Kind der Königstochter, das neben dem König des Paradieses herlief.

Hinter uns ging Ewald in weißem Hemd und weißer flatternder Hose und neben ihm Mutter in einem dünnen Blümchenkleid, das ebenfalls flatterte. Sie lachten ständig, als würde alles, was sie erblickten, sie ungeheuer amüsieren. Während Großmutter, die eins ihrer schlichten Kleider trug, an die man sich nie erinnerte, sich mit Alfred und Hubert und Huberts Frau ganz hinten ernst unterhielt.

Wir fuhren mit dem Zug nach Warnemünde. Dann gingen wir vom Bahnhof zum Strand, am Alten Strom entlang, dem einstigen Mündungsarm der Warnow, in dem Boote vertäut lagen. Eins von ihnen war gesunken, mit einer Wäscheleine an Deck, an der sich Kleidungsstücke bewegten, als wehte dort in der Tiefe ein Wind.

Großvater und ich blieben stehen und blickten zu dem gesunkenen Boot hinunter. Bald, sagte er ruhig, wachsen dort überall Algen. Nach einer Weile gingen wir weiter. Die anderen hatten uns überholt. Mir fiel auf, wie klein Großmutter war, als sie dort zwischen ihren breitschultrigen Söhnen schritt, mit einer baumelnden Haarsträhne im Nacken, die sich aus ihrem Knoten gelöst hatte.

Dann sah ich einen schimmernden blauen Streifen am Horizont.

Und rannte los, weg von Großvaters Algen und Großmutters Haar und Mutters und Ewalds Lachen. Ich sah nur noch das Meer, das sonnige Meer, das schimmerte und glitzerte. Und es hieß mich willkommen, ich war ein Kind des Meeres, auch ich schimmernd und glitzernd und frei.

Ewald packte mich beim Arm. Er sagte, ich sei nicht ganz bei Trost. Mein Kleid klebte an den Schenkeln, genau wie ihm die Hose an den Beinen. Ich war direkt ins Meer hinausgelaufen, triumphierend, hatte mich selbst getauft. Es spielte keine Rolle, dass sein Griff hart war. Oder dass Mutters Stimme, als wir aus dem Wasser kamen, mich scharf zurechtwies.

Großvater sagte, man solle mich lassen. Wenn man das Meer das erste Mal sieht, kann man überwältigt sein. Mutter sagte mit schwarzem Blick, mancher glaube wohl, alles lasse sich damit entschuldigen, dass man überwältigt war. Großvater blickte sie vollkommen ruhig, fast wie abwesend an und erklärte, nun sei es Zeit, sich umzuziehen. Dann begab er sich ein Stück weiter weg zu einer der Umkleidekabinen, weg von der Welt, die ihm hart zu Leibe rückte. Wo ihn diese Welt doch umschmeicheln sollte mit ihrem Licht, mit ihren Düften und ihren weichen, angenehmen Tönen. Ich wollte ihm hinterherlaufen. Mutter aber hielt mich fest bei der Hand.

Großmutter saß in einem Strandkorb, den man mieten konnte. Mutter und Ewald lagen kichernd unter einem ebenfalls gemieteten Sonnenschirm. Hubert und seine Frau lagen unter einem eigenen Schirm daneben und schwiegen, als wären sie hundert Jahre verheiratet und hätten sich bereits alles gesagt. Alfred kraulte durch die Wellen oder machte Liegestütze am Strand. Während Großvater und ich nicht aus dem Wasser kamen, das Meer und wir waren eins.

Ich durfte auf Großvaters Rücken liegen und hielt mich mit den Armen fest. Er schwamm auf den Horizont zu, mit geschmeidigen, kräftigen Bewegungen, direkt hinein in das gewaltige Glitzern. Unter mir spürte ich seinen warmen Körper, der nicht verschwand, nicht wie die Wellen, die kamen und gingen. Er trug mich fest bis ans Ende der Welt. Wenn wir wollten, würden wir in ein anderes Land schwimmen können. Als ich das hinterher beim Abtrocknen zu Großvater sagte, fuhr ihm ein Schatten übers Gesicht, wie auf dem Hügel, als wir dort im Nebel gestanden hatten.

Auf einem Tuch mit blauen Karos tischte Großmutter den Proviant auf: in Scheibchen geschnittene, mit Kräutern gefüllte Kalbsbrust und kleine Geflügeltörtchen, Brot, das sie am frühen Morgen gebacken hatte, knackige Radieschen und ein Glas eingelegte Gurken. Und eine ostpreußische Glumstorte mit Kirschkonfitüre. Wir haben nie in einem der Restaurants auf der Strandpromenade gegessen, an keinem der vielen Sonntage, die wir in Warnemünde verbrachten, obwohl Großvater stets von wunderbaren Restaurantbesuchen erzählte, in Königsberg, Sankt Petersburg und Berlin.

Einer, der eine Menge über Warnemünde wusste, war Konrad, ein kleiner, sehniger Mann um die sechzig, der regelmäßig zu Großvaters Vorleseabenden erschien. Er wohnte bei seiner Tochter und ihrer Familie in einem der lang gestreckten Häuser an der Dorfstraße von Augustenruh. Er hatte geschickte Hände, betreute den Maschinenpark der El-Pe-Ge. Er sagte immer, er ziehe die Maschinen den Menschen vor, sie ließen sich bedeutend leichter handhaben.

Eines Abends, als die meisten schon im Bett waren – auf der Terrasse saßen nur noch Großvater, Ewald und Mutter und Konrad und ich –, erzählte Konrad von der Zeit, in der er noch nicht in Augustenruh wohnte. Wir hatten gerade über Warnemünde gesprochen, als Konrad sagte, er sei dort in einer Pension tätig gewesen, als Mädchen für alles. Zunächst war das Haus von einem Ehepaar geführt worden, dann, als der Mann gestorben war, von der Witwe, einer älteren Dame, bei der man an ein Spitzendeckchen dachte, so zart und fein war sie. Ihre Pension besuchten viele Künstler. Einer von ihnen sagte, das Licht von Warnemünde sei eine Offenbarung, die Dinge öffneten sich, sodass Verborgenes sichtbar würde, das sollte Konrad nie vergessen. Wenn die Künstler nicht mit Geld bezahlen konnten, durften sie es mit Gemälden tun. Die Wände der Pension hingen voll davon. Eine ganze Pension voller Offenbarungen.

Dann aber kam der 10. Februar 1953. Frühmorgens trafen Busse aus Rostock in Warnemünde ein, vollbesetzt mit singenden Volkspolizisten. Sie ließen Heimat- und Kampflieder erschallen. Die Polizisten kamen, um ihren Einsatz bei dem großen Projekt zu leisten, das unter dem Namen »Aufbau einer wahren, sozialistischen Gesellschaft« lief. Alle Hotels, Pensionen, Restaurants und Gaststätten sollten von ihren Besitzern befreit und Volkseigentum werden. In den Objekten hatten Hausdurchsuchungen zu erfolgen. Würde etwas aus dem Westen gefunden, selbst wenn es nur Lebensmittel waren, sollten die Besitzer festgenommen werden. Auch dann, wenn staatsfeindliche Äußerungen fielen. Die Weigerung, ihr Hotel oder Restaurant dem Volk zu übergeben, galt eindeutig als staatsfeindliches Verhalten.

Die Spitzendeckchendame weigerte sich, sie sagte, die Pension sei ihr Leben. Und so landete sie im Zuchthaus von Bützow, wie alle anderen Staatsfeinde. Bevor sie weggebracht wurde, schaffte sie es noch, zu Konrad zu sagen, sie würde dafür sorgen, dass er seinen Monatslohn erhielt. Die Volkspolizisten erklärten triumphierend, dass auch ihr Geld jetzt Volkseigentum sei. Dann solle sich Konrad Gemälde nehmen, sagte sie. Doch auch die gehörten dem Volk.

Als sie hinausgeführt wurde, schien sie ins Wanken zu geraten. Vielleicht lag es an den Schuhen, sie hatte darum gebeten, ein Paar andere anziehen zu dürfen, und sich für ein Paar entschieden, das sie zu Festlichkeiten trug, hochhackige schwarze Samtschuhe. Das war vollkommen idiotisch, sagte er, aber auch verdammt schön. Sie wirkte unglaublich vornehm und fein, als sie von dannen trippelte.

Noch am selben Abend hatte er sich zu seiner Tochter auf den Weg gemacht. Als er auf dem Bahnsteig stand, kam ihm der Gedanke, umzukehren, dort einzubrechen und ein Gemälde zu stehlen. Doch begriff er, was das Beste für ihn war und für das Volk, und unterließ es. Vielleicht lag es auch daran, dass der Zug gerade einfuhr. Seit jenem Tag war er nie wieder in Warnemünde gewesen.

Alle saßen eine Weile still da. Dann sagte Ewald, Konrad solle auf der Hut sein, nicht bei jedem könne man sicher sein, dass er seine Geschichte richtig verstehe. Konrad erwiderte, er habe sie bisher bloß seiner Tochter erzählt, sonst keinem. Als Großvater aber aus dem *Wilhelm Meister* vorgelesen habe, jenem Stück, in dem das kleine Frauenzimmer auf seinen hochhackigen Pantöffelchen angetrippelt kam, sei plötzlich die Spitzendeckchendame vor ihm aufgetaucht. Und er habe von ihr erzählen müssen.

Großvater sagte, ein Schluck Kirschlikör könne jetzt nicht schaden. Und er ging los, um die Likörflasche und Gläser zu holen, während Konrad vorgebeugt auf seinem Stuhl saß, die Hände wie zum Gebet gefaltet. Ewald steckte sich eine weitere Zigarette an. Auch Mutter griff zu. Dann, nachdem sie den ersten Zug genommen hatte, fragte sie, warum in aller Welt ich noch nicht im Bett sei.

In der Küche hing ein Wandbehang, den die Frauen von Augustenruh für Großmutter zu ihrem Fünfzigsten gestickt hatten. Darauf war ein Mann mit mächtiger grauer Mähne und mächtigem grauem Bart zu sehen, an seinem Mund eine Sprechblase. Darin stand mit leuchtend roten Buchstaben geschrieben: »Jeder nach seinen Fähigkeiten, jedem nach seinen Bedürfnissen«.

Großvater sagte, das sei ein vernünftiges Prinzip. Ein weißer Leinenanzug im Sommer sei ihm ein klares Bedürfnis. Und handgenähte Schuhe, die den Füßen schmeichelten. Und Unterhosen aus feinster ägyptischer Baumwolle, nicht diese Reibeisendinger, die man in der De-De-Err verkaufte. Sein Körper sei empfindlich, sagte er, genau wie seine Seele.

Nicht aber dem Bartmann Karl Marx sei diese Weisheit eingefallen, fuhr Großvater fort. Sondern einem Franzosen namens Louis Blanc. Marx aber, der später das Gleiche gesagt hatte, war durchsetzungsfähiger gewesen und hatte das richtige Aussehen. Er wirkte wie ein echter Revolutionär, sogar in gestickter Form. Während Louis wie ein vergrämter Kleinbürger aussah, zumindest nach Großvaters Worten.

Eines Abends auf der Terrasse sagte Konrad mit Nachdruck, niemand entkomme seinem Schicksal, nicht einmal Karl Marx. Er habe fünf seiner sechs Kinder verloren. Drei von ihnen starben, als sie noch klein waren, zwei begingen als Erwachsene Selbstmord, eine von ihnen, Jenny Laura, zusammen mit ihrem Mann, nachdem die drei Kinder der beiden gestorben waren. Alle saßen wortlos da, als lauerte das Schicksal draußen in der Dunkelheit. Als Großvater sagte, Jenny Laura habe auf die Frage, welches ihr wichtigster Charakterzug sei, »die Unentschlossenheit« geantwortet, stand Mutter abrupt auf und verschwand. Ewald ging ihr nach, ich aber blieb sitzen, dicht neben Großvater. Irgendwie war es am besten so.

Obwohl Mutter und ich keine Genossen waren, durften wir mithelfen, den Fünfjahresplan der El-Pe-Ge zu erfüllen. Dazu gehörte, dass man das Gras barg, sobald es auf den Heureitern getrocknet war, als Winterfutter für all die Pferde und Kühe.

Es war Hochsommer mit strahlend blauem Himmel und gleißendem Sonnenlicht. Die Männer warfen die Bündel auf den Leiterwagen, wo die Frauen sie auf dem wachsenden Heuberg auffingen. Großvater hatte sein Hemd ausgezogen und es sich um die Taille gebunden. Die roten Hosenträger leuchteten auf der nackten, sonnengebräunten Haut. Und seine Augen glitzerten, als die Frau des El-Pe-Ge-Vorsitzenden sein Heubündel auffing und an ihre Brust drückte. Alles um sie herum schien zu verschwinden, es war, als gäbe es nur sein Werfen und ihr Fangen, in genau demselben Rhythmus.

Mutter und Ewald gehörten zur Brigade auf der Wiese nebenan. Ich gehörte nirgendwohin. Ich hielt mich von ihnen fern, genau das sei meine Aufgabe, hatte der El-Pe-Ge-Vorsitzende strengstens erklärt. Als wäre es eine staatsfeindliche Aktion, auf den Leiterwagen zu klettern, besonders wenn seine Frau dort oben stand, derart verschwitzt, dass ihr die Bluse am Leib klebte und man die Brustwarzen sah, die sich wie kleine, pralle Katzenzitzen durch den dünnen Stoff abzeichneten.

Zur Mittagszeit kam Paulchen mit dem Lastenmofa der El-Pe-Ge angefahren, beladen mit Butterbroten und mit Malzbier aus dem VEB Berliner Brauereien. Die Heufängerin trank mit gierigen Schlucken, und der Bierschaum tropfte ihr in den Ausschnitt. Mit seinem blendend weißen Batisttaschentuch wischte Großvater ihr ritterlich die Tropfen von der Haut. Der El-Pe-Ge-Vorsitzende, der ihnen gegenübersaß, sah aus, als wollte er sich auf Großvater stürzen, am liebsten mit einem langen, spitzen Messer. Großvater aber zog seinen Lederbeutel mit englischem Pfeifentabak aus der Tasche, reichte ihn dem Eifersüchtigen und sagte mit seiner sanftesten Stimme: »Da nimm, Dieter« – so hieß der El-Pe-Ge-Vorsitzende – »und stopf dir eine Pfeife, das hier ist Tabak für einen Mann.« Und der Blick des El-Pe-Ge-Vorsitzenden verlor nach kurzem Hin- und Herflackern an Schärfe. Beide stopften sich eine Pfeife. Und der El-Pe-Ge-Vorsitzende stimmte Großvater zu, dass der Tag von unvergleichlicher Schönheit sei.

Jeden Samstagabend machte Mutter sich fein. Ondulierte mit der Brennschere ihr dickes Haar. Trug Wimperntusche auf, die ihre Wimpern länger werden ließ, sodass sie vibrierten wie die Fühler der Schmetterlinge in Großvaters Garten. Am Ende malte sie sich die Lippen an, die jetzt einer saftigen roten Frucht glichen, so wie es die Friseuse in Waldstadt tat, die laut Mutter fürchterlich vulgär war.

Dann schwangen sich Ewald und Mutter auf die Räder, wollten irgendwohin zum Tanzen. Das merkte man Mutter schon vorher an: Ihr Hintern schaukelte, und sie schwenkte die Hüften wie die Friseuse in ihrem Salon. Es kümmerte sie nicht im Geringsten, dass sie ein Kapitel des *Wilhelm Meister* verpasste. Denn nichts konnte es mit dem Tanzen aufnehmen, sagte sie. In Waldstadt hatte sie nie getanzt. Vielleicht lag es an Vater. Mit seinem Buckel würde er vielleicht umkippen, wenn er im Kreis herumwirbelte.

Vater schrieb uns lange Briefe. Dass er den Garten fleißig goss, besonders die Bohnenlaube. Und dass eine Arbeiterin der Kartonfabrik, die Bärbele hieß, mit ihrem langen blonden Haar in eine Falzmaschine geraten und ihr das ganze Haar vom Kopf gerissen worden war, drei Wochen vor der Hochzeit, auf der Vater eine Waldhornfassung von Liszts *Liebestraum* hatte spielen sollen. Sowie dass Alois, der dicke, kleine Pfarrer, der sein Freund war, mit einem Apfelkuchen vorbeigekommen war, den seine Haushälterin gebacken hatte, dass sie beide aber darin übereingestimmt hätten, dass Mutters Apfelkuchen einfach alles überträffe. In jedem Brief schrieb Vater, es gehe ihm gut, doch sehne er sich danach, uns wieder daheim zu haben.

Und ich schrieb an Vater. Ich schrieb von Großvaters Garten, der wie das Paradies blühte, und von den kleinen Seen, die, wie Großvater sagte, die Himmelsaugen der Erde waren, und vom Meer, wo man auf Großvaters Rücken bis ans Ende der Welt schwimmen konnte. Und von den Krebsen, die lebendig in kochend heißes Wasser geworfen wurden. Und von der Glumstorte und den Grützwürsten. Doch schrieb ich nie etwas vom Schminken und vom Tanzen. Und absolut nichts davon, dass ich wünschte, die Sommerferien hätten nie ein Ende.

Von einem, der fast ein Prophet war

Vater stand auf dem Bahnsteig, als wir von Augustenruh zurückkehrten, nicht wie ein König wie Großvater, nicht wie ein Charmeur wie Ewald, sondern wie mein Vater, bekleidet mit einer unförmigen Hose und einem zerknitterten Hemd, das dem Tag zu Ehren weiß war. Vater hatte keine Zeit zum Bügeln, er musste Waldhorn spielen und Erfindungen machen, wenn er nicht bei der Arbeit war. Das Hemd aber war sauber, und er war frisch rasiert. Die Wangenknochen glänzten in seinem Gesicht, das magerer geworden war. Und sein lockiges Haar, das er wohl den ganzen Sommer über nicht hatte schneiden lassen, war frisch gewaschen und glich einem großen Strahlenkranz um seinen Kopf. Doch hätte er anders dastehen sollen, nicht mit dem Buckel im Sonnenlicht, was diesen stärker als alles andere leuchten ließ. Vielleicht war das der Grund, warum Mutter stehen blieb, als müsste sie Kraft sammeln, während Vater mit seinen schrägen, hüpfenden Schritten auf uns zueilte und Mutter in die Arme schloss. Ich schaute weg, ich wollte nicht sehen, dass er eine Spur kleiner geworden war als sie.

Auch Waldstadt war den Sommer über geschrumpft. Und am allermeisten unsere Dachwohnung mit ihren armseligen zwei Zimmern. Es war so eng darin, noch enger als draußen in der Stadt, die zwischen den waldbedeckten Bergen eingeklemmt lag. Vor Sehnsucht nach Augustenruh kam ich fast um, genau wie Mutter. Und es versetzte mir einen Stich, wenn Vater uns mit seinen glücklichen Augen ansah, als wäre unsere Sehnsucht ein Verrat an ihm.

Mutter und ich saßen auf der Küchenbank, während Vater das, was er für das Beste hielt, auftischte: Apfelstrudel und Himbeersprudel. Sie blieb einsilbig, sei müde von der Reise, sagte sie. Doch wenn Vater sie ansah, lächelte sie. Nicht so, wie sie Ewald angelächelt hatte, breit und unbekümmert, sondern nur ein kleines, fröstelndes Lächeln, das an ein verirrtes Kind in dünner Kleidung denken ließ. Ich aber erzählte, was das Zeug hielt, redete das Frösteln weg und die Enge, all das, was Augustenruh verdeckte, damit auch Vater das Herrliche dieses Ortes zu sehen bekäme. Wie den kleinen Hügel mit der Eiche, auf dem er mit seinem Waldhorn sitzen und spielen könnte, sodass man es bis nach Warnemünde hörte, bis zu dem Boot auf dem Grund des Alten Stroms.

An dem Abend war es schwer einzuschlafen, ohne Spitzengardinen, die sich im Windhauch bewegten, ohne Kletterrosen, die ihre Düfte durch die offenen Fenster sandten, ohne den Himmel mit den großen Sternen, der sich über Augustenruh herabzuneigen schien. Lange musste ich meinen kleinen Schoß anfassen, als wäre er Teil all dessen, wonach ich mich sehnte.

Und die Monate vergingen, Monate, die sich im Schneckentempo bewegten, bis es wieder Zeit war, nach Augustenruh zu fahren. Großvater und ich schrieben uns Briefe über all das Seltsame, was uns begegnete. Einer meiner Briefe handelte von Hiob, der ein Zimmer im Nebenhaus gemietet hatte. Keiner wusste, wovon Hiob lebte, er verkehrte mit niemandem. Der Einzige, den er hin und wieder aufsuchte, war Alois. Manchmal sah man Hiob in einem dunklen, knöchellangen Mantel durch die Stadt streifen, mit fliegenden Schritten und fliegendem grauem Haar. Die Kinder rannten weg, wenn er näher kam, ich nicht, ich wollte wissen, wie ein Prophet aussah. Alois hatte nämlich gesagt, Hiob sei fast einer.

Es geschah an einem Sonntag. Mutter und ich waren wie gewöhnlich zur Kirche gegangen. Als es Zeit für die Predigt war, stand Alois mit seinem roten glänzenden Gesicht auf der Kanzel und sagte, er wolle statt der Predigt einen Text vorlesen, den ein Bürger der Stadt namens Hiob Glöckner geschrieben habe. Der Text trage den Titel: *Notwendige Ergänzungen zum Alten Testament*. Ein Raunen schien durch die Gemeinde zu gehen. Und Alois las.

Gemäß dem 1. Buch Mose hat Gott Adam und Eva aus dem Paradies vertrieben, weil sie seinem Verbot getrotzt und eine Frucht vom Baum der Erkenntnis gegessen hatten. Zorn hat ihn erfasst, und er hat sie mit Mühsal geschlagen, das Schlimmste von allem aber war, dass er sie mit dem Tod bedachte. Im Buch Mose aber, schrieb Hiob, steht nichts von Gottes Trauer, obwohl man sie ahnen könne, da Gott die beiden Frevler mit warmer Fellkleidung versah, bevor er sie hinausjagte.

Die Menschen waren ihm Gesellschaft und eine Freude gewesen, wie alles andere durch ihn Erschaffene. Als sie jedoch entdeckt hatten, wie herrlich die Früchte vom Baum der Erkenntnis schmeckten, mussten sie vertrieben werden. Ansonsten hätten sie alle anderen Bäume gefällt, die Bäume des Sehnens, die des Träumens und die der Kunst, und nur noch Bäume der Erkenntnis gepflanzt, überall.

Dann ist das geschehen, was im Buch Mose hätte geschrieben stehen müssen: Als Adam und Eva die Pforte durchschritten hatten, nackt unter ihren Fellkleidern, hat Gott nicht schweigen können. Er hat nach ihnen gerufen. Und als sie sich umwandten, hat er die Hoffnungslosigkeit in ihren Gesichtern gesehen. Wäre er nicht Gott gewesen, hätte er seinen Entschluss geändert. Nun konnte er ihnen nur drei weitere Dinge gewähren – die Sehnsucht, den Traum und die Kunst –, damit sie das Paradies aufs Neue füreinander erschaffen konnten, durch Worte, Bilder und Musik.

Als Alois zu Ende gelesen hatte, stieg er von der Kanzel, ging zum Altar und sang mit leuchtendem Blick aus voller Kehle: »Jauchzet dem Herrn, alle Welt.«

Ich erinnere mich, dass ich Großvaters Antwortbrief in der Küche las. Mutter strickte an einer Jacke, die Großmutter bekommen sollte. Ich hörte nicht mehr das Klappern der Nadeln, nur noch das Hämmern meines Herzens. Großvater schrieb, er habe noch nie einen wichtigeren Brief als meinen erhalten. Ich las seinen Brief immer und immer wieder. Ich hatte nie einen wichtigeren bekommen als seinen. Seitdem habe ich Tag für Tag geschrieben, und mehr als nur Briefe.

Von der Schlange im Paradies

Mutter und ich fuhren jeden Sommer nach Augustenruh. Sommer und Augustenruh waren eins. Dort gab es Wiesen, übersät mit Blumen, und Felder, voll vom Duft sonnenheißen Getreides. Und die freigiebigen Seen, die uns Krebse und Fische schenkten. Und dann dieses Licht, das herrliche Licht, durch keinerlei Berge behindert, es durchflutete selbst die Nacht, sodass es überall Jakobsleitern gab, wie Großvater sagte. Und das sonnige Meer war ganz nahe, das Großvater und mich trug. In Augustenruh waren sogar die Regentage im Sommer herrlich, wenn ich in Großvaters Bibliothek auf dem Diwan lag und las und Großvater mit einem Buch in seinem großen braunen Ledersessel saß. Manchmal ließen wir die Bücher sinken und lauschten dem Plätschern. Oder Großvater stand auf und öffnete das Fenster, sodass wir den Duft feuchten Grases und der regennassen Blätter riechen konnten.

Auf diese wundervolle Weise hätte es immer weitergehen können, wäre Brigitte nicht aufgetaucht. Sie sah aus wie die Unschuld selbst, hatte ein Gesicht mit klaren, reinen Zügen und weiches blondes Haar. Ewald erzählte Mutter alles über sie. Vielleicht erzählte Mutter ihm ebenfalls alles. Auch dieses Geheime, das sie mir nie erzählen würde, was in Augustenruh aber da war, wie ein Unterton in der Stimme, wie ein Schatten im Blick.

Ewald hatte Brigitte beim Tanzen in Lüssow kennengelernt. Er hatte auf das Parteiabzeichen an ihrer Jacke gepfiffen. Ihm hatten es ihre kleinen, festen Brüste angetan, die sie, als sie im Kreis herumgewirbelt waren, an ihn gedrückt hielt. Und er konnte kaum fassen, dass er es war, ausgerechnet er, der, als der Abend zu Ende ging, dieselben küssen durfte, und anderes obendrein.

Sie war zu allem bereit gewesen, mit einer Verwegenheit, die vollkommen überwältigend war. Er musste sie einfach immer wieder treffen. War besessen von ihrem wilden, biegsamen Körper wie von keinem anderen zuvor. Und er pfiff auf alle Warnsignale. Wie jenes, dass sie jedes Mal eiskalt wurde, wenn er die Politik der Partei kritisierte. Er begriff, dass er den Mund halten musste, um zwischen ihren Beinen liegen zu dürfen, obwohl er wusste, dass es ein Schweigen gibt, das den Menschen von innen her zerfressen kann. Er hatte einfach total den Kopf verloren. Das Schlimmste aber war, dass er ihr versehentlich ein Kind machte. Als sie ihm davon erzählte, wurde ihm himmelangst, doch er sagte nichts, hielt sie nur fest in den Armen.

Als wir den vierten Sommer in Augustenruh weilten, sollte die Hochzeit stattfinden. In den Wochen davor unternahmen Ewald und Mutter lange Spaziergänge. Manchmal konnte man sie auf dem Hügel über der Sumpfwiese sehen. Mutter saß im Gras, und Ewald lag mit dem Kopf auf ihrem Schoß.

Am Abend fuhr er mit dem Rad zu Brigitte, die eine Einzimmerwohnung in Lüssow bewohnte. Wenn Großvater auf der Terrasse vorlas, war Ewalds Korbstuhl leer. Mutter wurde rastlos. Sprang mitten in der Lesung auf, ging zur Terrassentreppe vor und starrte in die Dunkelheit, die sich in der Allee auszubreiten begann. Zum Glück musste Brigitte manchmal zu Parteiversammlungen, die erst spät zu Ende gingen. Dann war auch Ewald auf der Terrasse dabei. Saß wie gewöhnlich dicht neben Mutter und rauchte. Und sie griff immer wieder nach seiner Zigarette und nahm einen Zug.

Ewald und Brigitte heirateten auf dem Standesamt in Lüssow. Einer der Trauzeugen war der Vorsitzende der regionalen Revisionskommission der Partei. Brigitte trug ein kurzes weißes Kleid und eine weiße Lilie im Haar. Obwohl sie bereits im fünften Monat war, sah man kaum, dass sie ein Kind erwartete. Ewald war in einen dunklen Anzug gekleidet mit einem leuchtend roten Schlips, den Brigitte ihm geschenkt hatte, rot wie die Rote Armee, nach Großvaters Worten, oder rot wie Blut, wie Mutter sagte.

Ewald war ausgelassen, wie wenn er bereits Krimsekt getrunken hätte. Als er das Zimmer des Standesbeamten betrat, vollführte er einen kleinen, mutwilligen Sprung, hüpfte mit schlenkernden Füßen in die Höhe, wie ein Balletttänzer, der die Bühne betritt.

Mutter konnte sich ein Kichern nicht verkneifen, Brigitte aber zog Ewald nur am Ärmel. Der stieß sie mit der Hüfte an, was die Falte zwischen ihren Brauen noch vertiefte, und sagte laut, er sei der glücklichste Mann der Welt. Das wiederholte er mit Nachdruck, als Brigitte Ja gesagt hatte. Dann küsste er sie voller Leidenschaft, eine ganze Ewigkeit, bis beide nach Luft schnappen mussten.

Die Hochzeitsfeier fand in einem großen Parteisaal in Lüssow statt, nicht in Augustenruh. An der Wand hinter Ewald und Brigitte hing ein riesiges Bild, auf dem sich zwei Personen vor einer roten Fahne die Hand gaben. Man sah nur die Hände, zwei breite, starke Hände, die anscheinend Genossen gehörten. An der einen hatte der Daumennagel einen Riss. Man musste an einen Bocksfuß denken, zumindest wenn man aus der Be-Err-De kam. Obwohl Großvater sagte, er denke das Gleiche.

Die meisten Gäste stammten aus Brigittes Kreisen. Bei vielen von ihnen, ob Männer oder Frauen, klimperten Orden an der Brust. Ein Onkel von Brigitte trug einen offenbar ungeheuer wichtigen: »Medaille für treue Dienste in der Deutschen Volkspolizei«. Wenn man seinem Blick begegnete, kam einem leicht der Gedanke, dass er auch hier darauf achtete, dass alles seine Richtigkeit hatte.

Als die Gesellschaft am Tisch Platz genommen hatte, erhob sich der Parteisekretär und hielt eine Rede, in der er das Brautpaar pries, weil es bereits dafür gesorgt hatte, dass man einen neuen Genossen bekam. Vor allem lobte er Brigitte, die seinen Worten zufolge eine vorbildliche Marxistin-Leninistin war. Marxisten – das wusste ich – gaben jedem nach seinen Bedürfnissen, entsprechend ihren eigenen Fähigkeiten, die, wie Großvater sagte, äußerst unterschiedlich, zuweilen gleich null sein konnten. Was Leninisten machten, war mir vollkommen unbekannt. Ich erinnerte mich nur, dass Großmutter erzählt hatte, der einbalsamierte Lenin liege in einem Mausoleum. Und dass Großvater gesagt hatte, Lenin sei, als er den ersten sozialistischen Staat geschaffen hatte, über Millionen Leichen gegangen.

Als die Gäste die Vorspeise aßen, geräucherte Gänsebrust mit eingelegten Pilzen, hielt Brigittes Vater eine Rede. Der Orden an seiner Brust besagte, dass er ein verdienter »Aktivist des Fünfjahresplans« war. Auch er pries Brigitte, die schon als Kind in jeder Hinsicht Vortreffliches geleistet habe. Ewald tauchte in seiner Rede nur als junger Mann auf, der ihm die Tochter geraubt hatte, was den Vater aber nicht daran hinderte, dem jungen Paar eine goldene Zukunft im Dienst des Sozialismus zu wünschen.

Beim Hauptgericht, das aus Hasenbraten mit Kartoffelbrei und brauner Soße bestand, erhob sich Großvater. Er brauchte nicht ans Glas zu klopfen, es genügte, dass er einfach in seinem weißen Leinenanzug dastand, ohne den geringsten Orden, aber dennoch ein König. Alle verstummten, alle schauten ihn an, nur Brigitte schlug den Blick nieder.

Großvater begann zu reden, nicht über den Sozialismus, nicht über die goldene Zukunft, sondern über die Liebe, die stärker ist als der Tod. Und über das, was der Liebe Nahrung gibt, nämlich die Achtung, die man dem anderen entgegenbringt, und auch die Achtung gegenüber sich selbst. Er sprach ruhig, nahezu sachlich. Die Zuhörer sahen aus, als wären sie am liebsten anderswo. Mutter bekam ihr Flüchtlingsgesicht zurück, trotz Lidschattenaugen und rot geschminkter Lippen. Und Großmutter schien wieder weit draußen in der Steppe zu sein. Nur Ewald strahlte, als hätte er das große Los gezogen.

Ich sehnte mich plötzlich nach Vater. Er hätte hier sein und auf seinem Waldhorn spielen sollen, so wie er an dem Abend in Waldstadt gespielt hatte, als Mutter aus dem Garten, über die Wiese weggerannt war, weg von uns, und Vater hatte ausgesehen wie jener Mann in der Jalousie, als er die von ihm mit Wasserfarben gemalten Stiefel betrachtete, ein Paar, das lehmverkrustet war, und zwei, die glänzten.

Auch Großvater brachte einen Toast auf das Brautpaar aus, so wie es die anderen Redner getan hatten. Und der Parteisekretär hob sein Glas so schwungvoll in die Höhe, dass der Inhalt überschwappte, und rief »Gut gesprochen!«, worauf alle gemessen applaudierten und Großvater ruhig Platz nahm. Ich sah, dass seine Lippen zuckten, als wollte er etwas Fröhliches, Jazziges pfeifen.

Sobald Ewald und Brigitte verheiratet waren, zogen sie in das flache Gebäude hinter dem Stall in Augustenruh. Ewald setzte das Haus mit Mutters Hilfe instand. Man konnte sie einander etwas zurufen und kichern hören, während Brigitte in der Hängematte lag und schwanger war. Manchmal legte sich Ewald zu ihr, die Hand auf ihrem Bauch, als wäre er der Fixpunkt seines Lebens. Während Mutter verschwitzt und fröhlich im Gras saß, Staub und Malerfarbe im Gesicht.

Einmal durfte ich Brigittes Bauch befühlen. Die ganze Familie hatte gemeinsam zu Abend gegessen, wie stets in Augustenruh. Großvater, der Brigitte mit ausgesuchter Höflichkeit behandelte, hatte sie dazu gebracht, ausführlich von ihrer Reise zum Moskauer Parteikongress zu berichten. Wie üblich hatte Großmutter ihr Steppengesicht, obwohl sie hätte entzückt sein müssen. Ewald sah Brigittes Mund an, als hätte er ihn eine Ewigkeit nicht küssen dürfen und müsste es nun umgehend tun, mitten in ihrem Gerede vom Sozialismus, der die Völker verbinde.

Nach dem Essen, als Großvater und ich aufgestanden waren, um nach draußen zu gehen, rief Ewald mich zurück. Ich solle das Kind fühlen dürfen, sagte er. Nahm meine Hand und legte sie auf Brigittes Bauch. Ich spürte ihren Geruch. Man konnte glauben, sie hätte nie Schlamm an den Füßen gehabt, so fürchterlich sauber roch sie. Manchmal roch auch Ewald so, wenn er morgens aus ihrem gemeinsamen Bett kam. Nach einer Weile sagte ich, ich würde das Kind spüren, obwohl ich nichts gespürt hatte. Ewald ließ mein Handgelenk los und fragte, ob das nicht fantastisch sei. »Doch«, sagte ich und rannte Großvater hinterher.

Der stand auf der Terrasse. Als ich bei ihm ankam, legte er mir den Arm um die Schultern. Er sagte, er denke an die Schlussworte in Voltaires Roman *Candide*: »Das ist wohlgesprochen, aber wir müssen unseren Garten bestellen.« Vielleicht sei es das, was noch ausstehe. Ich begriff nicht, was er meinte. Auch nicht, warum er plötzlich so alt aussah.

Das Kind wurde im Dezember geboren, gerade als die Kälte über Augustenruh hereinbrach, es war ein Mädchen, das den Schoß der Mutter mit einem Triumphschrei verlassen hatte, eine Glückshaube auf dem Kopf, wie Ewald schrieb. Der Erste, den sie erobert hatte, war ihr Vater. Er hätte sich niemals vorstellen können, wie sehr man von einem kleinen Kind überwältigt werden konnte.

Sie meldeten die Tochter auf dem Standesamt an. Brigitte wollte nicht, dass sie getauft würde. Sie sollte Nadeschda heißen, nach Lenins Frau, auch sie eine vorbildliche Revolutionärin, und Rosa, nach Rosa Luxemburg, die für den Sozialismus gelebt und ihr Leben gelassen hatte, nicht Rose, wie Ewald es wollte. Wir erhielten ein Foto von Nadeschda, die in Brigittes Armen lag. Brigitte sah schöner aus als je zuvor, die blonden Haare trug sie offen. Das Foto aber war nicht gut. Man konnte auf den Gedanken kommen, sie lächle verführerisch, nicht selig, und das Kind gehöre nicht wirklich dazu.

Als wir im darauffolgenden Sommer erneut nach Augustenruh kamen, herrschten neue Töne im Paradies. Nadeschda und Brigitte schrien, während Ewald verstummt war. Lange Zeit konnte man ihn wortlos dasitzen sehen, das Gesicht in den Händen vergraben. Irgendwie war sein Schweigen am deutlichsten zu hören. Er sei müde, sagte Mutter. In den Nächten kümmerte er sich um Nadeschda.

Schlief mit dem Kind häufig in seinem alten Zimmer im Gutshaus, ohne Brigitte. Sie brauche ihren Schlaf, sagte er. Während er Brigitte brauchte, obwohl er das nicht sagte, doch war es klar und deutlich zu sehen. Wenn er mit ihr zusammen war, konnte man meinen, er sitze auf dem Grund eines tiefen Brunnens, und sie stand oben, die Rettungsleiter in den Händen.

Die Mahlzeiten glichen immer mehr einer Wanderung über dünnes Eis. Manchmal brach es. Wie an dem Tag, als Großvater von einem japanischen Farbholzschnitt erzählte, den er gesehen hatte. Eigentlich waren es zwei Bilder, sagte er, auf dünnem Reispapier, die sich nebeneinander im selben Rahmen befanden. Der Rahmen stand frei, und Licht durchströmte die Bilder. Das eine zeigte einen breiten Fluss und einen Fischer mit seinen Gerätschaften, der just einen Fisch gefangen hatte. Der Fisch leuchtete blau, in der gleichen Farbe wie der Himmel, und er hatte Flügel, die ausgebreitet waren, als könnte er noch immer fortfliegen, als ob es den Haken nicht gäbe.

Das Bild daneben war ein Selbstporträt. Der Arzt und Forschungsreisende Engelbert Kaempfer hatte sich selbst darauf dargestellt, wie er mit seinem schweren Körper und ausgebreiteten Armen vor jemandem tanzte, vielleicht dem Shogun, der hinter einer Gardine verborgen saß. Als könnte er seine Schwermut forttanzen, die ihm von Europa bis hierher gefolgt war. Als wäre die Schwermut kein Haken, an dem er festsaß.

Brigitte stellte krachend ihr Glas auf den Tisch. All die negativen Geschichten hingen ihr zum Halse heraus, sagte sie. Sie seien ein Angriff auf das Fundament des Sozialismus: auf den Optimismus.

Großvater konnte sich nicht verkneifen zu antworten, dass es für eine optimistische Lebenseinstellung eine Berechtigung geben müsse.

Brigitte sah ihn mit flammenden Blicken an. Das solle er ihr mal erklären, sagte sie scharf.

Großvater erwiderte ruhig, man brauche sich doch nur umzusehen.

Brigitte starrte ihn weiter an. Dann warf sie ihre Serviette auf den Teller, obwohl er noch nicht leer gegessen war, und schrie, sie habe Großvaters reaktionäres Verhalten gründlich satt. Und stürzte aus dem Zimmer, einem Zornesengel gleich, mit goldenem, wild flatterndem Haar.

Ewald blieb sitzen und schaute auf seine Hände, als begriffe er nicht, dass sie ihm gehörten. Großmutter bemerkte, das sei nun wirklich unnötig gewesen. Großvater gab keine Antwort darauf. Er fragte nur, ob sie ihm den Teller mit den Barschen reichen könne. Die seien einfach wundervoll.

Ein anderes Mal, als Brigitte nicht dabei war, sagte Großvater zu Ewald, ein Kind brauche auch seine Mutter, nicht nur seinen Vater. Mutter, die neben Großvater saß, warf ihm einen Blick zu, als hätte er etwas gesagt, das sie erzürnte. Ewald erwiderte resigniert, das sei nicht so leicht. Brigitte müsse oft nach Lüssow fahren, die Partei könne eben nicht auf sie verzichten.

Mutter half ihm, sich um Nadeschda zu kümmern. Wenn er auf den Feldern arbeitete, sah man sie oft im Schatten eines Baumes sitzen, mit Nadeschda in den Armen. »Ein so hellblondes Kindchen, so unfassbar zart«, sagte sie manchmal.

Großvater und ich fuhren in diesem Sommer viel Rad. Wir badeten in den Seen um Augustenruh, schwammen in den Wasserhimmeln, wie Großvater sie nannte, nur er und ich. Die Himmel waren frei, sie gehörten niemandem, weder der De-De-Err noch der Be-Err-De. Genau wie die Geschichten. Sie lebten ihr eigenes Leben, folgten ihren eigenen Gesetzen, wie die Wolken, der Mond und die Sterne. Man konnte sie verbieten, konnte sie verbrennen, doch wenn der Mensch sie im Herzen trug, lebten sie weiter. Vielleicht war es das, wovon das Leben handelte, sagte Großvater.

Von den immer wieder zerschlagenen Träumen

Im Sommer 1961 wohnte Ewald nicht mehr in Augustenruh. Brigitte, Nadeschda und er waren nach Lüssow gezogen. Brigitte war Parteisekretärin geworden. Die Tochter ging in einen sozialistischen Kindergarten. Ewald arbeitete auf den Feldern von Augustenruh. Seine Züge waren scharf geworden und seine Bewegungen schwer, als müsste er einen Widerstand in sich überwinden.

Am Anfang begleitete Mutter ihn abends nach Lüssow. Auch ich durfte einmal mit. Es war schwül. Irgendwo in der Ferne grollte es, ein ums andere Mal. Wenn man dort in ihrer großen Wohnung saß, konnte man auf den Gedanken kommen, dass man sich am Hang eines Vulkans befand.

Es war, wie Großvater sagte: Brigitte war zur großen Abstemplerin geworden. Alles, was man sagte, wurde von ihr abgestempelt: Richtig gedacht! Falsch gedacht! Ewald dachte oft falsch. Mit der Hand aber schien er alles richtig zu machen, jedenfalls dann, wenn sich Brigitte über Nadeschdas Bett beugte und Ewald ihr den Hintern streichelte, immer tiefer hinunter, bis seine Hand zwischen ihren Beinen verschwand. Wenn sie sich umdrehte, sagte sie »Oh Ewald«, und ihre Stimme klang, als verziehe sie ihm alles. Und Ewald sah aus, als wollte er wieder mit schlenkernden Füßen in die Luft springen, wie damals auf dem Standesamt in Lüssow.

Nach ein, zwei Wochen aber fuhr Ewald stets allein heim, ohne Mutter. Meistens kam er nach Augustenruh zurück, wenn Nadeschda schlief. Vielleicht war es ja besser, sich nicht mit jemandem aus dem Westen zu zeigen, zumindest in Lüssow. Oder er musste mit Mutter reden, ohne dass Brigitte dabei war.

Einmal wollten Ewald und Mutter mit dem Rad irgendwohin zum Tanzen, sie hatten plötzlich Lust dazu. Mutter stand vor dem großen Flurspiegel und schminkte sich die Lippen. Ewald, der hinter ihr stand, beobachtete sie im Spiegel. Als sie fertig war, nahm er ihr den Lippenstift aus der Hand. Und schminkte seinen eigenen Mund, über die Ränder hinaus, malte einen großen roten Mund, wie den eines Clowns. Dann drehte er sich zu Mutter um. Er sah vollkommen hilflos aus. Sie ebenso. An diesem Abend kamen sie nicht los. Auch an keinem anderen Abend, obwohl es nichts gab, was es mit dem Tanzen aufnehmen konnte.

Brigitte kam nie nach Augustenruh. Sie weigerte sich, ihren Fuß dorthin zu setzen. Doch fuhr sie mit uns nach Warnemünde, zumindest an zwei Sonntagen, als die Sonne schien. Da war Großvater nicht dabei. Und ich begriff, dass man sich im Meer sehr einsam fühlen konnte, obwohl es rundherum von Leuten wimmelte. Und noch mehr in dem guten Restaurant, nach Brigittes Worten dem besten von ganz Warnemünde.

Es war der Sommer, als Großvater Thomas Manns *Doktor*

Faustus auf der Terrasse vorlas, über den Künstler Adrian Leverkühn, der einen Pakt mit dem Teufel schließt. Er hatte soeben das zentrale Kapitel beendet, in dem der Teufel dem Leverkühn mitteilt, dass der Pakt bereits eine Tatsache ist: »So richteten wir's dir mit Fleiß, daß du uns in die Arme liefst, will sagen: meiner Kleinen, der Esmeralda, und daß du dir's holtest, die Illumination, das Aphrodisiacum des Hirns, nach dem es dich mit Leib und Seel und Geist so gar verzweifelt verlangte.«

Der Schein der Petroleumlampe fiel auf Großvaters Gesicht. Er blickte zu Ewald und Mutter hinüber, die im Dunkeln saßen und die Zigarette zwischen sich wandern ließen. Kein Laut war zu hören, auch die Bäume bewegten sich nicht, als Konrad sagte: »Habt vielen Dank für diese Zeit.« Und er gab uns allen die Hand. Als er bei Großvater angekommen war, legte der das Buch beiseite und stand auf. Er ergriff Konrads Hand und sah ihn an, als verstünde er alles. Dann sagte er: »Auch dir vielen Dank!« Mehr nicht. Und Konrad verschwand in der Dunkelheit zwischen den Bäumen.

Am nächsten Tag kam er nicht zur Lektüre. Er kam nie mehr. Er war mit seiner Tochter und ihrem Mann in den Westen geflohen. Irgendwie aber befand sich Konrad nach wie vor hier. Als Beispiel dafür, dass ein Sprengen der Fesseln möglich war.

Vielleicht dachte Ewald schon damals an Flucht. Ich hörte ein Gespräch zwischen ihm und Mutter, als ich an seinem alten Zimmer im Gutshaus vorbeikam. Er sagte, wenn es Nadeschda nicht gäbe, würde er es bereuen, England verlassen zu haben. Er war naiv gewesen. Hatte geglaubt, in Ostdeutschland könnte man eine wahre sozialistische Gesellschaft errichten, eine Gesellschaft, in der Freiheit, Gleichheit und Brüderlichkeit Wirklichkeit würden. Er hätte Lehren aus der Französischen Revolution ziehen sollen. Als die Franzosen versucht hatten, ihre Visionen in die

Realität umzusetzen, habe es damit geendet, dass Köpfe rollten. Genau wie hier. Er sei in einer Diktatur gelandet, und es sei nicht einmal die des Proletariats, sondern die der Partei. Und die Partei liege in seinem eigenen Bett. Wenn Nadeschda nicht wäre, sagte er noch einmal.

Alle sahen, wie sehr er seine Tochter liebte, ein blasses, zartes Mädchen, zwischen den Eltern hin- und hergerissen. Wenn Ewald Nadeschda ansah, verstand man, dass sie sein Leben war. Man begriff, dass diese Liebe seine Achillesferse war. Und dass er es wusste, Brigitte ebenso. Skrupellos nutzte sie ihr Wissen aus. Wenn er nicht tue, was sie sage, werde sie ihn verlassen und Nadeschda mitnehmen. In einem Scheidungsverfahren habe er keine Chance, insbesondere bei seinem schwankenden Glauben an den Sozialismus.

Wenn Ewald abends auftauchte, kam es immer öfter vor, dass Mutter und er zu dem kleinen Hügel hochgingen, auf dem man sitzen und auf die Sumpfwiese hinabschauen konnte. Vom Südfenster in Großvaters Bibliothek ließen sie sich dort oben ausmachen, zwei dunkle Gestalten, die im Dämmerlicht saßen. Einmal, als ich in die Bibliothek kam, stand Großvater am Fenster. Ich stellte mich neben ihn, und er legte mir den Arm um die Schultern. Keiner von uns sprach. Ich weiß noch, dass der Himmel vollkommen klar war. Und dass am Horizont hinter der Sumpfwiese ein Lichtstreif lag, während der Himmel im Übrigen dunkel war. Wir schauten die ganze Zeit zu Mutter und Ewald hinüber, und Großvaters Hand drückte meine Schulter. So, als brauchte sie das.

Es war der Sommer, als Großvater sich einen Fotoapparat beschafft und eine Dunkelkammer eingerichtet hatte. Um eine Spur von dem einzufangen und zu bewahren, sagte er, was sich immer nur ahnen ließ, in Dunkelheit, Schimmer oder Glanz. Vielleicht genau von dem, was dem Sichtbaren Leben verlieh. Ich erinnere mich daran, wie ich das erste Mal neben ihm stand und mein Gesicht aus dem Entwicklerbad auftauchen sah. Er hatte mich fotografiert, als wir bei einer Radtour eine Pause einlegten. Meine Augen strahlten, die Haut glänzte, die Locken ringelten sich wie wild. Großvater schaute das Bild an und sagte, man wird selbst lebendig, wenn man liebt.

Es war am Abend des 13. August 1961, zwei Wochen nachdem Konrad verschwunden war. Wir hatten gegessen und saßen nun auf der Terrasse. Großvater hätte aufstehen und sein Buch zum Vorlesen holen sollen, aber er blieb sitzen. Ewald, der nach der Arbeit nicht nach Lüssow gefahren war, saß mit dem Gesicht in den Händen vergraben da. Mutter, auf dem Stuhl neben ihm, hielt ihre Knie umschlungen. Und neben ihr saß Großmutter, an diesem Abend war sie auch mit dabei.

Ein Windstoß fuhr durch die Bäume. Die Terrassentür, die nur angelehnt gewesen war, schlug zu. Ein Hahn krähte in der Ferne. Vielleicht ahnten wir, was geschehen würde. Vielleicht sagte Ewald deshalb zu Mutter, es habe eine Zeit gegeben, in der sie glaubten, Träume könnten wahr werden, damals hätten sie zueinander gesagt: »Nächstes Jahr in Berlin!« Jetzt aber würden die Träume erneut zerschlagen. Es sei kaum zum Aushalten.

Großmutter sah ihn an, ohne ein Wort über das Zuchthaus in Bützow zu sagen, in dem man landen konnte, wenn man allzu offen redete. Sie saß neben Großvater mit ihrem Steppengesicht, hoch aufgerichtet, das Haar straff zum Knoten gebunden. Das Schweigen war wie ein dünnes Tuch, das jeden Moment zerreißen konnte.

Da begann Großmutter von einer Nacht zu erzählen, als sie geglaubt hatte, alles wäre verloren, um sie herum gab es nur noch ein großes schwarzes Meer. Ihre Stimme hatte einen Klang, wie ich ihn noch nie gehört hatte, als tönte sie in einer weiten, öden Steppe. Vielleicht war das mehr, als Großvater ertragen konnte. Vielleicht sagte er deshalb leise: »Nicht jetzt.«

Und Großmutter verstummte, während Mutters Augen beinahe überliefen.

In der Nacht zwischen dem 12. und dem 13. August 1961 begannen vierzehntausendfünfhundert Soldaten, Polizisten und Bauarbeiter die Mauer zu errichten. Die Regierung hatte beschlossen, diejenigen, denen es schwerfiel, richtig zu denken, durch eine Mauer zu schützen, den sogenannten antifaschistischen Schutzwall, damit sie vom Blendwerk und den Täuschungen des Kapitalismus nicht fortgelockt werden konnten.

Nie war es so schwer gewesen, Augustenruh zu verlassen, wie diesmal. Ewald brachte uns am Morgen zum Bahnhof in Mistorf. Nadeschda durfte mitkommen. Klein und blass, in eine Decke gehüllt, saß sie neben ihm. Das Sonnenlicht strömte, und luftige Wölkchen trieben am Himmel, am dem weit oben und an dem auf der Erde, in all den Seen, die zu Wasserhimmeln wurden.

Wir redeten nicht. Als wäre auf der Terrasse bereits alles gesagt worden. Dort hatten wir vor der Abfahrt zusammengestanden, alle, außer Brigitte. Auch zwischen ihr und uns war eine Mauer errichtet worden. Wir hatten daran gedacht, dass Ewald mit dieser Mauer leben musste, obgleich niemand es aussprach. Einen anderen Gedanken wagten wir kaum zu Ende zu denken: Wohin, auf welche Seite der Mauer, würde Nadeschda geraten?

Wir hatten dagestanden und in den Garten geschaut, wo alles zusammenpasste, die Formen und Farben und Düfte, sogar die Schmetterlinge. Sie waren in der Morgensonne umhergeflattert, vor allem die Bläulinge. Mutter hatte gerade gesagt, das sei ein Anblick, den sie mitnehmen werde, als Großvater mir ein Buch gab, dasselbe, das wir in den Sommerwochen gelesen hatten, *Doktor Faustus*. Die Abende auf der Terrasse steckten noch immer darin, sagte er, neben allem anderen, was wichtig war. Dann umarmte er mich ganz fest.

Anschließend nahm er ein abgegriffenes Bändchen mit Gedichten von John Donne zur Hand, für Mutter. Er sagte, er wolle ihr zwei Zeilen daraus vorlesen. Dann stand er da, gekleidet wie am ersten Abend, mit seiner erdbraunen, am Knie geflickten Hose, im weißen Leinenhemd, das an den Ellbogen schon fast durchsichtig war, und in seiner beigefarbenen Weste. Er hätte bei Hieronymus Bosch auf den riesigen Vögeln reiten können, dachte ich, oder auf Kafkas Pferd, wie ein Indianer, ohne Zügel, denn die gab es nicht mehr. Er stand an der Terrassentreppe, in der Hand das abgegriffene Büchlein, doch er las nicht daraus vor, er kannte die Zeilen auswendig:

> Nenn uns doch, wie du willst – so schuf uns Liebe:
> Zwei Falter, die die Flamme sengt.

Dann umarmte er Mutter. Und Mutter umarmte ihn. Als sie einander losließen, ging er rasch weg, in seinen Augen glänzte es feucht. Großmutter sagte, ihm falle jeder Abschied schwer. Sie sagte es weich und warm.

Phaeton zog den Wagen. Man konnte meinen, nichts habe sich verändert. Das Pferd trabte die Straße entlang. Die Landschaft wellte sich sanft. Und Ewalds Haare flatterten im Wind. In seinen Augen aber gab es kein Glitzern und bei Mutter kein Kichern. Vielleicht ahnten wir, was geschehen würde. Dass wir nie mehr nach Augustenruh zurückkehren sollten.

Im Frühjahr darauf zogen wir nach Stuttgart. Mutter könne Waldstadt nicht länger ertragen, sagte sie. Sie wolle weg von dort. Man konnte meinen, sie wollte weg von allem, ausgenommen von mir. An mir klammerte sie sich fest. Ich war ihr Ein und Alles, sagte sie immer wieder.

Von Großvater und Großmutter trafen Briefe ein. Nicht von Ewald. Mit ihm sprach Mutter am Telefon. Ewald musste vom Amt anrufen, Gespräche, bei denen Vorsicht geboten war. Jemand konnte mithören und seine Verzweiflung erkennen.

War diese Verzweiflung besonders groß, sprachen sie über die Tage in Augustenruh, in denen Lachen ertönt und alles noch leicht und frei gewesen war. Als sich das in der Nähe liegende Bützower Zuchthaus noch immer in weiter Ferne befand. Als Brigitte, die mit diesem drohte, noch nicht aufgetaucht war. Als sie beim Tanzen herumgewirbelt waren.

Jetzt gehe es meist ums Aufsteigen, sagte er. Brigitte sei damit beschäftigt, die Karriereleiter der Partei emporzusteigen, rasch und geschmeidig, während er selbst in seinem Brunnenloch hocken blieb. Sie werde ihn dort sitzen lassen, sagte sie, solle er doch weiter durch den Augustenruher Schlamm kriechen. Nadeschda werde sie mitnehmen, der reaktionäre Vater solle ihr das Kind nicht verderben.

War das der Grund, warum wir nicht mehr nach Augustenruh fuhren? Oder war die Mauer das Hindernis? Als ich Mutter fragte, sagte sie, wir erhielten keine Genehmigung. Vielleicht war dem tatsächlich so. Ich schrieb lange Briefe an Großvater, und er schrieb lange Briefe an mich, über unsere Bücher, unsere Bilder, unsere Sehnsucht. Anderes trat in mein Leben, die ersten Verliebtheiten, die Augustenruh wie einen Traum in die Ferne rücken ließen.

Drei Jahre nach unserem letzten Sommer in Augustenruh wurden Brigitte und Ewald geschieden. Brigitte zog mit Nadeschda nach Berlin. Das Kind bekam einen neuen Vater, einen linientreuen Juristen. Ewald durfte sie einmal im Monat in Berlin treffen. Es sei schwer, sagte er am Telefon zu Mutter, Nadeschda war es peinlich, wenn er zeigte, wie glücklich es ihn machte, sie wiederzusehen. Und es tat so weh, dass ihre Arme, wenn er sie an sich zog, wie bei einer Stoffpuppe hinunterbaumelten. Oder wenn sie sich verplapperte und den Juristen Vater nannte. Einmal ließ er sich hinterher volllaufen. Das aber sei keine Lösung, sagte er. Mutter und er wussten beide, wie die Lösung aussah. Obwohl sie es nie aussprachen, nicht am Telefon.

Mutter strickte wie eine Besessene Pullover für Ewald, ständig neue Pullover, als könnten die ihn schützen. Sie strickte auch am 12. Dezember 1965. Es war ein Sonntag, der dritte Advent. Mutter hatte die Kerzen am Adventskranz angezündet, drei kleine, flackernde Lichter. Es war Abend. Die Dunkelheit, die sich über die Stadt gelegt hatte, war kompakt.

Vater saß schlafend auf dem Sofa, die Zeitung im Schoß. Manchmal ertönte ein Schnarchlaut. Ich wollte gerade in mein Zimmer gehen, um in dem Buch zu lesen, das ich von Großvater zum Geburtstag bekommen hatte – *Die Bekenntnisse* von Jean-Jacques Rousseau –, als das Telefon im Flur läutete. Sonntags rief Ewald nie an. Schon gar nicht heute, an Nadeschdas Geburtstag. Mutter wusste, dass er vorgehabt hatte, mit einem Geschenk für sie nach Berlin zu fahren.

Die Klingeltöne durchschnitten die Stille. Mutter hatte ihr Strickzeug sinken lassen und saß einfach nur da, einen halb fertigen Ärmel im Schoß. Vater wurde wach und sagte, ich solle rangehen.

Ich erkannte Großvaters Stimme kaum wieder. Sie hatte allen Klang verloren. Er wolle Mutter sprechen, sagte er. Dann wurde es still. Ich hörte seine Atemzüge, sie gingen schwer, als wäre er einen steilen Berg hinaufgestiegen. Und ich sah, wie Mutter mich anstarrte, ihr Blick … Ich vermochte ihm nicht zu begegnen. Schaute weg, als Großvater fragte, wo Mutter sei. Ich sagte, sie komme, und streckte ihr den Hörer hin.

Sie legte den Pulloverärmel zusammen, langsam und umständlich. Dann erhob sie sich und kam ans Telefon, so als ginge sie über Eisschollen auf einem unruhigen Meer. Ich gab ihr den Hörer und blieb stehen, obgleich ich am liebsten weggerannt wäre. Sie nahm ihn und sagte »Hallo«, so leise, dass es kaum zu vernehmen war. Großvater aber musste es gehört haben, denn er sagte etwas. Ich konnte seine Stimme hören, auch wenn ich die Worte nicht verstand. Er schaffte es vielleicht, einen Satz zu sagen. Dann sackte Mutter zusammen.

Ich dachte, sie sei tot. Vater sprang auf und schrie Mutters Namen. Ich kniete neben ihr und flehte sie an, wieder aufzuwachen. Mutter lag am Boden, bleich und still. Auch Vater ließ sich auf die Knie fallen und legte seinen Kopf auf ihre Brust. Es sah aus, als stünde er mit seinem mächtigen Buckel auf allen vieren und ruhte seinen Kopf bei ihr aus. Ich glaube, ich habe geweint. Kurz darauf sagte Vater, Mutters Herz schlage. Erst da hörten wir das Rufen im Telefonhörer, der an der Wand herunterbaumelte. Vater nahm ihn. Es war das einzige Mal, dass er mit Großvater sprach.

Ewald war am vorhergehenden Abend nach Berlin gefahren. Erst hatte er Großvater noch das Geburtstagsgeschenk für Nadeschda gezeigt: eine Kette aus echtem Gold mit einer kleinen Siegesgöttin, derselben Göttin, die groß und prächtig auf einer Säule im Herzen Berlins stand. Einer von Großvaters Freunden, ein alter Juwelier in Güstrow, hatte sie angefertigt. Ewald hatte seinen Ehering dafür hergegeben, nicht Brigittes, den hatte er weggeworfen. Zu Großvater hatte er gesagt, dass er Nadeschda am Vormittag treffen werde, bevor ihre Geburtstagsfeier begann. Anschließend werde er den Zug nach Hause nehmen.

Sie hatten in Großvaters Bibliothek gesessen und zusammen geraucht. Die Schwaden hatten sich miteinander vermischt, bevor sie sich auflösten. Ewald hatte plötzlich von Reinhold gesprochen. Dass er oft an den Spruch auf seinem Grabstein dachte: »Die Nacht ging dahin, und der Tag brach an.« Es hat lange gedauert, bis ich es begriffen habe, sagte er. Dann war er aufgestanden und losgefahren.

Er kam nie zurück. Stattdessen waren zwei Volkspolizisten aus Lüssow erschienen. Sie standen vor der großen schwarzen Eingangstür des Gutshauses, wo ein Bronzelöwe den Klopfring im Maul trug. Der ältere von beiden hatte mitgeteilt, dass Ewald tot sei. Er hatte zu fliehen versucht und war am antifaschistischen Schutzwall zu Tode gekommen. Die Mauer hatte Großvater den Sohn genommen. Und Mutter den Bruder.

Mutter fuhr nicht zu Ewalds Begräbnis, obgleich Vater wiederholt erklärt hatte, dass er sie begleiten könne. Sie schüttelte nur den Kopf, wenn er darauf zu sprechen kam. Sie weigerte sich, etwas zu sagen, weigerte sich zu essen, trank lediglich eine Tasse starken schwarzen Kaffee, wenn Vater sie ihr hinstellte, sonst nichts. Saß nur da und strickte an Ewalds Pullover weiter. Die Nadeln klapperten ununterbrochen, Tag für Tag und Nacht für Nacht.

Schließlich kam Luzie her, Vater hatte Eugen beim *Reutlinger General-Anzeiger* angerufen. Sie tauchte mit rot geweinten Augen auf, schwarz gekleidet in Samt und Seide, wie immer unanfechtbar, auch in ihrer Trauer. Und sie kochte Wrukensuppe und zwang

Mutter, davon zu essen, eine Suppe, sagte Luzie, die in der Zeit der großen Kälte wärmte. Doch brachte sie Mutter nicht dazu, sie zum Begräbnis zu begleiten. Zu jedem anderen, sagte Mutter, aber nicht zu Ewalds.

Es war kurz vor Weihnachten, als Ewald in Lüssow beerdigt wurde. Vom Friedhof konnte man den Hügel über der Sumpfwiese sehen. Und wenn man auf dem Hügel saß, sah man den Friedhof in weiter Ferne. Mutter schloss sich an dem Tag im Schlafzimmer ein. Vater hatte sich von der Arbeit freigenommen.

Er saß in der Küche und wartete, dass Mutter herauskäme. Als ich von der Schule zurück war, setzte ich mich zu ihm. Er glich dem Mann in der Jalousie, der etwas betrachtete, das er einst besessen hatte, was jetzt aber verschwunden war. Einzig ein Bild war übrig geblieben, gemalt mit Wasserfarben und von seltsamem Glanz. Und Vater sagte etwas, genau mit diesem Gesicht: »Du weißt doch, wie Mutter ist.«

Ich sagte nicht: »Nein, Vater.« Ich sagte nichts.

Vater sagte, er habe begriffen, dass Mutter in Augustenruh immer fröhlich gewesen sei.

Ich sagte: »Ja, Vater.«

Er schien in Gedanken zu versinken. Dann sagte er, es sei einfach gewesen, mit Großvater zu sprechen, obwohl doch alles so schwer war. Er habe das Gefühl gehabt, dass sie dieselbe Sprache sprechen würden.

Ich konnte mir die Frage nicht verkneifen, warum er nie mit nach Augustenruh gekommen war.

»Es hat sich nicht ergeben«, sagte er ruhig. Ich begriff nicht, warum mir das Herz so wehtat, als er das sagte.

Mutter blieb den ganzen Tag im Schlafzimmer. Sie kam in gewisser Weise nie wieder heraus. Blieb in grenzenloser Trauer stecken. Als es keine Träume mehr gab, nur noch Leere. Sie wollte nie mehr nach Augustenruh fahren. Vielleicht schmerzte Augustenruh ohne Ewald zu sehr. Oder lag es daran, dass Großmutter geschrieben hatte, auch Großvater sei nicht mehr der Alte, seit Ewald gestorben war? Im Sommer trage er zwar noch immer seinen weißen Leinenanzug und im Winter seinen Wolfspelz und die Frau des El-Pe-Ge-Vorsitzenden besuche er ebenfalls weiter, doch alles tue er vollkommen gedankenverloren, als ginge es ihn eigentlich nichts mehr an.

Mir schrieb er nach wie vor lange Briefe. In einem der letzten erwähnte er einen Brief von Jean-Jacques Rousseau, den dieser an seine Liebste, die Näherin Thérèse Levasseur, geschrieben hatte. Thérèse hatte Rousseau zwanzig Jahre lang umsorgt und ihm fünf Kinder geboren, die umgehend in ein Heim für Findelkinder kamen. Als gälte das, was Rousseau in seinem Buch *Emile* geschrieben hat – wie man Kinder zum Blühen bringt –, nicht für seine eigenen. Rousseau war auf der Flucht in Basel gelandet, man hatte ihm vorgeworfen, mit seinen Schriften aufrührerische Gedanken zu verbreiten und Gott zu schmähen. Er spüre den Tod im Herzen, hatte er an seine Thérèse geschrieben, während sein Hund Sultan auf seinem Mantel unter dem Tisch schlief. Er sei der einzige Trost, den er noch habe. Gleich einem unermüdlichen Kurier sei Sultan der Pferdekutsche vorausgelaufen, die ihn von Biel nach Basel gebracht habe, die ganzen neunzig Kilometer. Aus irgendeinem Grund, den er nicht begriff, sei Rousseaus Brief für ihn eine Art Trost gewesen, schrieb Großvater, obwohl er selbst keinen Hund besaß.

Nur wenige Monate später starb Großvater an Magenkrebs, den man zu spät entdeckt hatte. Großmutter schrieb, er sei ruhig eingeschlafen, so, als ginge ihn auch der Tod nichts mehr an. Sie habe lange bei ihm gesessen, nachdem er gestorben war. Es sei unfassbar, dass so viele Jahre vergangen waren, seit er gesehen hatte, wie sich der Himmel in ihrem Haar spiegelte. Sie habe auf einer Brücke in Königsberg gestanden, habe sich umgedreht und seine Augen gesehen, wie sie den widergespiegelten Himmel spiegelten. Das habe ausgereicht, schrieb sie, um sie und ihn durch all die Jahre zu bringen. Obwohl es schwer war. Das Schwerste sei gewesen, dass es auch für ihre Kinder schwer geworden war.

Auf der Insel, den 10. Dezember 2013

Fast ein Jahr ist vergangen, seit ich mit dem Schreiben angefangen habe. Es herrscht Tauwetter, auf dem See ist nirgendwo Eis zurückgeblieben. Doch ist der See nicht zu sehen, grauer Nebel umhüllt die Insel. Man könnte meinen, die Welt sei verschwunden.

Vor mir liegen die drei Briefe, die Großvater gegen Ende seines Lebens an mich geschrieben hat, die einzigen, die ich noch besitze. Ich bekam sie, als ich schon in Schweden war. Die anderen hatte ich in Deutschland zurückgelassen, als ich nach Stockholm fuhr, als ginge es bloß um eine Sommerreise, nicht um einen Aufbruch in ein neues Leben. Mutter hatte die Briefe verbrannt, auch die an sich selbst, zusammen mit den Fotos von Ostpreußen und Augustenruh.

Es habe sie einfach überkommen, sagte sie. Vater und sie waren damit beschäftigt, aus dem Betonhaus in Stuttgart auszuziehen, wo ich aufgewachsen war. Vater hatte behilflich sein wollen, aber war gefallen, und sie hatte das Rote Kreuz anrufen müssen. Später hatte er auf der Couch gesessen, plump und ungelenk, mit spindeldürren Armen und Beinen, die zu nichts mehr taugten. Und er hatte kein Wort gesagt, nur die Schrankwand angestarrt, wie ein lebenslänglich Verurteilter seine Zellenwände, während sie wie eine Wilde geräumt und geklappert hatte. Nach einer Weile hatte sie bemerkt, dass er zur Seite gesunken war und mit halb offenem Mund schlief, in den Mundwinkeln Speichel.

Da sei sie unglaublich wütend geworden, sagte sie, nicht nur auf Vater, sondern auf das Schicksal, das ihr alles genommen hatte. Und sie hatte das, was sie gerade in Händen hielt, voller Rage zum Küchenherd geschafft und verbrannt. Hatte alles in Brand gesteckt, die Fotos und Briefe, während Vater schlief. Hinterher hatte sie dagestanden und auf die Asche gestarrt. Die Wut hatte sich gelegt. Und sie fühlte sich vollkommen leer. Als hätte sie sich selbst mit verbrannt.

Ich war in Schweden, als das geschah, wohnte bereits seit Längerem dort. Ich war aus Stuttgart geflohen, sobald sich eine Möglichkeit bot.

Die kam, als ich das Abitur machte und den Scheffelpreis gewann, den Preis einer literarischen Gesellschaft, der für den besten Abituraufsatz verliehen wurde. Ich hatte über Albert Camus' *Der Mythos des Sisyphos* geschrieben, ein Buch, das für mich wie eine Offenbarung war: dass Sisyphos, den die Götter verurteilt hatten, immer aufs Neue einen Felsblock den Berg hinaufzurollen, dass dieser Sisyphos, der sich den Rest seines Lebens würde schinden müssen, nicht einfach verzweifelte. Weil er und nur er bestimmte, was diese endlose Schinderei letztendlich war: der Fluch der Götter oder die Aufgabe des Menschen, bei der »jeder Gran dieses Steins, jedes mineralische Aufblitzen in diesem in Nacht gehüllten Berg« eine Welt für sich war. »Der Kampf gegen Gipfel«, schrieb Camus, »vermag ein Menschenherz auszufüllen. Wir müssen uns Sisyphos als einen glücklichen Menschen vorstellen.«

Ich hatte über Camus' Buch auch an Großvater geschrieben. Seine Antwort ist nicht erhalten. Ich erinnere mich jedoch, was darin gestanden hatte: dass auch das Schreiben dem Hinaufwälzen von Felsblöcken gleiche. Und dass es Felsblöcke gebe, die trotz allem auf dem Gipfel liegen blieben. Dass Sisyphos das wusste, auch wenn sein Felsblock stets aufs Neue den Berg hinabgerollt war.

Großvater wusste, was ich wollte, er wusste es, bevor ich es selber wusste. Schreiben war mein Leben. Ich sagte es zu allen. Auch zu Vater und Mutter. Vater sagte: »Mach, was für dich gut ist.« Mutter sagte: »Egal, was man sagt, du machst ja doch, was du willst.«

Auch mit Igel sprach ich über das Schreiben, er war Dozent für slawische Sprachen. Ich hatte ihn bei einem Ballettabend in Stuttgart kennengelernt, etwa ein Jahr vor meinem Abitur. Die Aufführung, die von den Kritikern in den Himmel gehoben worden war, handelte von Eugen Onegin, der erst, als es zu spät war, begriffen hat, was Liebe ist.

Ich war allein bei dem Ballett, eine Freundin, die mitgehen wollte, war in letzter Minute krank geworden. Igel saß neben mir, ein Mann in den Dreißigern, mit schwarzem, lichter werdendem Haar, einem runden Gesicht und braunen Mandelaugen, die einen glauben lassen konnten, er sei Japaner. Gekleidet war er wie ein Bohemien, hatte einen roten Schal lässig um den Hals geschlungen. In der Pause unterhielt er sich mit mir. Ich sagte etwas über Onegin, ich weiß nicht mehr, was. Nur, dass in seinen Augen etwas aufblitzte, als wollte er mich gleich dort nehmen, mitten im Foyer des Württembergischen Staatstheaters.

Das gefiel mir, es war genau wie in einem Roman.

Von da an verabredeten wir uns, anfangs in einem Café in Stuttgart, dann trafen wir uns bei ihm in Tübingen, mit dem Bus war es nur eine halbe Stunde Fahrt. Zu Mutter und Vater sagte ich, ich würde Vorträge besuchen. Mehrere der großen deutschen Intellektuellen waren zu jener Zeit in Tübingen ansässig, wie der Philosoph Ernst Bloch und der Autor Walter Jens. Es gelang mir, meine Eltern zu überzeugen, dass ich an den Hort des Wissens fuhr.

Allerdings wurde Mutter düsterer und düsterer, als ahnte sie, dass ich auf dem Weg in ein neues Leben war. Manchmal, wenn wir die Autobahnbrücke überquerten, blieb sie mitten darauf stehen. Stand einfach nur da, ans Geländer gepresst, und schwieg. An diesen Tagen hielt ich auf dem Heimweg beim Tabakladen an, um ihr ein Heft mit Kreuzworträtseln zu kaufen, das sie sich selbst aussuchen durfte. Und sie sagte immer, dass sie sich freue und dass es niemanden gebe, der sie so froh mache wie ich.

Ich log auch Igel an, sagte, ich sei älter, als ich tatsächlich war. Doch irgendwie war das keine Lüge. Ich war älter als die Mädchen in meiner Klasse, obwohl ich die Jüngste war. In den Büchern bin ich so viele Gestalten in so vielen Welten gewesen. Und zwei Jahre mehr oder weniger, was spielte das schon für eine Rolle? In meinem Körper war etwas erwacht, und mein Schoß wurde so wundervoll schwer, wenn Igel mit seinem Blick kam. Und mir gefielen die Zitate, die er über mir ausstreute. Zum Beispiel als er den Philosophen Johann Gottlieb Fichte zitierte, der geschrieben hatte, das wahre Sein sei die Liebe, wo immer das in seiner *Anweisung zum seligen Leben* auch stand.

Ich war verliebt, nicht in Igel persönlich, sondern in die Erotik. Es war so wundervoll, die Venus von jemandem zu sein. Und ich war wie berauscht, wenn er mit seiner Hand zwischen meine Beine kam. Es war etwas Besonderes mit der Lust, sie verschlang alles, nicht nur Igel, auch Vater und Mutter und, das war das Schönste von allem, mich selbst. Igel durfte mich immer wieder streicheln. Und am Ende konnte er nicht anders und kam mit seinem Glied.

Ich erinnere mich, wie ich am nächsten Tag in die Schule gekommen war. Triumphierend, ich hatte meine Unschuld verloren. Ich wusste, worin das Leben bestand, im Unterschied zu meinen Klassenkameraden: Es war Liebe und Kunst. Zwar hatte es ein bisschen wehgetan, doch nur kurze Zeit. Danach war es einfach wundervoll gewesen, wir waren beide gekommen. Dass ich versäumt hatte, hundert lateinische Vokabeln zu lernen, spielte keine Rolle, nicht, wo ich vor Lust geschrien hatte, in den Armen eines nackten Dozenten.

Und Igel nahm mich mit zu seinen Freunden. In deren Dachkammerateliers hockten wir auf dem Boden und hörten Bob Dylan, die Beatles und Jazz. Und wir redeten darüber, wie wir die Welt retten würden. Darüber, wie das ablaufen sollte, gerieten wir uns manchmal in die Haare, so sehr, dass wir uns fast geprügelt hätten. Vielleicht trug der Wein dazu bei, billiger italienischer Wein, der in Strömen floss und sauer schmeckte. Es kam vor, dass Igel sich betrank. Dann endeten die Abende damit, dass er mir mit Tränen in seinen Japaneraugen versicherte, er könne ohne mich nicht leben. Manchmal lallte er so stark, dass kaum zu verstehen war, was er sagte.

Zu Igels Freunden gehörte auch Kerstin aus Stockholm, die Medizin studierte. In ausgelassener Stimmung zog sie ihren Rock hoch und pflückte ein Stoffröschen vom Strumpfband. Alle wussten, dass derjenige, der die Stoffrose erhielt, ihr, wenn die Nacht anbrach, die Seidenstrümpfe ausziehen durfte und mehr dazu. Sie sagte, so mache man es in Schweden, ganz bestimmt. Und die Blicke der Männer verschwammen, auch Igels, was mich störte, selbst wenn ich nicht in ihn verliebt war. Zugleich aber war ich begeistert, sie löste ihr Stoffröschen so leicht und frei.

Und mir wurde klar, dass es Namen in Schweden gab, die vor Sinnlichkeit vibrierten. Wie der von Kerstin, bei dem der Luftstrom, sprach man den Namen schwedisch aus, von Zunge und Gaumen erst länger gestreichelt wurde, bevor der Mund ein kleines »e« freigab, gefolgt von einem weichen »sssschhhh« und einem hellen »in«. Oder der Name eines anderen schwedischen Studenten, Lars, bei dem die Zunge den Gaumen nur kurz berührte, wie wenn ein Fischlein mit dem Schwanz schlägt, um anschließend den Mund mit einem seligen »aaaaa« zu füllen, gefolgt auch hier von dem weichen »sssschhhh«. Im Schwedischen gebe es eine Musik, sagte Lars, der Germanistik studierte. Und er zitierte Gedichte, von denen ich kein Wort mitbekam, nur die Melodie:

> Som vore det sista kvällen före en lång, lång resa:
> Man har biljetten i fickan och äntligen allting packat.
> Och man kan sitta och känna de fjärran ländernas
> närhet,
> känna hur allt är i allt, på en gång sitt slut och sin
> början,
> känna att här och nu är både ens avfärd och hemkomst,
> känna hur död och liv är starka som vin inom en.

> Als wär's der letzte Abend vor einer langen, langen Reise:
> Du hast dein Billett in der Tasche und endlich alles gepackt.
> Sitzt da und spürst die Nähe ferner Länder, spürst
> wie alles in allem ist, Ende und Anfang in eins,
> dass Hier und Jetzt Gehen und Kommen sind,
> wie Tod und Leben in dir schwerer Wein.

Er sagte, jemand, der Ekelöf hieß, habe das Gedicht geschrieben. Ein Dichter, dessen Namen Eichenlaub bedeutet. Ein anderer Poet hieß Almqvist, Ulmenzweig. Lars hieß Ahorn mit Familiennamen, Lars Lönn. Und Kerstin hieß Björklund, Kerstin Birkenhain. Man konnte leicht auf den Gedanken kommen, dass Lars Lönns und Kerstin Björklunds Land so aussehen müsse wie das Land im Stundenbuch *Les Très Riches Heures du Duc de Berry*: Alle Schweden waren bekränzt mit Laub.

Lars sagte, dass Schweden auch in anderer Hinsicht ein fruchtbares Land sei. Man befinde sich auf bestem Wege, das Motto der Französischen Revolution zu verwirklichen: Freiheit, Gleichheit und Brüderlichkeit. Man habe ein Heim für das Volk errichtet, in dem alle behütet leben konnten, unabhängig von Geschlecht, Hautfarbe oder Klasse. Und das weit weg lag von Mutter, dachte ich, die wollte, dass ich ihr Ein und Alles blieb, weil alles Übrige in ihrem Leben zur bodenlosen Leere geworden war, zu Löchern mit einem ebenso starken Sog wie die schwarzen Löcher des Weltraums.

Schweden war weit weg von Igel, der ständig sagte, ich sei sein Leben. Er hatte Pläne für uns, während ich nur Pläne für mich selbst hatte. Ich wollte weg von allem. Auch von Vater, der immer mehr zusammenschrumpfte, als würden Mutters Löcher alles Warme und Weiche schlucken, bis nur noch sein Buckel übrig blieb wie ein riesiger Berg, der alles überschattete. Es war nicht leicht, dabei zuzusehen, manchmal schnürte es mir die Kehle zu. Und ich schämte mich für meinen buckligen Vater. Und auch für das hässliche Betonhaus, in dem wir wohnten. Und am meisten schämte ich mich für mein Land.

In meiner Kindheit hatte ein Schweigen darin geherrscht, »eine Verschwörung des Stillschweigens«. Als wäre das ganze Land nach dem Krieg verstummt. Man sprach nicht über die schrecklichen Verbrechen, die Deutschland begangen hatte, auch nicht über das, was der Krieg mit den Menschen gemacht hatte. Obgleich alles, was verschwiegen wurde, nach wie vor da war. Zuweilen hatte man das Gefühl, das Schweigen gliche einem immer größer werdenden Geschwür.

Und das Geschwür platzte auf. Berichte, Geschichten, Dokumente und Bilder quollen heraus. Bilder aus den Vernichtungslagern, Bilder, die sich einbrannten, auf der Netzhaut, im Herzen, im ganzen Ich. Nie werde ich den Tag vergessen, als ich sie das erste Mal sah.

Es war spät am Abend. Mutter und Vater lagen schon im Bett. Ich saß auf der Nappaledercouch vor dem Fernseher, als ein Film über die Massenvernichtung kam.

Ich sah diejenigen, die vernichtet werden sollten, wie sie zu den Gaskammern gingen. Und diejenigen, die vernichtet worden waren, wie man sie in die Massengräber warf oder verbrannte. Ich sah den Rauch über den Krematorien, der als Ruß herabfiel. Und ich sah diejenigen, die vernichteten. Ich sah ihre Gesichter. Sie gehörten meinem Volk an.

In jener Nacht begriff ich, was Schuld war. Es half nichts, dass Großvater aus Hitlerdeutschland geflohen war. Auch nicht, dass meine Eltern noch nicht erwachsen waren, als der Krieg begann. Oder dass ich erst mehrere Jahre nach dem Krieg geboren wurde. Es half nichts. Nicht, als ich Bilder wie dieses sah:

Ein halbes Dutzend Kinder liegt in einer Baracke auf dem Boden. Sie liegen auf dem Rücken, ausgemergelt, geschwächt, Wunden an den dünnen Beinen. Nur zwei der Kinder haben sich einander zugewandt, ein Junge und ein Mädchen, als könnten sie sich gegenseitig ein Fünkchen Geborgenheit schenken, jetzt, wo es in ihrem Leben keine Gnade mehr gibt. Das Mädchen hat seinen Kopf zu dem Jungen gedreht, sein Blick aber wird unerbittlich vom Fotografen angezogen. Ein kleines, vor Schreck schwarz leuchtendes Auge. Mir war, als schaute es mich an.

Der Film war die letzte Sendung des Abends. Ich blieb vor dem Fernseher sitzen, war unfähig, ihn auszuschalten. Ich hörte das Rauschen, sah das weiße Flimmern des Bildschirms. Und ich sah den Gummibaum gleich neben der Couch. Seine Blätter spiegelten das weiße Licht, erstrahlten in flimmerndem Glanz. Jeden Morgen wischte Mutter den rußigen Staub von ihnen ab.

Es war unerträglich. Ich wollte weg, weg aus diesem Land, weg von allem.

Ich sprach mit Eugen, Luzies Mann. Genau wie ich war er vom schwedischen Volksheim fasziniert und von der schwedischen Sünde. Ich sagte, ich könne doch hinfahren und Artikel schreiben. Er war begeistert: eine junge Deutsche, die Schweden mit unverdorbenen Augen sah. Er würde dafür sorgen, dass die Artikel im *Reutlinger General-Anzeiger* erschienen oder in einem anderen Lokalblatt. Und er machte eine Flasche Sekt auf, »so wie wenn man ein Schiff tauft, das zu seiner Jungfernfahrt ausläuft«, war sein Kommentar.

Als ich Vater erzählte, dass ich nach Schweden fahren wolle, sagte er: »Mach, was für dich gut ist.« Mutter sagte: »Egal, was man sagt, du machst ja doch, was du willst.« Und sie stand an dem Tag lange, fast eine ganze Ewigkeit, auf der Autobahnbrücke. Igel sagte, ich sei nicht bei Trost, mich völlig allein in ein neues Land zu begeben, wo ich doch so jung und unerfahren sei. Dann ließ er sich vollaufen und begann wieder zu lallen.

Auf der Insel, den 15. Dezember 2013

Wir haben den dritten Advent. Dunkelheit breitet sich aus. Es ist, als hätte die Insel sich losgelöst und triebe in einem endlosen schwarzen Raum. Lech hat die Adventssterne in unseren Fenstern angezündet, kleine Richtungsweiser, wie er sie nennt. Ich fragte: »Für wen?« Er sagte: »Für uns«, und lächelte.

Ich habe die drei Briefe von Großvater aufs Neue gelesen. Der erste handelte von Rousseau. Der zweite war die Antwort auf einen Brief, den ich von der Insel Gotland geschrieben hatte. Ich war mit Freunden in ein altes Steinhaus gefahren, das unweit von Ljugarn lag. Sie hatten es von einem entfernten Verwandten geerbt, und ich sollte ihnen dabei helfen, die Dinge auszusortieren, die sie nicht behalten wollten.

Es war Herbst. Das Meer warf sich klatschend an Land, dunkle Wolken trieben in rasender Geschwindigkeit von Osten heran. Im Haus war es kalt, als hätte das Feuer, das wir in den Öfen angezündet hatten, keine Macht über die Kälte, die sich überall festzukrallen schien. An den Abenden tanzten Schatten über die Wände, wenn der Wind seinen Mund ans Haus setzte und durch die Ritzen blies. Man konnte sich einbilden, die Seelen derjenigen, die dort gelebt hatten, umherflattern zu sehen.

Auf einem Nachttisch fand ich die Schrift eines englischen Historikers, ein dünnes Büchlein, von einer feinen Staubschicht bedeckt. An den Namen des Autors erinnere ich mich nicht mehr, nur an den Titel: *If Pierre Lafleur Had Looked the Other Way* –

the Role of Contingencies in German History. Ich las es in der darauffolgenden Nacht, als der Wind wie besessen am Haus zerrte.

Es handelte von Otto von Bismarck, der nach Biarritz gekommen war, wo sich der Kaiser von Frankreich im Sommer regelmäßig mit seinem Hof aufhielt. Bismarck war preußischer Botschafter in Paris, ein geschickter Diplomat, der einen ausgeprägten Sinn für weiblichen Charme besaß, doch stets im Rahmen des Erlaubten. Bis er Katharina Orlowa begegnete.

Sie war einundzwanzig, sechsundzwanzig Jahre jünger als er, eine schöne blonde Frau, die durchs Leben zu tanzen schien. Sie besuchte Biarritz zusammen mit ihrem Mann, dem Fürsten Nikolai Alexejewitsch Orlow, der in Bismarcks Alter war. Im Russisch-Türkischen Krieg hatte Orlow sich als Held hervorgetan, was ihn ein Auge und einen Arm gekostet hatte. Später wurde er russischer Gesandter in Brüssel, war zwar einarmig und einäugig, aber dennoch in jeder Hinsicht grandios.

Sie wurden Freunde, alle drei, Bismarck und das Fürstenpaar. Bismarck war immer mehr von Katharina hingerissen, so wie er noch nie im Leben von jemandem hingerissen gewesen war. Und Katharina war von Bismarck hingerissen. Wie weit sie in ihrer gegenseitigen Hingerissenheit gingen, weiß niemand.

Was man weiß, ist, dass sie am 22. August 1862 ins Meer hinausschwammen, nur Katharina und Bismarck, dicht beieinander wie gewöhnlich. Diesmal aber schwammen sie weiter, viel weiter in die Meeresströmungen hinaus, obgleich sie wussten, wie gefährlich das war. Und sie wurden von der Strömung erfasst.

Wäre Pierre Lafleur, der Leuchtturmwärter, nicht auf sie aufmerksam geworden, wären sie ertrunken, in letzter Minute gelang es ihm, die beiden zu retten. Bismarck hatte das Bewusstsein verloren, als Lafleur ihn in sein Boot zog.

Kurze Zeit später kehrten Bismarck und das Fürstenpaar zu ihrem normalen Leben in Brüssel und Paris zurück, mit der Absicht, sich im nächsten Sommer erneut zu treffen. Doch sie sahen sich nie wieder.

Am 23. September 1862 wurde Bismarck zum preußischen Ministerpräsidenten ernannt. Und er stürzte sich in die Politik, wie man sich in die Arme seiner Liebsten stürzt. Oder wie ein verzweifelter Mann es tut, wenn die Arme der Liebsten nicht mehr da sind.

Er benötigte neun Jahre, um Deutschland zu einen und Reichskanzler zu werden, zum mächtigsten Mann nach Kaiser Wilhelm I. Und fast zwanzig Jahre blieb er an der Macht, bis der neue Kaiser, Wilhelm II., ihn zum Rücktritt zwang.

Gekränkt und verbittert zog er sich auf sein Gut in Friedrichsruh zurück, wo er acht Jahre später verstarb. In Friedrichsruh wurde er auch begraben, so wie es in seinem Testament verfügt worden war, mit all seinen Orden auf der Brust und einem Medaillon aus Achat direkt überm Herzen. All die Jahre hatte er es in der Brusttasche getragen. Es war eine Ewigkeit her, dass er es in Biarritz erhalten hatte. Auf der Rückseite des Stücks stand Katharinas Name. Vielleicht hatte sie es damals getragen, als die beiden von der Meeresströmung erfasst worden waren.

Im Folgenden widmet sich das Buch ebenso eloquent wie elegant einer Frage zum Lauf der Geschichte. Was ist es, das diesen lenkt? Spielen Zufälle, Launen und Gefühle vielleicht eine größere Rolle als Ideen? Wir sehen nur das Tun der Menschen. Was aber wissen wir über ihre Beweggründe, ihre innersten und geheimsten, die vielleicht eine entscheidende Rolle spielen? Der Historiker vermag nur, Geschichten, Schilderungen und Dokumente zusammenzustellen, die einen das Verborgene erahnen lassen.

In meinem Brief an Großvater hatte ich von dem Büchlein

geschrieben. Und von der Rolle, die Zufälle in meinem Leben spielten. Wenn ich Igel nicht kennengelernt hätte. Wenn er keine schwedischen Freunde gehabt hätte. Wenn Schweden für mich nicht zum Gelobten Land geworden wäre.

Es verging ziemlich viel Zeit, bis Großvaters Antwort eintraf. Sie war kürzer als gewöhnlich. Seine Schrift mit den vorgeneigten Buchstaben, wie ein Hundertmeterläufer, der zum Start ansetzte, hatte stets kraftvoll gewirkt, jetzt aber war sie ungleichmäßig geworden, als zitterte ihm zuweilen der Stift in der Hand.

»Man kann an Zufälle glauben«, schrieb er. »Oder vielleicht gibt es Zusammenhänge. Je älter ich werde, desto schwieriger wird es, sich des Glaubens zu erwehren, dass jemand unser Leben lenkt. Beispielsweise, was Deinen Brief aus Gotland angeht. Vor langer Zeit war ich selbst einmal dort.

Wir haben nie darüber gesprochen. Vielleicht, weil Du zu jung warst. Oder weil wir so viel anderes zu besprechen hatten. Es war so vieles, was ich an Dich weitergeben wollte, all die Bücher, all die Bilder, die für mich eine Art Lebensquell, die Kraft und Trost gewesen waren. An Dich musste ich sie weitergeben, denn zwischen uns existierte etwas, das über eine normale Verwandtschaft hinausging, ein Gefühl der Zusammenhörigkeit. Das andere musste warten. Die Zeit dafür ist nie gekommen. Ich bin mir nicht sicher, ob das eine Rolle spielt.

Erinnerst Du Dich an die Nacht, als wir auf der Terrasse über die Sterne sprachen? Nachts habe ich oft dort gesessen und sie angeschaut. Betrachtet man die Sterne, ist es leicht zu begreifen, dass die Zeiten nicht hintereinander, sondern gleichzeitig, in Schichten existieren. Dass eine seit Langem vergangene Nacht, in der man in einem Boot auf dem Weg aus dem eigenen Land saß und zu den Sternen hochblickte, noch immer da ist. Dass man in gewisser Weise sein Leben lang in diesem Boot geblieben ist. Und man sieht einen schwarzen Streifen am Horizont, immer wieder und wieder, und jemand flüstert, ganz leise, sodass es kaum zu hören ist, den Namen dieses Streifens. Einmal war das Gotland. Ich erinnere mich an die Nacht, als ich dorthin kam und bemerkte, dass der Sternenhimmel genau derselbe war.

Vielleicht ist es so, dass die meisten in ihrem Leben dahintreiben. Zuweilen erreicht man Land. Manchmal findet man ein Zuhause. Ich dachte, ich hätte es in Augustenruh gefunden. Dort habe ich versucht, ein Zuhause zu schaffen, so wie in Ostpreußen. Ich glaube nicht, dass es mir gelungen ist, jetzt nicht mehr. Ebenso wenig, wie es mir gelungen ist, ein Zuhause in den Armen einer Frau zu finden. Oft war das mein Fehler. Ich saß noch immer im Boot und trieb dahin.

Das Einzige, was in meinem Leben ein Zuhause gewesen ist, mein eigenes Zuhause, das ich nie im Stich gelassen habe und das mich nie im Stich gelassen hat, waren die Bücher und Bilder. Die kann mir niemand jemals wegnehmen, nicht jene Bücher und Bilder, die zu meiner Herzensangelegenheit geworden sind, im ganzen Leben nicht. Man kann sie ins Feuer werfen oder ins Meer, sie bleiben dennoch erhalten. Sie sind ein Teil von mir geworden, sie leben in mir. Und einige von ihnen leben weiter in Dir.«

Großvaters letzter Brief ist sehr kurz. Er hatte ihn nicht selbst geschrieben, sondern einer Schwester diktiert.

»Es gibt noch etwas, das ich in meinem vorigen Brief zu erwähnen vergessen habe: die Musik. Ich habe mir einen Plattenspieler bringen lassen. Und lausche ... Sie spielen für mich ... Und die Vögel, draußen ... Sie fielen von den Bäumen, damals, in der Zeit der Kälte ... Ich glaube, die Kälte ist erneut auf dem Weg ... Das macht nichts ... Sie spielen ...«

Neun Tage später ist er gestorben.

DIE GESCHICHTE,
DIE ALLES VERÄNDERT HAT

Vom Suchen im Dunkeln

Ich stieg aus dem Auto, das ich gemietet hatte, einem roten Golf. Das Pflegeheim Sankt Martin, ein weiß gekalktes Gebäude aus dem 18. Jahrhundert, lag auf einer Anhöhe inmitten von Weinbergen. Reihen nackter Weinstöcke ragten aus der Schneedecke, die zu schmelzen begonnen hatte. Im grauen Dunst zeichnete sich der Neckar als schwarzes Band ab. Ein dunkler Lastkahn glitt langsam vorüber. Das Tuckern des Motors war bis hierherauf zu hören, allerdings nur schwach, so schwach, dass man nicht sicher sein konnte, es wirklich zu vernehmen. Wie viele Neckarschiffe ich doch in meinem Leben gesehen und gehört habe.

Eine Nonne wies mir den Weg zu Alois' Zimmer. Sie schien in den Fünfzigern zu sein, hatte graues, krauses Haar, das hier und da unter dem Schleier hervorlugte. Ihr Gesicht war glatt und rosig, als wäre das Leben mit Gott ein guter Schutz gegen Falten.

Alois saß in einem alten braunen Ledersessel, der dem Fenster zugewandt war. Daneben stand ein ebensolcher Sessel, auch er in Richtung Fenster. Vielleicht stammten sie ja aus seiner Wohnung in Waldstadt, ich meinte die Möbel wiederzuerkennen.

Ich trat zu ihm. Er war dünn geworden, er, der doch immer rund gewirkt hatte. Die Augen lagen tief in den Höhlen, die Wangen waren eingesunken, das kleine Kinn war spitz geworden, als würde alles Körperliche langsam von ihm abgeschält. Sein Blick aber leuchtete auf, als er mich sah, lebhaft und eifrig wie in meinen Kindertagen.

Wir begrüßten uns. Sein Händedruck war ohne Kraft, er glich mehr einer Berührung, seine Hand lag in meiner, oder vielleicht lag auch meine in seiner. Er bat mich, Platz zu nehmen. Im freien Sessel neben ihm lag ein besticktes Kissen. Kreuzstiche säumen mein Leben, dachte ich. Hier war es ein Hirte mit einem gewaltigen grünen Hut, der drei dicke Schafe hütete.

Es ist seltsam, alt zu werden, sagte Alois. Es kommt einem vor, als löse sich der Körper von der Seele wie eine alte faltige Schlangenhaut, während die Seele immer leichter und freier wird. Im vergangenen Monat war er zweiundneunzig geworden. Er hoffe, noch eine Weile unter uns zu weilen. Es gebe immer noch so vieles, das er herausfinden müsse, wie an diesem Morgen. Er hatte einen Artikel über Schmetterlinge gelesen, dass sie ein Herz hatten und auch ein Gehirn. Doch stand da nichts über Gefühle. Waren Schmetterlinge froh gestimmt, wenn sie von einer sonnenwarmen Blume zur nächsten flatterten, im kleinen Saugrüssel den Geschmack von Nektar? Waren sie verzweifelt, wenn Dunkelheit und Kälte hereinbrachen? Wir wissen so wenig über das, was lebt, sagte er. Nur, dass wir zusammengehören. Das Gefühl der Zusammengehörigkeit wird immer stärker, je älter man wird.

Ich dachte, dass es bei Mutter umgekehrt gewesen war. Sie war nur immer einsamer geworden. Das hätte ich sagen sollen, stattdessen erwiderte ich, Alois habe recht, auf meiner Insel würde ich dasselbe erleben. Und ich erzählte ihm von dieser Insel: dass sie mitten in einem See lag, darüber ein weiter Himmel, der sich in mancher Nacht mit seinen großen, hellen Sternen herabzuneigen schien, fast zärtlich. Ich zeigte ihm Bilder der Insel auf meinem iPhone. Alois betrachtete sie genau. Das scheint mir ein gesegneter Ort zu sein, sagte er. Ja, erwiderte ich, genau wie Waldstadt, wo Alois alles gesegnet habe.

Das ist lange her, sagte er. Später hätten sich die Menschen nichts mehr aus dem Segen gemacht. Immer weniger nahmen an seinen Prozessionen teil. Am Ende waren es nur noch eine Handvoll alter Frauen und ein Mann, der aus Bosnien geflohen war, aus Banja Luka, wo die Serben seinen einzigen Sohn ermordet und seinen Glauben getötet hatten. Der Glaube starb, als er sah, wie sein Sohn mit einer Schusswunde im Kopf zusammensackte. Dennoch war der Mann, einem bosnischen Orpheus gleich, bei der Prozession mitgegangen und hatte inmitten der alten Frauen mit ihren dünnen, zittrigen Stimmen aus vollem Halse gesungen, als könnte man den Tod durch Singen vertreiben.

Manchmal, sagte Alois, konnte er sich, wenn er dort an der Spitze der Prozession ging, des Gedankens nicht erwehren, dass auch Gott alt und müde geworden war. An diesen Tagen sei er dem Mann aus Banja Luka in seine Wohnung gefolgt und habe mit ihm Slibowitz getrunken, während der Mann von seinem einstigen Leben erzählte, von den unter ihren Früchten fast zusammenbrechenden Pflaumenbäumen und dem süßen Pflaumensaft, der dem Jungen von den begierigen Lippen getropft war.

Wir saßen eine Weile schweigend da. Ein Raubvogel kreiste über dem gegenüberliegenden Hang, vielleicht ein Mäusebussard. Er schwebte mehrere Minuten, getragen von der aufwärts strömenden Luft. Erst als er aus diesen Luftströmen herausgeriet, bewegte er die Flügel, ein paar starke Flügelschläge genügten, um ihn zu der Luft zurückzubringen, die ihn trug.

Und wir sprachen darüber, wie sich alles geändert hatte. Dass nur noch der Markt regierte. Dass Patienten nun Pflegekonsumenten waren, die von Pflegeproduzenten möglichst schnell und möglichst billig abzufertigen waren. Dass aus Gottesdiensten Wohlfühlveranstaltungen geworden waren, in denen man zu hören bekam, Gott liebe einen bedingungslos, egal, was man sich auch einfallen ließ. Und statt dass die Geistlichen in ihren Predigten Fragen nach Leben und Tod stellten, waren sie mit raschen Lösungen schnell bei der Hand. Da könne man schon den Mut verlieren, sagte Alois. Dann aber erinnerte er sich an den Mann aus Banja Luka, wie er allem zum Trotz gesungen hatte.

Ich betrachtete Alois' Hände, die still in seinem Schoß ruhten. Sie waren schmal und knochig, nur noch von dünner Haut überzogen. Hier und da ein paar Altersflecken, wie zerlaufene Sommersprossen. Hatten seine Hände je einen Schoß liebkost? Ich weiß nicht, warum ich das gerade in dem Moment dachte.

»Es gibt ein Gedicht von Czesław Miłosz«, sagte er, »es hätte von dem Mann aus Banja Luka stammen können. Oder von deiner Mutter.«

> Girlanden aus Eichenblättern, das Glöckchen in der
> Gabelung der Linde, das zur Maiandacht ruft, ich
> wollte gut sein und mich nicht unter die Sünder mischen.
>
> Doch wenn ich mich jetzt erinnern will, was es damals
> gegeben hat, dann ist es wie ein dunkler Brunnen,
> worin man nichts verstehen kann.

Der Mäusebussard kreiste noch immer über dem Abhang. Wieder kam ein Schiff durch den Dunst geglitten. Und eine Wanduhr tickte, es klang wie das Herz eines kleinen Kindes. Nun ist es an der Zeit zu erzählen, sagte Alois. Ich bemerkte, dass ich meine Knie umschlungen hielt.

Es war etwa einen Monat nach Mutters achtzigstem Geburtstag. Alois erhielt einen Anruf. Er erkannte die Stimme sogleich wieder, obwohl er sie seit vielen Jahren nicht gehört hatte. Es war Mutter, die sagte, sie müsse ihn treffen. Da es so klang, als wäre sie in Not, erwiderte er, das lasse sich schon am nächsten Tag machen.

Sie kam am Vormittag, als er in seinem Sessel saß und in W. G. Sebalds *Schwindel. Gefühle* las, es war eine Art Vorbereitung, sagte Alois. Ob ich mich an den Abschnitt erinnerte, als der Erzähler des Buches in Enrico Scrovegnis Kapelle steht und die Engel auf Giottos Fresken betrachtet? Als er ihr lautloses Klagen vernimmt und sieht, dass sie »die Brauen im Schmerz so sehr zusammengezogen« hatten, »dass man hätte meinen können, sie hätten die Augen verbunden«? Und er fragt sich: Und sind nicht »die weißen Flügel mit den wenigen hellgrünen Spuren der Veroneser Erde das weitaus Wunderbarste von allem, was wir uns jemals haben ausdenken können«? In gewisser Weise war darin alles zusammengefasst, sagte Alois.

Er begriff, dass er genau das brauchte, als Mutter vor ihm stand. Sie wirkte so dünn und hilflos wie ein ausgemergelter, entkräfteter Vogel, der spürt, dass die Kälte heraufzieht. Er konnte nicht anders, als sie zu segnen, ihm fiel nichts Besseres ein. Dann forderte er sie auf, im selben Sessel Platz zu nehmen, in dem ich jetzt saß.

Sie sprachen zunächst über Vater. Alois wusste nicht, dass er gestorben war. Als wir nach Stuttgart gezogen waren, hatten sie sich noch ein paarmal getroffen, doch immer seltener. Sie lebten ihr jeweils eigenes Leben, das sie vollkommen in Anspruch nahm. Vielleicht war es auch etwas anderes. Etwas, das mit dem zusammenhing, was Vater gesagt hatte, als sie sich das letzte Mal gesehen hatten: es sei müßig, über vergossene Milch zu klagen.

Mutter sagte: »Aber wenn die Milch alles war, was man hatte?« Alois sah, wie ihre Unterlippe zitterte. Er fragte, was sie so niederdrücke. Alles, sagte sie. Alles sei so verwickelt geworden. Liebe und Hass, sie vermöge sie nicht auseinanderzuhalten. Zuweilen hasse sie sogar Gott. Wenn er nun unser Leben lenkt, warum habe er ihr dann alles genommen?

Sie schaute Alois an, als könnte er ihr die Frage beantworten. Er wollte gerade sagen, dass die von Giotto gemalten Flügel eine Art Antwort seien, sah jedoch ein, dass sie es nicht verstehen würde. Stattdessen legte er seine Hand auf ihre Hand und fragte, was sie denn verloren habe. Alles, sagte sie, alles.

Sie habe ihr Zuhause verloren, als sie jung war, ein Zuhause, in dem man in einem Lichtstreif von Zimmer zu Zimmer ging. Und ihren ältesten Bruder, den bemerkenswertesten Menschen, der ihr je begegnet war: Alles hatte aufgehört zu zittern, wenn er es berührte, auch sie selbst. Und ihren zweiten Bruder, den Wunderbaren, der sogar der Schwerkraft Herr geworden war, mit ihm wurde alles so leicht, auch sie selbst. Und Annemarie, die ihre engste Freundin gewesen war, niemand von ihren späteren Freunden war ihr je so nahe gewesen. Und schließlich Billy, ihr Ein und Alles, und ihrer beider Kind. Und Vater, der gestorben war, und ich, die in einem anderen Land lebte. Alles war ihr verloren gegangen, alles, was ihr lieb und teuer war. Und das Schlimmste war, sie war selbst daran schuld.

Alois hörte einen Moment auf zu reden. Der Nebel im Tal verdichtete sich. Durch die Weinberge kam eine Nonne geradelt, löste sich mit schwarzem flatterndem Schleier aus dem Dunst.

Eine Erinnerung tauchte auf: Mutter und ich hatten auf der Autobahnbrücke gestanden, und unter uns rasten die Autos wie wahnsinnig vorbei. Sie hatte sich über das Geländer gebeugt, das ihr bis zur Taille reichte, und gesagt: »Wenn ich nur nicht so feige wäre.« Ich hatte kein Mitgefühl empfunden, nur Zorn, gewaltigen Zorn, der sich kaum verbergen ließ: Wie konnte eine

Mutter ihrem Kind das antun? Ich begriff, dass auch für mich alles verwickelt geworden war.

Er wisse noch, sagte Alois, wie er Mutter das erste Mal begegnet war. Vater und sie hatten ihn aufgesucht, weil sie heiraten wollten. Damals war es in Waldstadt nicht üblich, dass jemand einen Flüchtling heiratete. Und auch nicht, dass ein Protestant wie Vater eine Katholikin nahm. Vielleicht ging Vater seine eigenen Wege, weil er unehelich geboren war. Vater hatte eifrig geredet, auch über das Kind, das sie erwarteten, während Mutter nur schweigend dagesessen hatte, das Kind im Bauch, der viel zu groß wirkte für ihren dünnen, kleinen Körper. Und die ganze Zeit schaute sie mit ihrem Flüchtlingsgesicht vor sich hin, während Vater ihnen eine golden strahlende Zukunft ausmalte. Alois hatte Mutters Gesicht gesehen und verstanden.

Auch er empfinde Schuld, sagte er. Er habe die Löcher in der Brust der Menschen mit Gebeten zu füllen versucht, obwohl er wusste, wie bodenlos sie sein konnten. Und sich nicht mehr sicher war, welchen Sinn es gehabt hatte, dass Gottes Sohn für die Menschen gestorben war.

Ich schaute ihn an. Die Jahre hatten sein Profil herausgemeißelt, seine Züge waren schärfer geworden. Im grauen Licht vom Fenster sah man das Netz der Falten, die sein Gesicht überzogen. Hatte ihn jemals jemand zärtlich umarmt? Wie bewältigt man die Begegnungen mit der Leere, wenn man sich nicht bei jemandem wärmen kann? Ich sagte, es falle mir schwer zu verstehen, was Mutter meinte, wenn sie sagte, an allem sei sie selbst schuld.

Er erwiderte, das Gleiche habe auch er zu ihr gesagt. Sie hatte geantwortet, so sei es einfach. Danach hatte sie stumm dagesessen, die Hände, die nur noch Haut und Knochen waren, um die spitzen Knie gelegt. Er hatte an den Psalm gedacht, den die Nonnen während der Frühmesse in der Kapelle gelesen hatten:

Nähme ich Flügel der Morgenröte
und bliebe am äußersten Meer,
so würde auch dort deine Hand mich führen
und deine Rechte mich halten.
Spräche ich: Finsternis möge mich decken
und Nacht statt Licht um mich sein –
so wäre auch Finsternis nicht finster bei dir,
und die Nacht leuchtete wie der Tag.

Sie hatten den Psalm laut vorgetragen, ohne das leiseste Zögern. Er selbst hatte ihn oft den Verzweifelten vorgelesen. Hatte die Worte in sich gespürt, wie ein wärmendes, schützendes Feuer. Jetzt erlosch dieses Feuer sehr leicht. Und er suchte in der Dunkelheit zusammen mit den anderen Suchenden. Er hatte seine Hand auf Mutters Hand gelegt. Vielleicht weinte sie, es klang fast so. Sie schniefte. Ein leises Schniefen, während er ihr über die Hand strich. Und dann erzählte sie.

Von der Schwarzmalerin und dem Wolfspelz

Mutter hatte mir nie von Lissy erzählt. Nur von Bruno, dass er nicht wie Ewald war. Während Ewald sich selbst als Geschenk für die Frauen betrachtete, das er mit vollen Händen austeilte, war Bruno voller Scheu. Als begriffe er, dass man ungeheuer einsam werden kann, wenn man lediglich einen Körper umarmt. Und dass auch diejenige, die umarmt wird, einsam wird. Er verstand mehr von der Einsamkeit als jeder andere, hatte Mutter gesagt. Das war wohl der Grund, warum die Menschen bei ihm zu zittern aufhörten.

Eines Abends erschien Bruno zu spät zum Essen. Er kam zusammen mit einer Frau, einer lebhaften kleinen Person mit großen, dunklen Augen und dunklen Ringellocken. Sie war erst kürzlich von Königsberg nach Mehlsack gezogen, während Luzie von Mehlsack nach Königsberg gegangen war, um Lehrerin zu werden. Lissy nahm am Esstisch Platz, mit einer Selbstverständlichkeit, als stünde ihr dieser Platz zu, und auf dieselbe Weise nahm sie Platz in Brunos Leben.

Eigentlich hieß sie Sieglinde, den Namen aber verabscheute sie. Sie war Lissy, hatte einen schlanken Lissykörper und kleine, spitze Lissybrüste. Und schlanke Lissybeine, an denen Seidenstrümpfe glänzten. Bruno schaute sie an wie jemand, der sieht, wie sich der Himmel öffnet. Und Ewald flüsterte Mutter zu: »Jetzt ist es geritzt.«

Großvater holte eine Flasche Champagner. Er sagte, sein Motto sei, die Feste zu feiern, solange man könne. Und Lissy lachte, in ihrem Hals klingelten und tönten Silberglöckchen. Bruno sah sich gezwungen, ihr zumindest übers Haar zu streicheln, doch war offensichtlich, wie sehr er sie überall streicheln wollte.

Die beiden zog es zueinander mit einer Kraft, die jeden um sie herum in Bann schlug. Alle seufzten vor Entzücken über den Champagner, über die Nachspeise, über das Leben, das so wundervoll sein konnte. Und Großvater verglich Lissy mit Caesar, der es nach dem Sieg über König Pharnakes genauso ausdrückte, wie es nun war: *Veni, vidi, vici!* Ich kam, sah und siegte!

Auch die Kleinen, Alfred und Hubert, waren von Lissy fasziniert, weil sie so viel weiter zu spucken vermochte, als sie es konnten. Selbst Großmutters Herz, das im Normalfall widerständig war, gelang es ihr zu erobern, als sie sagte, sie sei Mathematiklehrerin geworden, weil keine Regierung der Welt es zu ändern vermöge, dass eins plus eins zwei sei.

Und Lissy kam immer öfter vorbei. Manchmal brachte sie Jazzplatten mit. Bruno tanzte mit ihr im Salon, sie bewegten sich, als wären sie ein einziger lustvoller Körper. Auch Ewald und Mutter tanzten, am liebsten aber schauten sie zu, vor allem wenn Lissy sang, so innig, dass man ihr jedes Wort glaubte, wie bei Sidney Bechets »I'm Gonna Paint my Body Black«. Dann hörte auch Großvater zu, der im Sessel zurückgelehnt dasaß, um den Mund ein kleines Lächeln, als sähe er dieses Schwarzmalen, jeden einzelnen Pinselstrich auf Lissys Körper, direkt vor sich.

Es gibt Erinnerungen, die kann man wie einen Film immer aufs Neue abspielen. Wie die daran, als Bruno und Lissy sich verlobten, nach knapp sieben Monaten, am 3. September 1939. Mutter erinnerte sich an alles, an jedes Detail.

Bruno und Lissy saßen eng nebeneinander auf der Couch in Großvaters Arbeitszimmer. Die Gardinen, schwere dunkelrote Vorhänge mit grünen Blätterranken, waren zugezogen, wie immer, wenn Großvater BBC hörte. Er saß an seinem Schreibtisch. Ewald und Mutter lehnten am Bibliothekstisch. Großmutter war nicht dabei, vermutlich sah sie nach den Kleinen. Oder sie hielt Wache. Sie hatten Neville Chamberlains Rede gehört: »I am speaking to you from the Cabinet Room at 10, Downing Street. This morning the British Ambassador in Berlin handed the German Government a final note stating that, unless we heard from them by 11 o'clock that they were prepared at once to withdraw their troops from Poland, a state of war would exist between us. I have to tell you now that no such undertaking has been received, and that consequently this country is at war with Germany.«

Großvater hatte das Radio ausgeschaltet. Er saß mit hochgezogenen Augenbrauen da, und seine Kiefermuskeln zuckten. Ewald hatte Mutter am Handgelenk gepackt, als wäre sie kurz davor wegzulaufen, obwohl sie sich nicht gerührt hatte. Lissy war die Erste, die die Stille brach. Kreidebleich im Gesicht sagte sie, das hier sei erst der Anfang. Mutter sollte diese Worte nie vergessen, auch wenn sie sie damals nicht verstand. Selbst Lissy konnte nicht wissen, was kommen würde. Oder Bruno, der Lissys Hand nahm und sie sich an die Wange legte, vielleicht um sich zu vergewissern, dass sie da war. Noch war alles da. Und vollkommen ruhig, fast sachlich, fragte er, ob sie seine Frau werden wolle.

Lissy flüsterte etwas, das ein Ja gewesen sein musste, denn Bruno strahlte übers ganze Gesicht. Als hätte Chamberlain nie gesprochen. Als ob Märchen noch immer möglich wären, das Märchen vom Sohn des Königs und der Schwarzmalerin, die bis ans Ende ihrer Tage glücklich lebten.

Sie verlobten sich noch am selben Abend. Lissy bekam den Familienring, den Großmutter bei ihrer Verlobung von Großvaters Mutter erhalten hatte: zwei ineinandergeflochtene schmale Goldstreifen. Großvater bestand darauf, das Ereignis mit einer Flasche echtem Champagner zu feiern, trotz der Nachricht, dass nun auch Frankreich Deutschland den Krieg erklärt hatte. Und er hielt eine Rede, an die sich Mutter nicht genau erinnerte, sie wusste nur noch, dass sie von der Liebe handelte, die alles besiegen könne. Am selben Tag gab der Chef des Sicherheitsdienstes Reinhard Heydrich einen Erlass heraus: gegen jeden, der an Deutschlands Sieg zweifelte, würde eingeschritten werden.

Bruno bewarb sich bei der Luftwaffe. Das sei das einzig Mögliche, sagte er, es hatte damit zu tun, die Welt von oben zu sehen. Und anschließend zitierte er den Arzt Thomas Browne, der im 17. Jahrhundert gelebt hatte: »Was wir wahrnehmen, sind nur vereinzelte Lichter im Abgrund des Unwissens, in dem von tiefen Schatten durchwogten Gebäude der Welt.« Lissy sagte, seine verdammten Zitate könne er sich sparen. Zwar bewege Deutschland sich jetzt auf einen Abgrund zu, doch sei das Fliegen keine Möglichkeit, dem zu entkommen. Der schmutzige Krieg existiere auch, wenn er an seinem Himmel dahinjage. Denn diejenigen, von denen er sagte, er liebe sie, säßen dort unten im Abgrund fest. Die einzige Möglichkeit war, übers Meer zu fliehen, wie es Freunde aus Königsberg getan hatten. Bruno sagte, diese Freunde seien Juden, sie müssten fliehen, um ihr Leben zu retten. Und unser Leben?, fragte Lissy.

Es schneite, als Bruno in den Krieg zog. Lissy hatte bei ihm übernachtet. Mutter hatte nur schlecht schlafen können, nicht nur der Geräusche aus Brunos Zimmer wegen, die sich anhörten, als würden Lissy und er sich wild lieben. Auch wegen eines Traums, der sich in ihr festsaugte: Bruno saß in einem Flugzeug, vollkommen allein, sein Kopf hing zur Seite, als hätte er das Bewusstsein verloren, während die Maschine mit rasender Geschwindigkeit weiterflog. Sie hatte gesehen, wie das Flugzeug vollkommen weiß geworden war, als wäre es von Frost bedeckt, und, immer kleiner werdend, im schwarzen unendlichen Raum verschwand. Voller Angst war sie aufgewacht und hatte nicht wieder einschlafen können.

Früh am Morgen, als es noch dunkel war, hatte Bruno sich auf den Weg gemacht. Es war schwer, in ihm einen Soldaten zu sehen, obwohl er eine Uniform trug. Er war so zartgliedrig und wirkte so wehmütig mit seinem Chopin-Gesicht. Alle hatten sich auf der Terrasse versammelt, als er von einem Auto abgeholt wurde, auch die kleinen Brüder. Lissys Haut schien alle Farbe verloren zu haben. Nur ihr Mund war rot. Noch nie hatte Mutter einen so roten Mund gesehen, röter als Feuer, röter als Blut. Vielleicht empfand Bruno dasselbe. Vielleicht ließ er seinen Finger deshalb über Lissys Lippen gleiten, ganz langsam, bevor er sie schließlich mit dem Mund berührte.

Als Bruno auf der Allee verschwunden war, stand Lissy noch immer auf der Terrasse und zitterte. Ihr ganzer Körper bebte, als würde sie gleich in Stücke brechen. Großvater schaute sie an. Dann nahm er seinen Wolfspelz von den Schultern und legte ihn ihr um. Und hielt sie mit beiden Armen umschlungen. Mutter sah sein Gesicht, es war vollkommen ruhig. Sie hätte den Pelz wegreißen sollen, sagte sie, sie hätte schreien sollen, die Wölfe würden heulen, sie würden nie verstummen, erst wenn sie auch den letzten Rest des Menschen verschlungen hätten, sein zitterndes Herz. Aber sie schwieg. Sie wusste, wie sich der Pelz anfühlte: als wäre er ein Schutz gegen alles Böse.

Auch Ewald wurde einberufen. Er geriet an die Westfront, in eine der Infanteriedivisionen, während Bruno an der Ostfront eingesetzt wurde. Das Haus, in dem man in einem Lichtstreif von Zimmer zu Zimmer gehen konnte, war plötzlich leer. Die Menschen, die noch dort lebten – Großvater, Großmutter, Mutter und die Kleinen –, vermochten es nicht zu füllen.

An Tagen, wenn Lissy zu Besuch kam, war es besser. Manchmal übernachtete sie in Brunos Zimmer. Sie zog Brunos Seidenpyjama an, obgleich er ihr zu groß war. Am nächsten Morgen war sie oft genauso bleich wie damals auf der Terrasse. Das sei, weil sie ihn vermisse, sagte sie. Es fühle sich an wie ein Seil um ihre Brust, das sich in der Nacht immer weiter zuzog. Manchmal habe sie das Gefühl, kaputtzugehen. Hier sei es jedoch besser als daheim bei ihr. Dort sei alles so unwirklich, alles so fern, auch ihr eigener Körper. Eigentlich existiere ein Körper nur, wenn er liebkost werde, sagte sie am Frühstückstisch, gerade als Großvater sein weich gekochtes Ei köpfte.

An den Abenden, wenn Lissy bei ihnen blieb, musste sie das Vorlesen übernehmen. Großvater, der es sonst tat, sagte, er wolle ihre Stimme hören. Wenn die Worte aus ihrem Mund kämen, fühle man, wie warm und lebendig sie waren. Einmal sollte sie Tschechows *Die Dame mit dem Hündchen* vortragen. Es sei ein Meisterstück, sagte Großvater. Und Lissy stimmte ihm zu.

Sie las über Gurow vor, der ein Doppelleben führte, ein offenes Leben mit seiner Familie, das jedermann sehen konnte, und ein zweites, das er erst in späteren Jahren gefunden hatte, das im Geheimen vor sich ging und den Kern seines Daseins bildete, ein Leben, »worin er aufrichtig war und sich niemals betrog«, ein Leben, in dem er zu seiner Verblüffung entdeckte, dass er liebte, doch eine andere, nicht seine Frau. Als Lissy zu Ende gelesen hatte, sagte sie, wie glücklich sie sei, Bruno schon in jungen Jahren begegnet zu sein. In seinem Leben gebe es einen ebensolchen Kern wie in ihrem. Sie hatte das Buch in den Schoß sinken lassen, als sie das sagte, und der Schein des Kaminfeuers lag auf ihrem Gesicht. Ihr Mund schien zu beben. Vielleicht zog sich das Seil aufs Neue zu.

Großvater sagte, Tschechow selbst habe lange warten müssen. Und als er schließlich seine Olga gefunden hatte, konnten sie nicht zusammenleben. Sie habe in Moskau Theater spielen müssen, während er, der Lungenkranke, die milde Luft Jaltas brauchte. Doch als er starb, seien sie zusammen gewesen, in Badenweiler, einem Kurort im Schwarzwald. Das Letzte, was Tschechow getan hatte, war, ein Glas Champagner zu trinken und zu Olga zu sagen, es sei lange her, dass er welchen getrunken habe.

Soviel Großvater wusste, war Olga noch immer am Leben und spielte Theater, in erster Linie Tschechow. Lissy sagte, sie könne Olga dort auf der Bühne stehend vor sich sehen, wenn der letzte Satz gefallen war, mitten im donnernden Applaus, einsamer als jeder andere auf der Welt. Es sei seltsam, sich vorzustellen, dass

Bruno in diesem Augenblick vielleicht hoch über sie hinwegflog. Sie stand auf, ging zu einem der Fenster und blieb dort lange stehen.

Der erste Heimaturlaub wurde zu einem Fest. Großmutter hatte den Tisch mit den feinsten Gläsern und dem edelsten Porzellan gedeckt. Großvater hatte den Champagner auf Eis gelegt. Mutter und Lissy standen am Fenster und hörten den Wagen mit Bruno kommen, gerade als der Abendnebel aufzog. Lissy rannte hinaus. Sie wurde zu einem Schatten im Dunst, der in den Armen eines anderen Schattens verschwand.

Was folgte, war ein Abend der Freude. Lissy ließ immer wieder ihr Silberglöckchenlachen erklingen. Und Bruno lächelte glücklich. Dann und wann aber erschien etwas in seinem Blick. Es war deutlich, dass er anderes gesehen hatte, etwas, das auf seiner Netzhaut eingeätzt war. Mutter erinnerte sich, was Bruno in einem Brief geschrieben hatte: dass die Netzhaut gleichsam die Membran des Herzens sei.

Es fiel ihm schwer, über den Krieg zu reden. Nur als Großvater auf Tschechow zu sprechen kam, sagte Bruno, er denke oft an die Erzählung, die in der Steppe spielt. Als die Hauptgestalt früh aufwacht und die Steppe im Morgendunst vor sich liegen sieht: »… nichts ähnelte dem von gestern so wenig wie der Fahrweg. Etwas ungewöhnlich Breites, Schwungvolles und reckenhaft Kühnes zog sich statt des Weges über die Steppe hin, es war ein grauer Streifen, ausgefahren und staubbedeckt wie alle Wege …« Diese Wege habe er gesehen, sagte Bruno, sie schienen zu zittern, wenn man sie von weit oben am Himmel sah. Graue Bänder, die zitterten, weil Tausende von Menschen auf ihnen entlangzogen. Und im Bruchteil einer Sekunde erstarrten, wenn die Menschen begriffen, dass feindliche Flieger sie entdeckt hatten. Er sagte nicht, was danach geschehen war.

Bei einem anderen Urlaub saßen sie im Garten, an einem Juniabend, als es noch lange hell war. Der Himmel schimmerte sanft, die Schwalben schwirrten umher, als wäre alles leicht und frei. Bruno hatte sich kaum am Gespräch beteiligt. Hatte einfach nur dagesessen, achtlos gekleidet, mit Bartstoppeln im Gesicht. In dem Moment aber, als Lissy erzählte, wie sie in Königsberg über die Brücken gerannt war, um nach französischem Parfüm zu suchen, hatte Bruno sie auffallend barsch unterbrochen und gesagt, sie solle mit diesem Idiotenkram aufhören. Lissy schaute ihn an, traurig und verwirrt. Und Großvater sagte scharf, einen solchen Ton dulde er nicht in seinem Haus. Bruno sah aus, als wollte er aufspringen. Sie seien pathetisch, sagte er, lebten ihr kultiviertes Leben, als wäre nichts geschehen, ihm komme fast das Kotzen.

Lissy saß vollkommen reglos da, Tränen in den Augen. Großvater erklärte, Bruno habe die Grenze dessen, was akzeptabel sei, überschritten. Bruno starrte ihn an, als hätte ihn ein Peitschenhieb getroffen. »Ja«, sagte er, »ich habe eine Grenze überschritten.« Mutter sollte das Starren seiner Augen nie vergessen, während seine Lippen zitterten. Dann verbarg er das Gesicht in den Händen. Halb erstickte Töne drangen darunter hervor, und seine Schultern bebten.

Vielleicht lag es daran, dass Lissy zu ihm hinging, dass sie sich vor ihn ins Gras setzte und ihren Kopf auf seinen Schoß legte, sodass seine Hände ihr Haar spüren konnten, vielleicht lag es ja daran, dass er zu erzählen vermochte.

Es war nach einer Notlandung in Russland gewesen, nur wenige Wochen zuvor. Seinem Kameraden und ihm war es gelungen, die deutschen Truppen zu erreichen. Eines Abends gelangten die Soldaten in ein Dorf, das einem Paradies glich, alte Häuser waren von blühenden Apfelbäumen umgeben. Wären die Menschen nicht so abgemagert und wäre die Angst in ihren

Augen nicht so deutlich sichtbar gewesen. Die Soldaten hatten Lebensmittel beschlagnahmt, das Wenige, was es noch gab. Ein Junge von acht, neun Jahren hatte einen Stoffbeutel in seiner Hose versteckt, in dem zwei Eier in eine Handvoll Heu gebettet waren. Als die Soldaten den Beutel entdeckten, warf ihn der Junge mit aller Kraft zu Boden, sodass die Eier zerplatzten.

Der Kommandoführer sagte, es sei wichtig, ein Exempel zu statuieren. Der Junge wurde an einem Apfelbaum festgebunden, der Körper am Stamm und die hochgestreckten Arme mit einem Seil an den untersten Ästen. Danach schossen sie auf ihn, nicht in die Brust, sondern auf die Beine, sie zerschossen ihm die Kniescheiben, als lebenslange Erinnerung, wie sie es ausdrückten. Und ließen ihn da hängen. Ließen ihn schreien. Ließen ihn wimmern. Am Ende schnappte er nur noch nach Luft, wie ein Fisch an Land, ohne den kleinsten Laut von sich zu geben.

Als es dunkel geworden war, banden die Soldaten das Seil los. Der Junge fiel schlaff zu Boden, als wäre in seinem Körper kein Leben mehr. Den Dorfbewohnern wurde mitgeteilt, dass sie ihn holen könnten. Auf der Stelle erschien ein Mann, vielleicht der Vater des Jungen. Als er das Kind forttrug, wankte er. Bruno bekam nie eine Antwort auf seine Frage, ob der Junge bewusstlos sei oder tot.

Er hatte an einem offenen Fenster gestanden und alles gesehen und gehört. Der Kommandoführer, der neben ihm stand, hatte Bruno die Hand auf die Schulter gelegt und gesagt, derjenige, der dem Jungen helfe, begehe ein Kriegsverbrechen. Er sagte es mit sanfter Stimme. Am Abend zuvor hatten sie über Mozart gesprochen. Der Kommandoführer hatte gesagt, Mozart sei sich all dessen bewusst gewesen, was sich im Dunkel unserer Seele verberge. Dann hatte er Musik von ihm auf einem Reisegrammofon abgespielt, eine zerkratzte Aufnahme des Streichquintetts in g-Moll. Durchs Fenster, das auch zu diesem Zeitpunkt offen stand, hatte man die Schwalben gehört. Sie waren gerade zurückgekehrt, vielleicht erst am selben Tag. Als hätte Mozart sie ihnen gesandt, hatte Bruno gedacht, als Ergänzung zu seiner Musik. So waren seine Gedanken am Abend zuvor gewesen.

Man hörte die Schwalben auch am nächsten Tag. Sie hatten gezwitschert, während der Junge schrie. Der Himmel war klar, nicht eine Wolke war zu sehen. Es gibt Schreie, die hängen fest, lockern nie ihren Griff. Und ein Schweigen, mitten in all dem Zwitschern. Ein Schweigen, das einem Brenneisen gleicht, einem rot glühenden Brenneisen am Herzen. Und der kleine Mund ... Sobald Bruno das Zwitschern von Schwalben hörte, sah er diesen kleinen Mund mit den trockenen, zerbissenen Lippen, der offen stand, ohne den geringsten Laut.

Es begann zu dunkeln. Alles Blau schien sich im Himmel zu sammeln, ein seltsamer Glanz aus zurückgebliebenem Licht. Bruno saß kerzengerade da, seine Augen blickten in weite Ferne, während seine Hände über Lissys Haar strichen. Als führten sie ein Eigenleben. Niemand sagte etwas, als hätte ein kleiner offener Mund sämtliche Worte verschluckt.

Es war am nächsten Tag oder erst am Tag darauf, dass Großvater über das sprach, was Bruno als kultiviertes Leben bezeichnet hatte. Es handle sich dabei um etwas anderes, sagte er, nämlich um das, was die alten Griechen Arete genannt hatten: dass man alles so vortrefflich tun solle, wie man nur kann, ob es nun darum gehe, einen Gedanken zu denken oder eine Suppe zu kochen, den Mittagstisch zu decken oder ein Paar Schuhe zu fertigen. Nie solle man nachlässig sein. Damit alles seine Arete aufweise. Menschen und Blumen sollten blühen, so viel sie nur könnten, eine Kartoffelsuppe solle von vollendetem Geschmack sein, Gläser und Besteck sollten prachtvoll glänzen und Schuhe die Füße umhüllen, so weich wie nur möglich, und sie schützen vor allem, was scharf und spitz sei, sowie gegen Kälte und Regen. Alles solle von Wert und gepflegt sein. Liege darin nicht eine Abwehr der Barbarei, die Menschen und Dinge ihres Wertes beraube?

Als Bruno keine Antwort gab, wiederholte Großvater seine Frage in fast zärtlichem Ton, als begriffe er, wie schwer die Erwiderung darauf fiel. Nach langem Schweigen sagte Bruno, er würde gern mit Ja antworten. Doch er könne es nicht. Die Arete sei zu schwach. Sie schütze den Menschen nicht, nicht, wenn es wirklich darauf ankomme, nicht gegen Bosheit, nicht gegen Verrat.

Wie sollte sie unentwegt stark sein können, sagte Großvater, wenn doch Menschen sie praktizierten? Wir Menschen seien unvollkommen. Das aber befreie uns nicht von der Aufgabe, so vollkommen wie nur möglich zu sein. Genau das sei die Arete; nie aufzugeben, sich immer ordentlich zu rasieren, den Leinenanzug überzustreifen und in die Kalbslederschuhe zu schlüpfen und das zu pflegen, was die Franzosen *courtoisie du cœur* nannten, eine Höflichkeit des Herzens, auch in Zeiten des Krieges.

Bruno gab keine Antwort. Die Bartstoppeln auf seinen Wangen waren dunkler geworden. Er saß neben Lissy. Sie hatte während des ganzen Gesprächs geschwiegen. Und Großvater nur angesehen, als wollte sie jedes seiner Worte bewahren.

Auch diesmal saßen sie im Garten. Ein leichter Wind blies. Man sah, wie er aufkam, die Bäume erzittern ließ, zunächst die in der Ferne, dann näher und näher heran ein grünes Wogen, bis er schließlich warm und mild über ihre Leiber strich. Bruno lehnte sich zurück und schloss die Augen, mit Lissys Hand auf seinem Arm. Für einen Moment war es, als gäbe es den Krieg nicht.

Der Krieg aber ging weiter, nicht als Blitzkrieg, der rasch gewonnen wurde, sondern immer blutiger, immer ausgedehnter, mehr und mehr Länder umfassend. Ein Inferno, das alles zu verschlingen drohte. Die deutsche Offensive gegen die Sowjetunion war missglückt. Die deutschen Truppen, deren Befehl gelautet hatte, Moskau einzunehmen, waren stecken geblieben. Es war, als hätte der Himmel eingegriffen. Die Temperaturen waren auf minus fünfzig Grad gesunken. Die deutschen Soldaten waren nicht ausgerüstet für eine solche Kälte, die Mark und Bein durchdrang und alles zu Eis erstarren ließ, auch den Kampfeswillen. Während die Kampfeslust der sowjetischen Truppen, die an arktische Temperaturen gewöhnt waren, weiter zunahm. Am Ende flohen die deutschen Verbände in vollkommener Auflösung. Von Hitler aber erging ein Befehl zum Durchhalten.

Und die Deutschen hielten durch, irgendwo in der russischen Finsternis, weit weg von den warmen Betten in Moskau, sagte Großvater, als er die Kriegsmeldungen der BBC abhörte, und weit weg von den warmen Betten in Berlin, in denen Hitler und seinesgleichen schliefen. Lissy saß neben ihm und hörte zu, vor Unruhe außer sich. Manchmal konnte sie die Tränen nicht zurückhalten, sodass Großvater sie in die Arme nehmen musste.

Und erneut brach der Frühling an. Bruno war rastlos, wenn er auf Heimaturlaub kam. Mit Lissy streifte er durch Wiesen und Felder, doch nicht wie früher, als er auf alles sorgfältig und gründlich geachtet hatte. Nun lief er rasch, wie gejagt, an allem vorüber. Manchmal hatte Lissy, wenn sie heimkamen, einen Abdruck seiner Zähne am Hals. Und am Rock hinten Grasflecke. Als die Jungen mit dem Finger darauf zeigten, geriet sie in Rage, obwohl sie sonst immer lieb zu ihnen war.

Und Bruno hackte Brennholz. Stand mit nacktem Oberkörper draußen und hieb wie ein Besessener auf die Klötze ein. Als könnte man all das weghacken, was einen zur Axt greifen ließ. Lissy sagte, sie werde noch ganz verrückt von dieser Hackerei. Die Zeit, die sie zusammen hätten, sei so kurz. Und die Zeit zwischen den Urlauben so lang.

Der Sommer kam. Und Mutter machte sich auf den Weg, um mit den BDM-Mädels Feldarbeiten zu verrichten. Als sie freibekam, um heimzufahren, war Lissy nicht da. Sie erschien am nächsten Tag zum Essen, schöner und blasser als je zuvor. Sie sagte, sie arbeite an einem Artikel über den Zwergplaneten Ceres, der am 1. Januar 1801 von dem italienischen Astronomen Giuseppe Piazzi entdeckt worden war. Danach aber war er wieder verschwunden, war der von Piazzi berechneten Bahn nicht gefolgt, sondern einer anderen, die ihn ungesehen durch den endlosen Raum ziehen ließ. Als der junge Carl Friedrich Gauß davon las, hatte ihn das Interesse für Ceres gepackt. Wie ein Besessener hatte er gerechnet und gerechnet, bis er eine neue Methode fand, um die Bahn des Planeten zu bestimmen. Und das führte zum Erfolg: Am 7. Dezember 1801 wurde Ceres mithilfe von Gauß' Methode von Neuem gefunden.

Mutter verstand nicht, wie man mitten in einem Krieg über etwas so Belangloses wie einen Zwergplaneten schreiben konnte. Lissy sagte, sie würde sonst verrückt. Und Großvater äußerte nur, man schreibe über das, worüber man schreiben müsse. Großmutter schaute Lissy an, wie Piazzi den Himmel angeschaut haben musste, als der plötzlich leer war. Sie sagte, dass Lissy ihr fehle. Sie könnte doch hier im Garten sitzen und schreiben, statt sich in ihrer Wohnung zu verkriechen. Ja, sagte Lissy, das könnte sie. Tat es aber nie.

Am selben Abend gingen Mutter und Lissy zum Schwimmen an den See. Es war in der Dämmerung, wenn alles einen seltsamen Glanz bekam. Als Mutter ins Wasser ging, blieb Lissy am Ufer stehen. Mutter drehte sich um und schaute sie an, ihren nackten, schimmernden Körper. Und ihr Gesicht. Darin lag etwas, eine Sehnsucht, so stark, dass Mutter sich abwenden musste.

Als die Wärme einsetzte, startete die deutsche Wehrmacht eine erneute Offensive an der Ostfront. Stalingrad, einer der wichtigsten Verkehrsknotenpunkte, sollte erobert werden und im Anschluss daran der Kaukasus, wo sich die großen Ölraffinerien befanden. Der Vormarsch ging rasch vonstatten, und Hitler wurde übermütig. Stalingrad und der Kaukasus sollten gleichzeitig eingenommen werden. Das in der Sowjetunion kämpfende deutsche Heer wurde geteilt und musste an zwei Frontlinien kämpfen. Am 23. August 1942 drang die 6. Armee in Stalingrad ein, nachdem man die Stadt massiv bombardiert hatte. Um jede Straße, um jedes Haus musste gerungen werden. Die russischen Soldaten kämpften um ihr Leben und das ihrer Nation.

Von Bruno trafen Briefe ein. Mutter erinnerte sich besonders an einen, in dem er berichtete, wie er auf dem Flugplatz von Morosowskaja, der im Umfeld von Stalingrad lag, nach durchgeführtem Auftrag gelandet war. Im selben Augenblick, als er aus der Maschine stieg, war eine Schar Wildgänse mit heiseren Rufen über sie hinweggeflogen. Er hatte nicht geschrieben, was er empfunden hatte. Nur, dass die Wildgänse nach Süden geflogen seien, wie immer, schrieb er, wenn die Zeit der Dunkelheit und Kälte heranrückte.

Am 22. November 1942 wurden die deutschen Heeresverbände in Stalingrad eingekesselt, umringt von sowjetischen Truppen. Hermann Göring, Oberbefehlshaber der deutschen Luftwaffe, gelobte Hitler, seine Männer würden die deutschen Soldaten mit allem Notwendigen versorgen, und zwar mit mindestens fünfhundert Tonnen am Tag, bis sie den Feind besiegt hätten. Im Durchschnitt gelang es ihnen kaum, hundert Tonnen pro Tag zu transportieren. Die eingeschlossenen Soldaten hungerten, wie auch die Reste der Zivilbevölkerung, fünfundsiebzigtausend Menschen, die nicht hatten fliehen können und die nicht mit Lebensmitteln versorgt wurden, die mit immer ausgemergelteren Hungerkörpern frierend in Erdhöhlen der kaputt geschossenen und zerbombten Stadt hockten.

Bruno hatte nichts davon geschrieben. Mutter hörte es erst lange nach dem Krieg von einem seiner Kameraden. Dass sie mit verwundeten Soldaten zurück nach Deutschland geflogen waren. Man hatte die Verletzten an Bord getragen, während die Besatzung dafür sorgen musste, all die Verzweifelten, die ebenfalls an Bord wollten, mit gezogener Waffe daran zu hindern. Einige hatten sich am Flugzeug festgeklammert und waren mitgeflogen, bis die Kräfte sie verließen und sie in den sicheren Tod stürzten. Bruno schrieb nicht ein Wort darüber, nur ein Satz in einem Brief an Mutter ließ etwas erahnen: »Wenn ich noch meinen Glauben hätte, würde ich Dich bitten, für uns zu beten.«

Weihnachten 1942 rückte näher. Weder Bruno noch Ewald bekamen Heimaturlaub. Luzie kam vom Lehrerinnenseminar in Königsberg nach Hause. Heiligabend tauchte auch Lissy auf. Die rote Weihnachtsdecke lag auf dem Tisch, die Gläser funkelten, das Tafelsilber war frisch geputzt. Ein großer Weihnachtsbaum stand wie immer im Salon, geschmückt mit goldenen Engeln, mit Kugeln und Kerzen.

Großvater las das Weihnachtsevangelium. Ihm sei der Gedanke gekommen, sagte er, als er zu Ende gelesen hatte, dass es eine Geschichte über Wehrlosigkeit sei. Luzie stimmte ihm zu. Für Josef könne es nicht leicht gewesen sein, als ihm seine Braut berichtet hatte, dass sie ein Kind von einem anderen erwartete.

Man werde so wehrlos, wenn man liebt, sagte sie, als hätte sie in Königsberg etwas darüber gelernt. Großmutter pflichtete ihr bei. Lissy erwiderte schroff, auch für Maria müsse es schwer gewesen sein. Vielleicht verzehrte sie sich vor Sehnsucht nach dem Engel, während die Hirten vor dessen Kind auf die Knie fielen. Es gebe Ereignisse im Leben, die seien wie Kometen, sagte sie, leuchteten so glühend auf, dass alles in ihrem Umkreis verbrenne. Als sie das sagte, war sie ungeheuer bleich. Großvater beschloss, nun sei es an der Zeit, Champagner zu trinken, solange es den gebe, könne der Mensch seine Wehrlosigkeit ertragen.

In der Nacht fuhren sie im Pferdeschlitten zur Christmette, Großvater, Lissy, Luzie und Mutter. Großmutter blieb mit den Jungen daheim. Die Kirche in Mehlsack war bis auf den letzten Platz besetzt. Es waren vor allem Frauen, die meisten Männer kämpften an der Ost- oder Westfront. Die Frauen beteten, die Gesichter voller Unruhe, voller Sehnsucht und voller Sorge, als könnte ein kleines wehrloses Kind sie retten.

Sie sangen Weihnachtslieder, auch Lissy. Der Pfarrer, ein großer, kräftiger Mann mit fliegendem weißem Haar, der wie ein Athlet Gottes aussah, hielt eine Predigt, in der er den Krieg mit einer langen Wanderung durch die Wüste verglich, mit Tagen, heiß wie Feuer, und Nächten, kalt wie Eis, und mit Sandstürmen, die dem Menschen die Sicht raubten. Doch Gott, sagte er, halte seine Hand über uns, sodass wir ans Ziel gelangten. Mutter schob den Gedanken, der ihr kam, beiseite: damit er uns nicht mehr sehen muss.

Als sie wieder zurück waren, wollte Lissy, die die ganze Fahrt über geschwiegen hatte, plötzlich heim. Sie ertrage es nicht, sagte sie, ihr fehle Bruno so sehr, dass es sie zerreiße. Luzie und Mutter versuchten sie zum Bleiben zu überreden, sie aber weigerte sich, sie müsse nach Hause. Großvater sagte, er könne sie fahren. Und sie sahen, wie der Schlitten auf der Allee verschwand. Lissy saß neben

Großvater auf dem Kutschbock. Sie wirkte so klein, fast wie ein Kind.

Mutter hatte schon geschlafen, als Großvater zurückkam. Er habe lange mit Lissy geredet, sagte er, als sie beim Weihnachtsfrühstück saßen, sie sei so verzweifelt gewesen. Im letzten Brief an sie hatte Bruno von der Musik geschrieben, die in Stalingrad zu hören war, Musik aus riesigen Lautsprechern, die die sowjetischen Truppen aufgestellt hatten, ein Lied wurde in der zerbombten Stadt immer wieder in voller Lautstärke abgespielt, mitten in der eisigen Kälte:

> Die Vöglein im Walde,
> die singen ja so wunderschön,
> in der Heimat, in der Heimat,
> da gibt's ein Wiedersehn.

Den Rest des Briefes hatte die Zensur geschwärzt. Nur der Abschiedsgruß war noch vorhanden und Brunos Name. Großmutter sagte, es wäre besser für Lissy, bei ihnen zu wohnen. Großvater gab keine Antwort. Vielleicht hatte er nicht gehört, was sie sagte. Er betrachtete den Honig, der von seinem Löffel auf das Weihnachtsbrot tropfte. Mutter kam es fast vor, als lächelte er.

Und dann kam 1943. Die sowjetische Armee rückte in Stalingrad vor, Straße um Straße, Haus um Haus. Auch die Flugplätze, die die deutschen Truppen hatten halten können, wurden eingenommen. Die deutsche Luftwaffe musste die noch verbliebenen Soldaten im Stich lassen. Am 3. Februar wurden die Sendungen im deutschen Rundfunk unterbrochen. Das Oberkommando der Wehrmacht teilte mit, die 6. Armee in Stalingrad habe bis zum letzten Atemzug gekämpft, sei jedoch der »Übermacht« der Feinde und »der Ungunst der Verhältnisse« erlegen. Sämtliche Soldaten seien umgekommen, sagte man. Während die Rundfunkstationen des Feindes erklärten, 91 000 deutsche Militärangehörige seien in Kriegsgefangenschaft geraten, vollkommen durchgefroren und ausgehungert, doch am Leben. Großvater hörte wie immer die Berichte beider Seiten. Und er leistete Lissy Gesellschaft in ihrer Verzweiflung.

Mutter wusste es noch genau. Es war am Samstag, dem 13. Februar. Sie hatte frei und war heimgefahren. Großmutter war zu den Nachbarn gegangen, um die Jungen zu holen, die mit deren Kindern zu spielen pflegten. Nur Mutter und Großvater waren daheim. Sie saßen im Salon am Kamin, in dem ein Feuer brannte, und plauderten. Es hatte zu regnen angefangen. Der Wind ließ die Tropfen gegen die Fenster prasseln, als würfe jemand ganze Hände voller Reiskörner gegen die Scheiben. Großvater hatte gerade etwas erzählt, was er bei Rousseau gelesen hatte: dass die Asche von Menschen und Tieren, die verbrannt wurden, einen Stoff enthalte, den er Glaserde nannte, Erde, die geschmolzen und zu den schönsten Vasen aus durchsichtigem Glas geformt werden könne. Das Glas bekomme eine milchige Weiße, die an Narzissen erinnerte, die auf Latein einen so schönen Namen tragen: »Narcissus poeticus«. Europa könnte man als wüstes Land betrachten, sagte Großvater, und überall liege Asche für die schönsten Vasen.

Gerade als er das sagte, hämmerte jemand an die Tür, so, als wollte er sie am liebsten einschlagen. Großvater erhob sich, um nachzusehen, wer es war, Mutter aber blieb sitzen.

Jemand schrie, sie erkannte Brunos Stimme und rannte auf den Korridor, wo ein heftiger Tumult ausgebrochen war. Bruno schlug auf Großvater ein, immer wieder und wieder. Großvater versuchte die Schläge abzuwehren, während ihm das Blut aus Mund und Nase lief. Bruno schrie, er habe keinen Vater mehr, dass der, den er seinen Vater genannt hatte, ein Schwein sei. Und dass es das letzte

Mal sei, das allerletzte Mal, dass sie einander sähen. Und Bruno rannte weg, obwohl Mutter seinen Namen schrie, er rannte einfach weg. Großvater lehnte an der Wand, das Gesicht blutverschmiert.

Mutter war verstummt, sagte Alois. Sie saß zusammengesunken da, die Hände im Schoß, kleine, kindliche Hände, auf denen die Altersflecken im dunkler werdenden grauen Licht zu verblassen schienen. Sie nahm all ihre Kräfte zusammen, um vom Schwersten zu berichten, dem, was Bruno ihr erzählt hatte, als sie ihm auf der Allee hinterhergerannt war: dass Großvater seinem Sohn die Braut gestohlen hatte. Lissy war Großvaters Geliebte geworden. Bruno hatte es herausgefunden, als er überraschend heimgekommen war. Lissys Bett war nicht gemacht, auf dem Laken lag ein Taschentuch mit Spermaspuren und dem Monogramm seines Vaters. Lissy hatte alles eingestanden und gesagt, sie liebe beide. Er hatte auch auf sie eingeschlagen, er, der sein Leben lang nie jemanden geschlagen hatte.

Er stand in der Allee, mitten im strömenden Regen, und erzählte es Mutter. Er hielt sie bei den Schultern gefasst. Nein, er erzählte nicht, hatte sie gesagt, er schrie wie ein verwundetes Tier. Sie versuchte ihn festzuhalten. Aber er riss sich los und stürzte davon. Sie sollte ihn nie wiedersehen. Sie stand dort im Regen. Wusste nicht, wohin sie gehen sollte.

Als sie ins Haus kam, saß Großvater im Sessel am Feuer. Er hatte sich gewaschen und das Hemd gewechselt. Seine Oberlippe war aufgeplatzt und geschwollen. Sie blieb in der Tür stehen, durchnässt und am ganzen Leib zitternd. Er warf ihr einen Blick zu, ohne jedes Anzeichen von Panik. Und sagte lediglich: »Zieh dich um!« Er sagte es so, als hätte sie keine Wahl. Sie zog sich um und legte sich aufs Bett. Sie hätte weinen sollen, konnte es aber nicht. War wie gelähmt vor Entsetzen.

Sie sagte kein Wort über das, was geschehen war, als Großmutter heimkehrte. Auch nicht, als Lissy die Nachricht schickte, sie sei krank und könne nicht zum Essen kommen. Großvater sagte, er sei gestolpert. Mutter saß am Abendbrottisch, kerzengerade und stumm. Als Großmutter von Bruno zu reden begann, dass sie hoffe, er möge bald nach Hause kommen, sagte Mutter, sie habe das Gefühl, auch krank zu werden. Und sie stand vom Tisch auf und ging ins Bett.

Im Zimmer war es dunkel geworden. Mutter habe erneut geschwiegen. Und Alois seine Hand auf die ihre gelegt. Vielleicht gab es keine Antworten, nur eine Hand, die eine andere wärmte. Und er sagte etwas, das Georg Büchner an seine Verlobte geschrieben hatte: dass der Mensch nur Schaum auf der Welle sei. Ja, erwiderte Mutter. Dann sagte sie, sie müsse sich ausruhen. Ihr Herz schmerze.

Er kümmerte sich um ein Gästezimmer. Und Mutter blieb die Nacht über dort. Sie nahmen an der Abendvesper teil. Sie stimmte in die Lieder ein, mit zittriger Stimme und ziemlich falsch. Er mochte es. Dann aßen sie ein einfaches Mahl in seinem Zimmer. Zum Essen tranken sie eine Flasche Wein und stießen miteinander an. Sie waren sich vollkommen einig darin, dass sie nicht wussten, worauf.

Von dem Brief, der nie hätte geschrieben werden sollen

Am nächsten Tag war der Himmel klar. Mutter und Alois saßen in seinem Zimmer am Fenster. Draußen herrschte helles Licht. Die Erde zwischen den nackten Weinstöcken leuchtete rot. Die Haut ihrer Hände sah aus wie alte Schlangenhaut, dachte Alois, kurz bevor sie abfiel.

Mutter erzählte von dem Traum, den sie in der Nacht gehabt hatte. Sie sollte in einer Stadt, die sie nicht wiedererkannte, eine Straße überqueren, die Menschen redeten in einer Sprache, die sie nicht verstand. Starker Verkehr herrschte, die Sonne schien heiß, mit gleißendem Licht. Alles vibrierte, als würde es sich jeden Augenblick auflösen. Ein Bus fuhr langsam vorüber, ein lädierter Stadtbus, in dessen Schatten sie geriet. Hinter den Fenstern bemerkte sie ein paar Fahrgäste, darunter einen alten Mann mit weißem Haar, der aussah, wie Chopin ausgesehen haben könnte, wenn er alt geworden wäre. Es war Bruno, sie wusste, dass es Bruno war. Sie winkte, sie rief, doch der Verkehrslärm schluckte ihre Rufe. Als der Bus schon fortgleiten wollte, sah Bruno sie an, mit demselben Blick wie damals in der Allee, als er alles verloren hatte. Nur dieser Blick, sonst nichts. Sie war dem Bus hinterhergerannt. Der aber verschwand. Völlig atemlos und mit klopfendem Herzen war sie aufgewacht. Es musste Bruno noch geben. Alois sollte ihr helfen, ihn zu finden. Erst aber musste sie erzählen, sagte Alois, was nach Brunos Verschwinden passiert war.

Anderthalb Jahre vergingen. Nach Stalingrad hatte Goebbels im Berliner Sportpalast vor dreitausend wie besessen jubelnden Zuhörern den totalen Krieg ausgerufen. Und alle Männer zwischen sechzehn und fünfundsechzig waren mobilisiert worden, um für den Endsieg zu kämpfen. Großvater war einer von denen, die die Heimatfront verteidigen sollten, während Mutter mit den BDM-Mädels weiter auf den Feldern schuftete.

Obgleich alle brauchbaren Männer nun am Krieg teilnahmen, wurden die deutschen Heeresverbände immer weiter zurückgedrängt. Im Spätsommer 1944 hatten die sowjetischen

Streitkräfte die Weichsel in Polen erreicht. Und an der Westfront war es den Alliierten gelungen, Paris und Brüssel zu befreien. Von Ewald kamen keine Karten mehr. Auch von Luzie nicht, die in Freiburg eine Anstellung als Lehrerin gefunden hatte. Und kein Wort von Bruno. Er war spurlos verschwunden. Sein Schatten aber war im Haus zurückgeblieben. Manche Schatten waren schwer wie Blei.

Wenn die BDM-Mädels freibekamen, fiel es Mutter schwer, heimzufahren. Sie begleitete Annemarie lieber nach Allenstein. Dort konnte sie mit geschlossenen Augen auf der Couch sitzen, während Annemarie auf dem Klavier eine Zeit erstehen ließ, in der es keine Kriege und kein Geschrei auf dem Korridor gab. Sie konnte Annemaries Mutter zuhören, die abends, wenn die Dämmerung anbrach, aus den Briefen von Annemaries Vater, der an der Ostfront war, vorlas. In der Nacht, schrieb er, wenn seine Sehnsucht zu groß werde, nehme er sich ein Stück Holz und schnitze daraus die Gesichter seiner Frau und seiner Tochter. Dann falle ihm das Schlafen leichter. Mutter war manchmal drauf und dran, der Freundin zu erzählen, was mit Bruno geschehen war. Doch brachte sie es nicht fertig, nicht, wo Annemarie einen Vater hatte, der das Gesicht seiner Tochter schnitzte, damit sie auch an der Front bei ihm war.

Einige Male, wenn Mutter gezwungen war heimzufahren, kam Annemarie mit. Großvater war stets sehr charmant, ein König, der die schönsten Geschichten über die Mädchen ausstreute. Und Annemarie lauschte begeistert. Irgendwie war es hilfreich, selbst wenn es schrecklich war. Manchmal stand Großvater hinter Großmutter und griff nach ihrem langen schwarzen Haar, während die Mädchen zusahen. Er hob es an und ließ es fallen, ein ums andere Mal. Großmutter saß vollkommen reglos da, mit einem Gesicht, als wäre es ihre Unruhe, die er anhob.

Vor Unruhe komme sie fast um, sagte sie. Was war mit ihren Kindern geschehen? Lebten Ewald und Luzie noch? Und Bruno, war er vielleicht tot? Manchmal träumte sie von ihm, dass er erfroren in Stalingrad liege, im kalten Schnee, während die Lautsprecher dieses scheußliche Lied spielten, so laut, dass sie es, selbst wenn sie aufgewacht war, bis hierher vernahm. Und Lissy, warum wollte Lissy nicht mehr zu ihnen kommen? Es war nicht leicht, Großmutters Fragen anzuhören. Manchmal war Mutter drauf und dran zu erzählen, konnte es aber nicht, nicht, wenn sie Großmutters Lippen zittern sah.

Einmal trafen Mutter und Annemarie in der Stadt auf Lissy. Sie war schöner denn je, graziös und feingliedrig, die Locken wie ein Strahlenkranz um den Kopf. Sie lachte ihr Silberglöckchenlachen und umarmte die Mädels hastig. Dann lief sie weiter, sie hatte einen Termin. Bruno erwähnte sie mit keinem Wort. Obwohl sie noch immer den Verlobungsring trug, sagte Mutter, den Familienring, den sie damals erhielt, als Chamberlain erklärt hatte, es herrsche Krieg.

Mutter war erneut verstummt. Ihre Lippen waren bläulich angelaufen. Alois fragte, ob sie sich ausruhen müsse. Sie schüttelte den Kopf. Gemeinsam blickten sie aufs Tal hinaus. Weinberge seien schöner als Kartoffeläcker, sagte sie, vor allem als die Kartoffeläcker von Gumbinnen. Und dann erzählte sie.

Sie hatte den ganzen Tag Kartoffeln gelesen, als ein Brief für sie eintraf. Sie las ihn im Schlafsaal der BDM-Mädels, auf dem Bett sitzend. Man sollte einen solchen Brief nicht in einem solchen Saal lesen müssen. Überhaupt sollte man von seiner Mutter nie einen solchen Brief bekommen müssen.

Es war schwer zu begreifen, was Großmutter da schrieb. Dass sie mit den Jungen in aller Hast aufbrechen müsse. Dass sie

Großvater hinterherfahren und ihn zurückhalten müsse. Er war mit Lissy auf und davon. Sie wollten übers Meer fliehen, er hatte ihr einen Brief geschrieben. Sie musste alles stehen und liegen lassen, um mit ihm sprechen zu können. Er durfte die Familie nicht verlassen. Er war ihr Mann, bis einst der Tod sie schied.

Wieder entstand eine Pause. Alois schaute Mutter an. Sie wirkte ungemein müde. Er erinnerte sich plötzlich, wie sie bei ihrer ersten Begegnung ausgesehen hatte, an ihr Flüchtlingsgesicht. Es war noch immer vorhanden, nackter als je zuvor, als wäre alles andere weggeschabt worden. Und er dachte an den großen Bauch, den sie damals gehabt hatte. Darin lag der kleine Mensch, der immer ihr Kind bleiben würde, auch wenn der Tod sie voneinander schied.

Er hatte Mutter gefragt, was danach passiert sei, nach dieser Nachricht. Es sei kein weiterer Brief von ihrer Mutter gekommen, sagte sie. Auch von Ewald oder Luzie nicht. Und nie ein Wort von Bruno. An Großvater auch nur zu denken fiel schwer. Sie sei einsam geworden. Das Einzige, was sie noch hatte, sei Annemarie gewesen. Und der Schlüssel zu dem Haus, in dem man in einem Lichtstreif von Zimmer zu Zimmer gehen konnte.

Von den offenen Augen auf dem Frischen Haff

Mutter bekam diesen Brief einen Monat vor ihrem siebzehnten Geburtstag, es war Anfang August 1944. Nur wenige Tage zuvor hatte die Rote Armee mit einer Offensive versucht, Ostpreußen einzunehmen, was die deutschen Truppen in letzter Minute verhindern konnten. Vor dem zu erwartenden Angriff war dem NS-Gauleiter Erich Koch ein Plan zur Evakuierung der Zivilbevölkerung unterbreitet worden. Er hatte ihn abgelehnt mit dem Satz: »Wer noch einmal von Räumung spricht, gilt als Verräter.«

Und die BDM-Mädels gruben Schützengräben. Das war mühsam, als würde die Erde sich wehren, als verstünde sie, wie sinnlos dieses Graben war, wenn sich über eine Million schwer bewaffneter Sowjetsoldaten näherten. Abends lagen die Mädchen in ihren Betten, frierend und erschöpft. Annemarie kroch zu Mutter und summte ihr Melodien vor, Musik, die sie einmal gespielt hatte und die sie wieder spielen würde, wenn der Albtraum vorüber war, in einem großen, warmen Saal in Berlin.

Im Januar 1945 war Ostpreußen von der Roten Armee umzingelt. Sie drang ins Land ein, unaufhaltsam, schonungslos, übermächtig. Eine Stadt nach der anderen ergab sich. Und die Menschen flohen in Panik, trotz des von den Nazis erlassenen Verbots. Sie flohen zum Frischen Haff, das von Eis bedeckt war, dem einzigen noch vorhandenen Fluchtweg.

Mutter und Annemarie gelangten bei Heiligenbeil an die Küste, wo sich die Flüchtlingsströme sammelten, um über das Frische Haff zur Frischen Nehrung zu wandern, der schmalen Landzunge, von der man sich nach Danzig retten konnte, das die Russen noch nicht besetzt hatten. Zehntausende angsterfüllter Menschen zogen mit Fuhrwerken herbei, beladen mit dem, was sie von ihrem Leben hatten retten können. Zuweilen stockten die Wagenkolonnen und kamen Stunden, manchmal Tage nicht voran. Wie als das Oberkommando der Wehrmacht Eisbrecher einsetzte, die eine Fahrrinne aufbrachen, damit die Torpedoboote aus dem Frischen Haff entkommen konnten, eine breite Rinne schwarzen, eiskalten Wassers, das die Menschen am Fliehen hinderte. Es dauerte eine ganze Woche, bevor die Rinne erneut zufror und man sie wieder überqueren konnte, eine Woche voller erbarmungsloser Kälte.

Ende Januar 1945 herrschten minus fünfundzwanzig Grad. Die Menschen saßen in Decken gewickelt und pressten sich bibbernd aneinander. Mutter presste sich an Annemarie. Und Annemarie presste sich an Mutter, im selben Takt bibbernd.

Sie hörten die Polizisten rufen, am Tag und in der Nacht. Die Flüchtlinge mussten ihre Wagen entladen. Es gab Frauen und Kinder, die waren zu schwach, um zu Fuß weiterzugehen, sie brauchten einen Platz in den Fuhrwerken. Am Strand wuchsen die Habseligkeiten, von denen sich die Menschen nicht hatten trennen wollen, zu immer größeren Bergen an. Man hätte glauben können, gewaltige Sanddünen bedeckten den Strand, wenn dazwischen nicht hier und da Bettpfosten aufgeragt hätten.

Und sie stapften über das Frische Haff, Mutter und Annemarie und all die anderen BDM-Mädels. Das Schneetreiben hatte wieder eingesetzt, immer dichter, als gäbe es nur dieses auf der Welt. Die endlose Reihe der Menschen vor und hinter ihnen verschwand im Schneenebel, auch die Erfrorenen, die man am Weg zurückgelassen hatte. In dieser Hinsicht war der Schnee gnädig, man musste es nicht sehen.

Nach einer Stunde oder zwei, vielleicht war es auch eine ganze Ewigkeit – die Zeit schien nicht mehr zu existieren, keine Vergangenheit, keine Zukunft, nicht einmal ein Jetzt, einzig Leiber, schwer wie Blei, die nur noch zusammensacken wollten –, als sie gelaufen und gelaufen waren, sah Mutter den Schlitten, den ein Mann vor ihnen herzog, einen blau gestrichenen Kinderschlitten, auf dem ein Junge und ein Mädchen saßen, in einen Pelz gewickelt. Plötzlich fiel das hinten sitzende Mädchen vom Schlitten. Mit einem dumpfen Laut fiel es schlaff zu Boden, mitten im Knirschen Tausender und Abertausender Schritte. Und da lag es dann, reglos, die Augen weit offen, während der Mann, der den Schlitten zog, im Schritt innehielt und sich umdrehte. Mutter sah sein Gesicht, jeden einzelnen Zug, als er verstand.

Und der Mann warf sich auf das Mädchen, während die Menschen weiterzogen. Sie gingen an ihnen vorbei, wie sie an anderen, die zu Boden fielen, vorbeigegangen waren, bevor sie vielleicht selbst zusammensacken würden. Er rief den Namen des Mädchens, ein ums andere Mal, mit immer schrillerer Stimme. Dann verstummte er. Und hob es hoch, stand da und hielt es in den Armen, mitten zwischen den Weiterziehenden, als wüsste er nicht mehr, wohin er gehen sollte. Erst als der Junge auf dem Schlitten zu wimmern begann, begriff der Mann, was er zu tun hatte. Und er legte das Mädchen neben dem Eisweg nieder und schloss ihm die Augen. Dann nahm er den Jungen hoch und trug ihn, während er den Schlitten hinter sich zur Frischen Nehrung zog, die irgendwo im Schneenebel lag, immer weiter fort von dem Mädchen.

Mutter hielt Annemarie zurück, die nicht stehen geblieben war. Sie vermochte nicht weiterzugehen, nicht sofort, obgleich ihr die Kälte in die Stiefel kroch. Sie sah das Mädchen, das dort im Schnee lag, das erfroren war, trotz des Pelzes, der sie schützen sollte. Es sei ein Wolfspelz gewesen, sagte Mutter, groß, lang und schön.

Mutter hatte zu reden aufgehört. Ihre Lippen waren wieder blau. Sie sagte, es sei das Herz. Um Medikamente hatte sie sich nicht gekümmert. Es ist, wie es ist, hatte sie gesagt.

Einen Monat später starb sie an einem Herzinfarkt. Mir hatte sie nie erzählt, dass sie unter Herzschmerzen litt. Ich hätte es wissen müssen, ich sah, dass ihre Lippen ab und an die Farbe wechselten. Doch gab ich mich mit ihrer Antwort zufrieden, es sei nichts, ihr gehe es gut.

Bevor Mutter auf der Intensivstation starb, hatte man ihre Herzkranzgefäße geröntgt. Ich bat um eine Kopie des Ergebnisses. Bekam sie am Tag, bevor ich zu einem Kongress fuhr. Alle Gefäße in Mutters Herz waren verkalkt.

Auf dem Kongress sprach jemand über Ötzi, den Steinzeitmenschen, den man an einem Gebirgspass zwischen Österreich und Italien im Eis gefunden hatte. Ötzi war im Alter von etwa vierzig Jahren eines gewaltsamen Todes gestorben, berichtete der Redner. Er sei ein muskulöser Mann gewesen, der aller Wahrscheinlichkeit nach auf der Jagd war, als ihm jemand einen tödlichen Hieb versetzte. Spezielle Röntgenuntersuchungen hätten ergeben, dass Ötzis Blutgefäße verkalkt waren, obgleich er ein Leben geführt hatte, das wir als gesund bezeichnen würden. Der Redner sagte, ihm sei der Gedanke gekommen, dass Gefäßverkalkungen eine andere Ursache haben könnten, vielleicht schütze der Körper sich ja auf diese Weise. Wenn Blutgefäße verkalkt sind, können Krankheitserreger nicht durch die Gefäßwände dringen und somit nicht ins Blut gelangen. Denn wenn sie das schaffen, ist der Mensch verloren, sofern es keine Antibiotika gibt.

Der nächste Redner, ein eleganter Engländer, sprach von Verkalkungen, die auch den Herzmuskel betreffen konnten, sodass man ein Steinherz bekomme, »a heart of stone«. Ich dachte die ganze Zeit an Mutter. Am Ende vermochte ich nicht länger zuzuhören. Ich streifte stundenlang durch die Straßen, obwohl es ununterbrochen schneite. Wer hatte ein Steinherz besessen, Mutter oder ich? Ich hatte doch ihre blauen Lippen gesehen. Das sagte ich zu Alois. »Ja und?«, erwiderte er. Er sagte es mit Wärme. Ich hatte keine Antwort darauf.

Man schütze sich auf verschiedene Weise, sagte Alois. Er selbst hatte sich mit Gott zu schützen versucht. Und er hatte Mutter erklärt, dass es nicht um Schuld, sondern um Schutzlosigkeit gehe.

Dass wir alle so verdammt schutzlos seien. Ich sah, dass seine Hände bei diesen Worten zitterten. Oder bildete ich mir das nur ein?

Da sei noch etwas, das er erzählen müsse, sagte Alois. Mutter hatte gesagt, sie würde keine Ruhe finden, bevor sie nicht wüsste, was mit Bruno geschehen war. Sie hatte all die Jahre Nachforschungen angestellt. Davon hatte sie mir nie etwas berichtet, vielleicht ja nicht einmal Vater. Schließlich hatte sie in Erfahrung gebracht, dass Bruno bei der rumänischen Fluggesellschaft TAROM Pilot gewesen wäre. Sie hatte auch an eine Adresse in Bukarest geschrieben, unter der er gelebt haben sollte. Eine Antwort war nie gekommen. Vielleicht war Bruno ja verzogen. Oder gestorben. Hätte sie die Kraft dazu aufgebracht, hatte Mutter gesagt, wäre sie nach Bukarest gefahren. »Ich werde hinfahren«, sagte ich zu Alois. »Nächstes Jahr in Bukarest.«

Auf der Insel, den 15. Juni 2014

Das Fenster zum See steht weit offen. Der Himmel ist wolkenlos und der See ein blanker Himmelsspiegel. Aus dem Garten wehen süße Düfte herüber. Der Jasmin blüht, auch die alten Robinien und die Rosen blühen, genauso verschwenderisch wie in Augustenruh.

Ich bin mit dem Buch zu Ende gekommen. Zwei Geschichten aber sind noch nicht erzählt. Die von Bruno, der nach Rumänien verschwand. Und die von Lissy, die mit Großvater übers Meer verschwand.

Wieso war Bruno in Rumänien gelandet? Wollte er nicht in Deutschland leben, ebenso wenig wie ich, als ich jung war? Hatte ihm jemand von Rumänien erzählt, so wie die schwedischen Studenten in Tübingen mir von Schweden erzählt hatten? Vielleicht ja jemand in Stalingrad? Dort kämpften rumänische Truppen zusammen mit dem deutschen Heer. Glaubte Bruno, er habe, genau wie ich, das Gelobte Land für sich gefunden?

Und Lissy, wie kam es, dass Großvater sich mit ihr davongemacht hatte? Auch früher hatte er schon Geliebte gehabt, doch immer nur nebenbei. Warum hatte er diesmal so vollkommen den Kopf verloren? Und warum war er zu seiner Familie zurückgekehrt? Und wo war Lissy geblieben? So viele Fragen, auf die es keine Antworten gab.

Die Fragen waren aufgetaucht, als ich nach dem Treffen mit Alois wieder zurück in Stockholm war. Vielleicht hatte Mutter ihm ja auch das erzählt. Ich rief ihn an. Mutter habe nichts davon erwähnt. Und er habe nicht gefragt. Das sei nicht möglich gewesen, nachdem sie von dem Wolfspelz auf dem Frischen Haff berichtet hatte, sagte er. Diese Geschichte habe gleichsam eine Art Schlusspunkt gesetzt.

Ich fragte, ob er wisse, warum Mutter mir nichts erzählt hatte. Er habe sie gefragt, sagte er. Das war die einzige Frage, die er am Ende gestellt habe. Sie habe nur den Kopf geschüttelt. Vielleicht, weil sie sich ausruhen musste, sie habe wieder ganz blaue Lippen gehabt.

Er wollte wissen, ob mich die Frage quäle. Ich war kurz davor zu sagen, es sei nicht leicht, mit Mutters Schweigen zu leben, als ich ihr gerahmtes Bild anschaute, das zwischen anderen Fotos über meinem Schreibtisch hing. Da konnte ich nur erwidern: »Ich weiß es nicht. Es ist so schwer, alles in Einklang zu bringen.«

Ich war ein Jahr alt, als das Foto von Mutter gemacht wurde. Sie ist sehr dünn, und ihr Gesicht ist nackt und schutzlos. Ihre Augen sind groß, in ihnen liegt dieselbe schwarze Dunkelheit, wie wenn man in einen tiefen Brunnen blickt. Sie versucht zu lächeln, ein kleines, vorsichtiges Lächeln … Ich begriff plötzlich, was Billy in ihrem Gesicht gesehen hatte, als sie sich auf der Landstraße nach Alfdorf begegnet waren und sie ihren Namen genannt hatte: Rose. Und er mit etwas geantwortet hatte, was sie nicht verstand, damals nicht: »That which we call a rose by any other name would smell as sweet.«

Wenn es wenigstens für Alice, Alice im Wunderland, ein Grab gegeben hätte. Zu dem wir hätten hinfahren können, Mutter, Vater und ich. Vater hätte für Alice Waldhorn spielen können, ein Indianerlied. Und ich hätte ihr erzählen können, das sei ihr Lied, nur ihres, weil jeder Indianer von seinem Schutzgeist ein eigenes Lied bekommt, ein Lied, das schützt. Und Mutter hätte das Wolfslied aus Ostpreußen singen können. Vielleicht wäre dann alles anders gekommen. Ich weiß nicht. Ich verstehe es nicht.

Am wenigsten verstehe ich Großvater. Er gab mir Bücher, die ich im Herzen trage. Und er gab mir Bilder, die in meinem Herzen sind. Er brachte mir bei, was Arete ist. Trotzdem verließ er seine Familie mitten im Krieg. Hatte Bruno recht? Ist die Arete zu schwach?

Gestern Abend fragte mich Lech, nachdem er das Ende des Manuskripts gelesen hatte: »Diese letzte Geschichte, hat sie wirklich alles verändert? Macht sie alles ungültig, was du von deinem Großvater bekommen hast?« Ich wollte etwas erwidern, er aber sagte: »Antworte nicht! Jetzt noch nicht.« Später am Abend, als wir zu Bett gegangen waren und ich in seinen Armen lag, sagte er: »Wie sollten wir unsere Unvollkommenheit ertragen können, wenn es die Zärtlichkeit nicht gäbe?« Vielleicht ist es ja das, worum es im Leben geht.

Es ist Morgen, ein strahlender Morgen, wie am siebten Tag der Schöpfung. Ich sitze und schreibe wie jeden Tag, ich kann nicht anders. Schreiben und Leben gehören für mich zusammen. Und Leben und Lech. Ich höre seine Schritte. Er kommt herein, bleibt hinter mir stehen, dicht hinter mir. Legt die Arme um meine Schultern. Sein Mund berührt mein Haar. Und er sagt: »Ich habe die Flugtickets nach Bukarest gebucht.« Wir wollen dorthin, im nächsten Monat, er und ich.

Zitatnachweis

Albert Camus, aus: *Der Mythos des Sisyphos.* Aus d. Franz. v. Vincent von Wroblewsky. © 1999 Rowohlt Verlag GmbH, Reinbek bei Hamburg

John Donne, aus: *Alchimie der Liebe.* Aus d. Engl. v. Werner von Koppenfels. Copyright der deutschsprachigen Übersetzung © 1996 Diogenes Verlag AG, Zürich

Gunnar Ekelöf, aus: »Fährgesang«. Aus d. Schwed. v. Klaus-Jürgen Liedtke. © 2002 Kleinheinrich, Münster

Kjell Espmark, aus: »Das Gotlandquartett«. In: *Die Lebenden sind ohne Gräber.* Aus d. Schwed. v. Klaus-Jürgen Liedtke. © 2006 Kleinheinrich, Münster

Lars Gustafsson, aus: »Sång om att leva på jorden«. In: *Artesiska Brunnar, Cartesianska Drömmar.* Aus d. Schwed. v. Gisela Kosubek. Stockholm: Albert Bonniers Förlag 1980.

Lars Gustafsson, aus: »Balladen om Philip Martin«. In: *Artesiska Brunnar, Cartesianska Drömmar.* Aus dem Schwed. v. Gisela Kosubek. Stockholm: Albert Bonniers Förlag 1980.

Franz Kafka, aus: »Josefine, die Sängerin«. In: *Ein Landarzt und andere Drucke zu Lebenszeiten.* Frankfurt a. M.: S. Fischer 1994

Franz Kafka, aus: »Wunsch, Indianer zu werden«. In: *Die Erzählungen.* Frankfurt a. M.: S. Fischer 2007

Thomas Mann, aus: *Doktor Faustus. Das Leben des Tonsetzers Adrian Leverkühn, erzählt von einem Freunde.*

Stockholmer Gesamtausgabe. Stockholm: Bermann-Fischer 1947, S. Fischer, Frankfurt a. M.

Czesław Miłosz, aus: »In Sztejnie«. In: *Gedichte*. Aus d. Poln. v. Doreen Daume. Carl Hanser Verlag, München 2013 © 2013 The Estate of Czesław Miłosz

W. G. Sebald, aus: *Austerlitz*. © 2001 Carl Hanser Verlag, München

W. G. Sebald, aus: *Schwindel. Gefühle*. © 2015 Carl Hanser Verlag, München

Pia Tafdrup, aus: »Drömlöst ögonblick«. Aus dem Dän. v. Gisela Kosubek. Copenhagen: Gyldendal 2007

Anton Tschechow, aus: »Die Dame mit dem Hündchen«. In: *Meisternovellen*. Aus d. Russ. von Rebecca Candreia. Manesse Verlag, Zürich 1946, in der Verlagsgruppe Random House GmbH, München

Der Abdruck erfolgt mit freundlicher Genehmigung der jeweiligen Rechteinhaber. Leider konnten trotz aller Bemühungen nicht alle Rechteinhaber erreicht werden. Der Verlag verpflichtet sich, rechtmäßige Ansprüche jederzeit in angemessener Form abzugelten.

Anna Goldsworthy

Piano Lessons

Mein Weg in dieMusik

Aus dem Englischen von Dieter Fuchs

271 Seiten, geb. mit Schutzumschlag

Anna Goldsworthy ist neun Jahre alt, als die aus Russland emigrierte Klavierlehrerin Eleonora Sivan sie in den Kreis ihrer Schüler aufnimmt. Schon bald bemerkt Anna, dass Mrs. Sivan eine ganz besondere Lehrerin ist. Sie begleitet Anna im Laufe der Jahre nicht nur durch die Sternstunden und Tiefpunkte einer musikalischen Laufbahn, sondern lehrt sie auch die unendliche Weisheit, die in der Musik verborgen liegt.
Offen und humorvoll beschreibt die australische Pianistin Anna Goldsworthy die Hoffnungen und Ungewissheiten ihrer eigenen Jugend, immer das Ziel vor Augen, eine große Pianistin zu werden. Piano Lessons ist ein faszinierender Beleg dafür, wie ein außergewöhnlicher Lehrer ein Leben vollkommen verändern kann. Ein Buch, das alle Musikliebhaber und jeden, der jemals eine Musikstunde gehabt hat, tief berühren wird.

»Jeder Lehrer, egal welchen Fachs, sollte dieses Buch lesen. Zweimal!«

Philip Levine, Pulitzer-Preisträger

URACHHAUS